Harald Frommer

Lesen und Inszenieren

Produktiver Umgang mit dem Drama auf der Sekundarstufe

Ernst Klett Schulbuchverlag
Stuttgart Düsseldorf Berlin Leipzig

Deutsch im Gespräch

Gedruckt auf Recyclingpapier,
hergestellt aus 100 % Altpapier.

1. Auflage 1 5 4 3 2 1 | 1999 98 97 96 95

Die letzte Zahl bezeichnet das Jahr dieses Druckes.

Umschlag: Neil McBeath, Kornwestheim
Gesamtherstellung: Wilhelm Röck, Weinsberg
ISBN 3-12-311340-X

Inhalt

Einleitung

Ist die Inszenierung die einzig dramengemäße Weise, mit dem Drama umzugehen? Der Titel dieses Buches gibt darauf eine Antwort: Lesen und Inszenieren stehen nebeneinander, aber das Lesen kommt noch vor dem Inszenieren – in der Reihenfolge, in der Rangfolge. Das Buch tritt der modisch gewordenen Mißachtung des bloßen Lesens von Dramen entgegen. Kennzeichnend für das Drama ist seine „doppelte Rezeption"; wer mit dem Drama zu tun hat, hat mit den Aufgaben des Lesens und des Inszenierens zu tun. Ein Anliegen dieses Buches ist es, das Lesen wieder in seine Rechte einzusetzen, neben und vor dem Inszenieren. Denn auch das Lesen ist eine produktive Tätigkeit und vermag den Text zum Leben zu erwecken, anders freilich, als es die Inszenierung tut.

Das erste Kapitel des Buches geht den Unterschieden zwischen Lesen und Inszenieren nach und wägt die Bedeutung dieser beiden grundlegenden Rezeptionshandlungen für den Dramenunterricht ab.

Im zweiten Kapitel geht es ausschließlich um das Lesen. Ausgangspunkt sind die besonderen Schwierigkeiten, die Schüler mit der Lektüre von Dramentexten haben. Gefordert wird „eindringliches" Lesen, die methodische Verknüpfung der Interpretation mit der Konkretisation der Texte; Lesen wird als „eine Art von Schreiben" (Martin Walser) aufgefaßt. Das Kapitel liefert Bausteine zu einer Schreibdidaktik des Lesens, es entwickelt aus den Eigentümlichkeiten der Gattung Drama dramenspezifische Schreibaufgaben und beschreibt deren Leistung. Den Leser-Entwürfen, in denen sich die Bedeutungsfülle der Texte entfaltet, gilt dabei besondere Aufmerksamkeit; die Produktionsorientierung des Lesens geht einher mit der Leserorientierung des Interpretierens.

Das dritte Kapitel handelt von den schulischen Formen des Inszenierens. Drei Konzepte werden vorgestellt: die simulierte Inszenierung, die szenische Interpretation und das Schultheater als die Projektform von Dramenlektüre.

Das Buch gibt eine Fülle von methodischen Anregungen, die erprobt und für die alltägliche Unterrichtspraxis bestimmt sind. Es dient dem produktiven Umgang mit dem Drama, nicht aber der Produktion um der Produktion willen. Die methodischen Zugänge, die es aufzeigt, sind aus der Poetik des Dramas abgeleitet. Daß das erste Kapitel mit der Frage „Was ist ein Drama?" einsetzt, ist kein Zufall.

1 Dramen lesen, Dramen inszenieren

Der Titel des Eingangskapitels stellt die drei Begriffe vor, die das tragende Gerüst dieses Buches bilden: Drama, Lesen, Inszenieren. Ich greife sie fürs erste der Reihe nach auf, um sie auf ihre Bedeutung hin zu befragen und für den Leser gebrauchsfertig zu machen.

1.1 Was ist ein Drama?

Auf diese Frage gibt es viele und vielerlei gelehrte Auskünfte. Ich lasse sie vorläufig beiseite und schlage einen Weg ein, der jederzeit auch im Unterricht gangbar und schulisch erprobt ist: den Weg des entdeckenden Lernens. Ausgangspunkt ist ein Text von Tucholsky, der sich nicht ohne weiteres in eine Gattungs-Schublade ablegen läßt, ein Grenz- und Kniffelfall für die Gattungstheoretiker.[1]

Ein Ehepaar erzählt einen Witz

„Herr Panter, wir haben gestern einen so reizenden Witz gehört, den *müssen* wir Ihnen ... also den *muß* ich Ihnen erzählen. Mein Mann kannte ihn schon ... aber er ist zu reizend. Also passen Sie auf.

Ein Mann, Walter, streu nicht den Tabak auf den Teppich, da! Streust ja den ganzen Tabak auf den Teppich, also ein Mann, nein, ein Wanderer verirrt sich im Gebirge. Also der geht im Gebirge und verirrt sich, in den Alpen. Was? In den Dolomiten, also nicht in den Alpen, ist ja ganz egal. Also er geht da durch die Nacht, und da sieht er ein Licht, und er geht grade auf das Licht zu ... laß mich doch erzählen! das gehört dazu! ... geht drauf zu, und da ist eine Hütte, da wohnen zwei Bauersleute drin. Ein Bauer und eine Bauersfrau. Der Bauer ist alt, und sie ist jung und hübsch, ja, sie ist jung. Die liegen schon im Bett. Nein, die liegen noch nicht im Bett ..."

„Meine Frau kann keine Witze erzählen. Laß mich mal. Du kannst nachher sagen, obs richtig war. Also nun werde ich Ihnen das mal erzählen.

Also, ein Mann wandert durch die Dolomiten und verirrt sich. Da kommt er – du machst einen ganz verwirrt, so ist der Witz gar nicht! Der Witz ist ganz anders. In den Dolomiten, so ist das! In den Dolomiten wohnt ein alter Bauer mit seiner jungen Frau. Und die haben gar nichts mehr zu essen; bis zum nächsten Markttag haben sie bloß noch eine Konservenbüchse mit Rindfleisch. Und die sparen sie sich auf. Und da kommt ... wieso? Das ist ganz richtig! Sei mal still ..., da kommt in der Nacht ein Wandersmann, also da klopft es an die Tür, da steht ein Mann, der hat sich verirrt, und der bittet um Nachtquartier. Nun haben die aber gar kein Quartier, das heißt, sie haben nur ein Bett, da schlafen sie zu zweit drin. Wie? Trude, das ist doch Unsinn ... Das kann sehr nett sein!"

„Na, ich könnte das nicht. Immer da einen, der – im Schlaf strampelt ..., also ich könnte das nicht!"

„Sollst du ja auch gar nicht. Unterbrich mich nicht immer."

„Du sagst doch, das wär nett. Ich finde das nicht nett."

„Also ...“

„Walter! Die Asche! Kannst du denn nicht den Aschbecher nehmen?“

„Also ... der Wanderer steht da nun in der Hütte, er trieft vor Regen, und er möchte doch da schlafen. Und da sagt ihm der Bauer, er kann ja in dem Bett schlafen, mit der Frau.“

„Nein, so war das nicht. Walter, du erzählst es ganz falsch! Dazwischen, zwischen ihm und der Frau – also der Wanderer in der Mitte!“

„Meinetwegen in der Mitte. Das ist doch ganz egal.“

„Das ist gar nicht egal ... der ganze Witz beruht ja darauf.“

„Der Witz beruht doch nicht darauf, wo der Mann schläft!“

„Natürlich beruht er darauf! Wie soll denn Herr Panter den Witz so verstehen ... laß mich mal – ich werd ihn mal erzählen! – Also der Mann schläft, verstehen Sie, zwischen dem alten Bauer und seiner Frau. Und draußen gewittert es. Laß mich doch mal!“

„Sie erzählt ihn ganz falsch. Es gewittert erst gar nicht, sondern die schlafen friedlich ein. Plötzlich wacht der Bauer auf und sagt zu seiner Frau – Trude, geh mal ans Telefon, es klingelt. – Nein, also das sagt er natürlich nicht ... Der Bauer sagt zu seiner Frau ... Wer ist da? Wer ist am Telefon? Sag ihm, er soll später noch mal anrufen – jetzt haben wir keine Zeit! Ja. Nein. Ja. Häng ab! Häng doch ab!“

„Hat er Ihnen den Witz schon zu Ende erzählt? Nein, noch nicht? Na, erzähl doch!“

„Da sagt der Bauer: Ich muß mal raus, nach den Ziegen sehn – mir ist so, als hätten die sich losgemacht, und dann haben wir morgen keine Milch! Ich will mal sehn, ob die Stalltür auch gut zugeschlossen ist.“

„Walter, entschuldige, wenn ich unterbreche, aber Paul sagt, nachher kann er nicht anrufen, er ruft erst abends an.“

„Gut, abends. Also der Bauer – nehmen Sie doch noch ein bißchen Kaffee! – Also der Bauer geht raus, und kaum ist er rausgegangen, da stupst die junge Frau ...“

„Ganz falsch. Total falsch. Doch nicht das erstemal! Er geht raus, aber sie stupst erst beim drittenmal – der Bauer geht nämlich dreimal raus – das fand ich so furchtbar komisch! Laß mich mal! Also der Bauer geht raus, nach der Ziege sehn, und die Ziege ist da; und er kommt wieder rein.“

„Falsch. Er bleibt ganz lange draußen. Inzwischen sagt die junge Frau zu dem Wanderer –“

„Gar nichts sagt sie. Der Bauer kommt rein ...“

„Erst kommt er nicht rein!“

„Also ... der Bauer kommt rein, und wie er eine Weile schläft, da fährt er plötzlich aus dem Schlaf hoch und sagt: Ich muß doch noch mal nach der Ziege sehen – und geht wieder raus.“

„Du hast ja ganz vergessen, zu erzählen, daß der Wanderer furchtbaren Hunger hat!“

„Ja. Der Wanderer hat vorher beim Abendbrot gesagt, er hat so furchtbaren Hunger, und da haben die gesagt, ein bißchen Käse wäre noch da ...“

„Und Milch!“

„Und Milch, und es wär auch noch etwas Fleischkonserve da, aber die könnten sie ihm nicht geben, weil die eben bis zum nächsten Markttag reichen muß. Und dann sind sie zu Bett gegangen.“

„Und wie nun der Bauer draußen ist, da stupst sie den, also da stupst die Frau den Wanderer in die Seite und sagt: Na ...“

„Keine Spur! Aber keine Spur! Walter, das ist doch falsch! Sie sagt doch nicht: Na ...!“

„Natürlich sagt sie: Na...! Was soll sie denn sagen?"
„Sie sagt: Jetzt wäre so eine Gelegenheit..."
„Sie sagt im Gegenteil: Na ... und stupst den Wandersmann in die Seite..."
„Du verdirbst aber wirklich jeden Witz, Walter!"
„Das ist großartig! Ich verderbe jeden Witz? *Du* verdirbst jeden Witz – ich verderbe doch nicht jeden Witz! Da sagt die Frau..."
„Jetzt laß *mich* mal den Witz erzählen! Du verkorkst ja die Pointe...!"
„Also jetzt mach mich nicht böse, Trude! Wenn ich einen Witz anfange, will ich ihn auch zu Ende erzählen..."
„Du hast ihn ja gar nicht angefangen ... *ich* habe ihn angefangen!" – „Das ist ganz egal – jedenfalls will ich die Geschichte zu Ende erzählen; denn du kannst keine Geschichten erzählen, wenigstens nicht richtig!" – „Und ich erzähle eben meine Geschichten nach meiner Art und nicht nach deiner, und wenn es dir nicht paßt, dann mußt du eben nicht zuhören...!" – „Ich will auch gar nicht zuhören ... ich will sie zu Ende erzählen – und zwar so, daß Herr Panter einen Genuß von der Geschichte hat!" – „Wenn du vielleicht glaubst, daß es ein Genuß ist, dir zuzuhören..." – „Trude!" – „Nun sagen Sie, Herr Panter – ist das auszuhalten! Und so nervös ist er schon die ganze Woche ... ich habe..." – „Du bist..." – „Deine Unbeherrschtheit..." – „Gleich wird sie sagen: Komplexe! Deine Mutter nennt das einfach schlechte Erziehung..." – „Meine Kinderstube...!" – „Wer hat denn die Sache beim Anwalt rückgängig gemacht? Wer denn? Ich vielleicht? Du! Du hast gebeten, daß die Scheidung nicht..." – „Lüge!" – Bumm: Türgeknall rechts. Bumm: Türgeknall links.
Jetzt sitze ich da mit dem halben Witz.
Was hat der Mann zu der jungen Bauersfrau gesagt?

1.1.1 Zwischen Drama und Erzählung

Ist das ein erzählender oder ein dramatischer Text? Nach Peter Szondi ist das Drama durch die „Alleinherrschaft des Dialogs" gekennzeichnet, es ist „Wiedergabe des zwischenmenschlichen Bezugs", und zwar „reiner Bezug", losgelöst vom Autor, losgelöst aber auch vom Publikum; die dramatische Figurenrede ist keine „Anrede an den Zuschauer".[2] Wir hätten es bei Tucholskys Ehestreit demnach mit einem kleinen Drama zu tun – wenn da nicht die letzten Sätze wären, die dem Dialog die Alleinherrschaft streitig machen. Plötzlich ist da einer, der das Gespräch mit dem Leser aufnimmt und ihm seine Ratlosigkeit unterbreitet. Und zugleich wird klar: Der Mann, der zu Beginn mit „Herr Panter" angeredet wird, ist mehr als nur ein stummer Gesprächspartner innerhalb der Szene, es ist der *Erzähler*: eine Figur, die sich vermittelnd zwischen das Geschehen und den Leser stellt.
Es ist also ein erzählender Text, zumindest, wenn man – mit Franz K. Stanzel – „die Mittelbarkeit als Gattungsmerkmal des Erzählens" bestimmt.[3] Dennoch bleibt ein Rest an Verunsicherung. Der Erzähler macht sich über weite Strecken der Erzählung nicht bemerkbar, nicht einmal durch gelegentlich eingestreute „Inquitformeln" vom Typus „sagte er", „erwiderte sie". Für Stanzel stellt sich der vorliegende Sonderfall so dar:

„Dialoge der Charaktere ohne Inquitformeln und ohne auktoriale, die Sprechsituation charakterisierende Regieanweisungen sind nicht-narrative Textteile, eigentlich also ein dramatisches ‚corpus alienum' in einer Erzählung."[4]

Nach dieser Auffassung enthält Tucholskys Erzählung einen wuchernden dramatischen Fremdkörper, der ihre erzählenden Bestandteile zum Wurmfortsatz verkommen läßt.
Aber Stanzel irrt sich, und zwar aus einem denkbar simplen Grund: Er hat ausschließlich die gedruckte Fassung der Texte vor Augen. Hätte er sich einen Erzähler vorgestellt, der die betreffenden Dialogpartien mündlich vorträgt und dabei die Sprecherwechsel mit der Stimme markiert, er wäre nicht auf den Gedanken gekommen, darin einen dramatischen Fremdkörper zu sehen – dafür ist der Unterschied zur dramatischen Inszenierung mit mehreren Sprechern zu augenfällig. Auch wenn es den Anschein hat, als träte er erst zum Schluß in Erscheinung – der Erzähler ist vom ersten Wort an anwesend. Er kündigt dem Leser mit der Überschrift sein Erzählvorhaben an, und wenn der Dialog einsetzt, ist es nicht Trude, die spricht, sondern der Erzähler, der sie sprechen läßt und ihr seine Stimme leiht. Der Erzähler wandelt sich seinen Figuren an und bleibt doch immer zugleich er selbst; er ist beim mündlichen Vortrag auch dann noch gegenwärtig, unübersehbar und unüberhörbar, wenn er im gedruckten Text keine Spuren mehr zu hinterlassen scheint.[5]

1.1.2 Von der Erzählung zum Drama

Der Lehrer, der Tucholskys Erzählung zum Anlaß gattungspoetischer Reflexion nimmt, tut also gut daran, den Text erst einmal in der Klasse vorzutragen und seinen erzählenden Charakter auf diese Weise sinnlich erfahrbar zu machen. Mit der gedruckten Fassung der Erzählung erhält die Klasse die Aufgabe, den Text so einzurichten, daß er als „Spielvorlage“ taugt. Mit diesem Begriff ist ein Wesensmerkmal des Dramas benannt, seine Aufführbarkeit. Nach Walter Hinck sind Dramen „Werke“, „die auf Versinnlichung im Theater bzw. auf der Bühne angelegt sind“[6], auch andere Spielräume sind denkbar.
Die Klasse steht also vor der Aufgabe, aus einer kleinen Erzählung ein kleines Drama zu machen. Daß die Erzählung von vornherein nahe an der Grenze zum Drama siedelt, ist diesem Vorhaben nicht hinderlich. Im Gegenteil, die Klasse ist, indem sie das nahe Beieinanderliegende auseinanderhält, gerade auf die feinen Unterschiede zwischen Erzählung und Drama verwiesen und angesetzt.

1.1.3 Haupttext und Nebentext

Fürs erste geht es darum, die Unterschiede überhaupt wahrzunehmen. Das Augenmerk gilt dabei zunächst den beiden Sätzen, die sich unmittelbar an die Wiedergabe des Dialogs anschließen:
„Bumm: Türgeknall rechts. Bumm: Türgeknall links.“
Ist das eine Regieanweisung? Und wenn nein, warum nicht? Als Regieanweisung, so die Auskunft eines Schülers, müßten die beiden Sätze kursiv gedruckt oder wenigstens in Klammern gefaßt sein.
Das klingt belanglos, ist aber wegweisend. In der Auskunft steckt die Erkenntnis, daß das Drama im Gegensatz zur Erzählung zweierlei Textschich-

ten aufweist. R. Ingarden hat dafür die Bezeichnungen *Haupttext* und *Nebentext* vorgeschlagen.[7] Nur der Haupttext wird bei der Aufführung gesprochen, der Begriff Nebentext ist eine Sammelbezeichnung für alles, was unausgesprochen bleibt: Titel, Untertitel, Personenverzeichnis, Angaben über Ort und Zeit der Handlung, Sprecherangaben, Regieanweisungen usw. Der Nebentext ist überwiegend auf die „Übersetzung in reale Gegenständlichkeit durch die Aufführung“[8] angelegt, er hat Anweisungscharakter.

Der Haupttext beschränkt sich also in der Regel auf den Dialog. Er ist *abstrakt* in dem Sinne, daß im reinen Dialog die Figurenrede „abgezogen“ erscheint, abgezogen von den sprechenden Personen, abgezogen aber auch von der Situation, in der gesprochen wird – die Worte schweben gleichsam im luftleeren Raum. Wenn es darum geht, sich Sprecher und Sprechsituation konkret vorzustellen, ist der Nebentext gefragt, er macht Angaben zur Person, zu Ort, Zeit und näheren Umständen des Gesprächs. Der Nebentext ist das Feld der *Konkretisation*, er regt den Leser dazu an, Bilder zum Text zu entwerfen.

Damit hängt ein weiterer Unterschied zusammen. Der Haupttext ist fest umrissen, der Nebentext dagegen hat offene Grenzen. Er ist ein angefangenes Regiebuch, das dem Leser zur Fortschreibung vorgelegt wird, eine Einladung des Autors an den Leser, an der gemeinsamen Produktion mitzuwirken. Der Nebentext ist stets unabgeschlossen und prinzipiell unabschließbar, weil es unmöglich ist, das darzustellende Bühnengeschehen bis ins kleinste Detail, etwa den Leberfleck am Halse der Heldin, allseitig zu bestimmen. Der Nebentext ist potentiell unendlich.

Überdies zeigt die Inszenierungspraxis, daß der authentische, d. h. vom Autor formulierte Nebentext eine geringere Verbindlichkeit hat als der Haupttext, man setzt sich leichter darüber hinweg. Das hat – auch – mit dem materiellen Rahmen zu tun, der jeder Inszenierung vorgegeben ist. So wird ein Regisseur die Rolle einer Figur, die im Nebentext als untersetzt beschrieben ist, ohne weiteres mit einem hochaufgeschossenen Schauspieler besetzen, wenn die sonstigen Voraussetzungen stimmen. Der authentische Nebentext steht unter dem Vorbehalt seiner materiellen Realisierbarkeit.

Kurzum: Die Nebentexte sind so etwas wie die Weichteile des Dramentextes, formbar, veränderlich, zu Wachstum und Wucherung neigend.

Die Aufgabe, Tucholskys Erzählung in eine Dramenszene umzuschreiben, kann sich folglich nicht darin erschöpfen, den im Text vorgezeichneten Nebentext freizulegen und zu kennzeichnen – mehr als einige Rudimente kommen dabei nicht zum Vorschein. Die Klasse ist vielmehr gehalten, den Nebentext so auszubauen, daß er schließlich eine brauchbare Anleitung für die Inszenierung abgibt. Zunächst sind Sprecherangaben in den Text einzutragen. Sie verändern sein Gesicht. Die Dramenszene erscheint als durchgehende Abfolge von Repliken; der feine Unterschied, den die Erzählung bei der Markierung von Sprecherwechseln macht (meist mit Abschnitten, manchmal aber auch nur mit Gedankenstrichen), geht verloren. Um so deutlicher tritt hervor, daß die Repliken im Laufe des Dialogs immer kürzer werden – das Gespräch wandelt sich zum Schlagabtausch.

1.1.4 Raumzeitliche Kontinuität

Und noch eine andere Entdeckung fällt ab. Es gibt im Dialog der Erzählfassung eine Reihe von versteckten „Schnittstellen“, an denen jeweils eine Reaktion des Gesprächspartners übersprungen wird. In Z. 6f. z. B. zeigt sich Trude plötzlich irritiert: „Was? In den Dolomiten, also nicht in den Alpen, ist ja ganz egal.“ Ohne daß sich der Erzähler darüber ausläßt, verrät Trudes Äußerung, daß ihr Mann sie korrigiert haben muß. Der Erzähler, das wird an dieser Stelle deutlich, gibt den Dialog nicht lückenlos wieder, er leistet sich kleine Sprünge, verbunden mit Aussparungen. In Z. 10 („ja“) verfährt er ähnlich, ebenso in Z. 14f. („du machst einen ganz verwirrt“), Z. 19 („wieso?“), Z. 22 („Wie?“) – um nur die nächstliegenden Beispiele zu nennen. Die Freiheit, Zeit zu überspringen, gehört zu den Privilegien des Erzählers. Tucholskys Peter Panter macht davon so maßvollen Gebrauch, daß es der flüchtige Leser kaum wahrnimmt. Erst der Versuch, den Text als Spielvorlage einzurichten, offenbart die Lücken im Dialog. Es zeigt sich, daß für die dramatische Fassung Zusätze erforderlich sind, Nebentexte, denen die Aufgabe zufällt, die Lücken zu füllen. Der „Eindruck unmittelbarer Gegenwärtigkeit des dargestellten Geschehens“[9], den der Dramatiker anstrebt, verpflichtet ihn zu zeitlicher und räumlicher Kontinuität, zumindest innerhalb der einzelnen Szene.

Die Lücken sind, wohlgemerkt, mit Nebentexten zu füllen. Der Vorschlag eines Schülers, in Z. 6 einen Zwischenruf Walters („Dolomiten!“) in den Text aufzunehmen, genügt dieser Anforderung nicht, er liefe auf eine Erweiterung des Haupttextes hinaus. Nebentexte dürfen keine direkte Rede enthalten. Die einzufügende Regieanweisung könnte aber beispielsweise lauten: Walter murmelt etwas. Es geht darum, die kleinen nicht-verbalen Störmanöver namhaft, sichtbar und gegenwärtig zu machen, mit denen sich die beiden Witzeerzähler gegenseitig ins Wort fallen: Kopfschütteln, Kopfkratzen, Abwinken, Sich-Abwenden, höhnisches Grinsen, Aufstöhnen usw.

1.1.5 Vollkommene Gegenwart

Eine Frage haben wir uns bislang aufgespart. Was soll in der dramatischen Fassung mit den beiden Schlußsätzen der Erzählung geschehen? Denkbar wäre, daß sich Peter Panter mit dem Satz „Jetzt sitze ich da mit dem halben Witz“ (Z. 98) an das Publikum wendet. Das Unbefriedigende an dieser Lösung: Der Satz wäre innerhalb einer Aufführung gänzlich überflüssig, ja unsinnig, er teilt dem Publikum mit, was es ohnehin sieht. In der Erzählung dagegen hat er seinen guten Sinn; er führt nachträglich den Ich-Erzähler ein und skizziert eine Erzählsituation: Der Erzähler sitzt, alleingelassen, am Kaffeetisch und läßt den Film des soeben erlebten Ehezwists noch einmal für seinen Leser ablaufen. Das Adverb „jetzt“ (Z. 98) markiert die Gegenwart des Erzählens. Die Vergangenheit des Erzählten liegt zwar nicht weit zurück, noch hallt das Türenknallen in den Ohren des Erzählers, aber wenigstens andeutungsweise ist die Zeitspanne auszumachen, die den Erzählvorgang kennzeichnet, der Abstand zwischen den Zeitebenen des Erzählten und des Erzählens.

Das dramatische Geschehen dagegen ist, nach der berühmten Bestimmung Schillers[10], „vollkommen gegenwärtig“, sein Merkmal ist die „Gleichzeitigkeit des Dargestellten mit der Darstellung und dem Vorgang der Rezeption“[11]. Für den erzählenden Satz „Jetzt sitze ich da mit meinem halben Witz“ ist demnach in der dramatischen Fassung kein Raum, er ist zu streichen.

1.1.6 Dramatisches oder episches Theater?

Bleibt noch die Schlußfrage der Erzählung: „Was hat der Mann zu der Bauersfrau gesagt?“ (Z. 99). Panter könnte sie an das Publikum richten, aber auch monologisierend an sich selbst. Beide Versionen hätten indes, auf der Folie des vorausgehenden Spiels wahrgenommen, den Charakter eines Fremdkörpers. Vor dem Hintergrund des in natürlicher Sprache gehaltenen Dialogs erscheint der Monolog als extrem künstliche Sprechweise, und die Publikumsansprache sprengt den Rahmen des zuvor etablierten Kommunikationssystems.

Ich muß dazu ein wenig ausholen. Nach Manfred Pfister[12] läßt sich bei erzählenden und dramatischen Texten ein „inneres“ und ein „äußeres“ Kommunikationssystem unterscheiden. Das innere Kommunikationssystem bildet sich aus zwischen den vom Text entworfenen literarischen Figuren, äußert sich also z. B. im dramatischen Dialog. Das äußere System ist dem Kommunikationsvorgang zwischen Autor und Rezipient zugeordnet, es erstreckt sich über eine ganze Reihe von Stationen. Erzählende Texte weisen darüber hinaus noch ein „vermittelndes Kommunikationssystem“ auf: Ein fiktiver Erzähler tritt – im Text – einem fiktiven Leser gegenüber und übermittelt ihm, stellvertretend für den realen Leser, das erzählte Geschehen. Zumindest in seiner reinen Form kennt das Drama keine Vermittlungsinstanz, das dramatische Geschehen spielt sich unmittelbar vor den Augen des Publikums ab. Dabei wird das äußere Kommunikationssystem vom inneren überlagert. Das Publikum lauscht dem Dialog der Bühnenfiguren und merkt nichts davon, daß es selbst beiläufig informiert wird, z. B. über die Voraussetzungen der Handlung. Das Publikum kommuniziert mit dem Autor, ohne es zu wissen. Nach Walter Henze ist es

> „ein Kennzeichen schlechter Theaterstücke oder Filme, wenn die beiden Figuren in ihren Dialog Informationen einbauen, die allzu offensichtlich gar nicht füreinander bestimmt sind, sondern für das Publikum, nach dem Muster: ‚Du bist, wie du weißt, die einzige Tochter meines verstorbenen Bruders.‘ Hier wird das innere Kommunikationssystem plump durchbrochen. Dramentexte mit höherem Anspruch machen das sehr viel geschickter und unauffälliger.“[13]

Tucholskys Dialog ist, wenn er inszeniert wird, ein Dramentext mit „höherem Anspruch“; er verharrt konsequent im inneren Kommunikationssystem und gibt dem Publikum doch eine Fülle von Informationen über das streitende Paar. Dagegen fällt der Schluß der Erzählung in den Bereich ihres vermittelnden Kommunikationssystems. Er wäre nur dann in eine Aufführung hinüberzuretten, wenn man sich dazu entschlösse, dem Drama ein erzählendes Element zuzusetzen. Dafür, daß das Drama solche Zusätze erträgt, ist

Brechts episches Theater der beste Beweis. Als Ort des vermittelnden Kommunikationssystems bietet sich die Rampe an, der Erzähler könnte aus der Spielhandlung heraustreten und die Verbindung zum Publikum aufnehmen. Nur müßte er das von Anfang an tun, die ganze Szene müßte umgekrempelt, der Haupttext ergänzt werden, z. B. durch einführende Vorbemerkungen des Erzählers. Inszeniert man dagegen den Dialog so unmittelbar, wie er es nahelegt, so hängt der vermittelnde Zusatz zuletzt in der Luft, winzig und unscheinbar, ein seltsam anmutender Fremdkörper. Man wird schwerlich umhin können, darauf zu verzichten.
Überhaupt wirft die Figur des Erzählers Inszenierungsprobleme auf, allein schon deswegen, weil er während des ganzen Dialogs stumm bleibt, obwohl er doch unentwegt angesprochen wird. Es gehört zur Pointe der Erzählung, daß sich der Erzähler stillschweigend aus dem Dialog ausblendet, um den Strahl der Aufmerksamkeit ganz auf die Streitenden zu richten. Für den Erzähler ist das kein Problem, er macht lediglich Gebrauch von seiner Verfügungsgewalt über die erzählte Welt. Für die dramatische Inszenierung hingegen gilt das Prinzip der raumzeitlichen Kontinuität, sie kann eine Figur nicht einfach vorübergehend weglassen.

1.1.7 Das Drama als Schau-Spiel

Die beiden Klassen, denen ich die Umgestaltung der Erzählung zur Spielvorlage aufgab (eine Klasse 9 und ein Grundkurs der Jahrgangsstufe 13), gelangten unabhängig voneinander zur gleichen Lösung des Erzählerproblems, wenn auch auf gewundenen Wegen. Ausgangspunkt ist die Aufgabe, einen Nebentext zu formulieren, der die Frage beantwortet: Was ist zu sehen, wenn der Vorhang aufgeht? Die meisten Entwürfe stimmen, was das räumliche Arrangement der Figuren betrifft, darin überein, daß sich der Streit der Eheleute auf der Querachse der Bühne abspielen solle, und zwar im Vordergrund. Trude und Walter sitzen also am Kaffeetisch einander gegenüber, für Peter Panter wird der Platz zwischen den beiden vorgesehen, aber im Hintergrund; man gönnt ihm ein Sofa und läßt ihn aus entspannter Distanz zuhören. Seine Erprobung in Form einer szenischen Lesung enthüllt die Schwäche dieses Vorschlags: Wenn der Hauptangesprochene im Hintergrund plaziert ist, dreht sich das Gespräch vom Publikum weg, die Eheleute sprechen meist mit wenigstens halb abgewandtem Gesicht. Eine grundlegende Einsicht ist zu notieren: Drama ist Schauspiel und hat demzufolge eine „Schauseite". Alles, was sich auf der Bühne abspielt, muß so aufbereitet werden, daß es sich zum Publikum hin öffnet.
Vom Augenblick dieser Einsicht an kommt die Figur des Erzählers ins Trudeln, man schiebt sie ratlos auf der Bühne hin und her. Setzt man Panter im Vordergrund an den Tisch, mit dem Rücken zum Publikum, so verstellt er den Blick. In abgeschwächter Form gilt das auch für den Fall, daß man ihn ein wenig zur Seite rückt und einen der Ehepartner hinter den Tisch plaziert. Überlegungen werden laut, ob sich der Erzähler nicht durch eine Attrappe ersetzen läßt oder ob man seinen Platz durch einen leeren Stuhl markieren soll. Es sind halbherzige Versuche, den Erzähler zu retten; sie gehen

dem Vorschlag voraus, ihn zu streichen. Auf diese Weise, so wird argumentiert, sei am effektvollsten gewährleistet, daß das Publikum unverstellten Einblick in die Szene nimmt.
Rückt bei dieser Lösung das Publikum in die Position des Angesprochenen ein? Wenn das so wäre, wäre wiederum ein vermittelndes Kommunikationssystem etabliert, die Inszenierung liefe auf eine Variante des epischen Theaters hinaus. Aber die Szene erträgt diesen Eingriff nicht. Sie müßte an die Rampe verlegt werden, die an Peter Panter gerichteten Repliken wären breit ins Publikum hineinzustreuen. Das hätte gewiß verfremdende Wirkung, aber der Dialog wäre um seinen Fluchtpunkt gebracht, seine Ausrichtung auf die Aufmerksamkeit eines ganz bestimmten, einzelnen Zuhörers ginge verloren. Will man sie bewahren, so muß man auch – trotz ihrer Streichung – an der Figur Panters festhalten, sie bleibt als gedachte Größe gegenwärtig, unsichtbar zwar, aber doch genau lokalisiert: ganz vorne an der Rampe, in nächster Nähe des Publikums, aber doch deutlich abgehoben. Dem Zuschauer wird die Illusion des Dabeiseins zuteil, hautnah sogar, aber er ist nicht selbst an den dargestellten Kommunikationsvorgängen beteiligt. Das Publikum ist vielmehr aufgefordert, sich mit dem unsichtbaren Zuhörer des Dialogs zu identifizieren und in Gedanken dessen Platz einzunehmen, unmittelbar hinter der unsichtbaren „Vierten Wand“, die den Spielraum vom Zuschauerraum trennt. Die Bühne wird zur Guckkastenbühne, das Publikum zum Zaungast, zum heimlichen Augen- und Ohrenzeugen eines Geschehens, das – so wenigstens suggeriert es ihm das Illusionstheater – nicht für seine Augen und Ohren bestimmt ist.

1.1.8 Was also ist ein Drama?

Der Anfang der von den Schülern erarbeiteten dramatischen Fassung des Erzähltextes könnte so aussehen:

Ein Ehepaar erzählt einen Witz
Dramatische Szene nach einer Erzählung von Kurt Tucholsky

Ort der Handlung ist ein gutbürgerlich möbliertes Wohnzimmer. Im Vordergrund eine Sitzgruppe mit gedecktem Kaffeetisch. Die Eheleute Trude und Walter sitzen zu beiden Seiten des Tisches, ein wenig nach hinten abgesetzt. Sie unterhalten sich mit einem Gesprächspartner, der an der Rampe zu denken ist, aber unsichtbar bleibt. Walter ist dabei, sich eine Pfeife zu stopfen.

TRUDE: Herr Panter, wir haben gestern einen so reizenden Witz gehört, den *müssen* wir Ihnen ... also den *muß* ich Ihnen erzählen. Mein Mann kannte ihn schon ... aber er ist zu reizend. Also passen Sie auf. Ein Mann, Walter, streu nicht den Tabak auf den Teppich, da! Streust ja den ganzen Tabak auf den Teppich, also ein Mann, nein, ein Wanderer verirrt sich im Gebirge. Also der geht im Gebirge und verirrt sich in den Alpen ...

Walter hustet künstlich und murmelt etwas zur Seite.

TRUDE: Was? In den Dolomiten, also nicht in den Alpen, ist ja ganz egal. Also er geht da durch die Nacht, und da sieht er ein Licht, und er geht grade auf das Licht zu ...

Walter streckt den Arm mit der Pfeife aus und schüttelt den Kopf.

TRUDE: Laß mich doch erzählen! das gehört dazu! ... geht drauf zu, und da ist eine Hütte, da wohnen zwei Bauersleute drin. Ein Bauer und eine Bauersfrau. Der Bauer ist alt, und sie ist jung und hübsch...

Walter winkt ab.

TRUDE: Ja, sie ist jung. Die liegen schon im Bett. Nein, die liegen noch nicht im Bett...

usw.

Wenn das kleine Drama in dieser Weise fertiggestellt ist, wird es Zeit, sich über das offenkundige Mißverhältnis zwischen Titel und Text zu verwundern. Der Titel weckt nicht nur Erwartungen, die der Text nicht einlöst; er verschweigt auch das Eigentliche der Spielszene, den Streit der Ehepartner, ihren erbitterten Kampf um die Zuwendung des Gastes, die Enthüllung einer Ehekrise, kurzum: das, was man gemeinhin unter „Handlung" versteht. Man mag in dem genannten Mißverhältnis eine ironische Botschaft ausmachen: Der Text nimmt seinen Titel zurück und stellt damit klar, daß Ehepaare vom Schlage Trudes und Walters gar nicht imstande sind, Witze zu erzählen. Darüber hinaus aber ist das Mißverhältnis zwischen Titel und Text symptomatisch für eine weitere Eigentümlichkeit dramatischer Texte: Sie neigen dazu, ihre Handlung hinter der Fassade des Dialogs zu verbergen. Denn das Drama, zumindest soweit es – im Sinne Szondis – durch die „Alleinherrschaft des Dialogs" bestimmt ist, kombiniert Dialog und Handlung auf eine vertrackte Weise. Einerseits ist die Handlung im Dialog enthalten und vollzieht sich im Dialog; Drama ist, nach der berühmten Definition Pirandellos, „gesprochene Handlung" (azione parlata)[14]. Andrerseits aber wird die Handlung durch den Dialog, in dem sie enthalten ist, zugleich auch verdeckt. Was der Leser des gedruckten Dramentextes auf den ersten Blick wahrnimmt, ist Dialog, eine Abfolge von Äußerungen, aber keine Handlung. Unsere Schüler haben mit dieser Eigentümlichkeit des Dramas ihre liebe Not; sie ist maßgeblich dafür, daß die Beschäftigung mit dem Drama spät einsetzt und eines langen Vorlaufs bedarf. Aber davon an anderer Stelle mehr. Nimmt man die Kombination von Dialog und Handlung dazu, so sind am Ende dieses Teilkapitels die wichtigsten Merkmale des Dramas beieinander. Es sind grundlegende Merkmale darunter und abgeleitete, z. B. ergibt sich das Gesetz der raumzeitlichen Kontinuität aus der unmittelbaren Gegenwart des dramatischen Geschehens. Ich versage es mir, über verschiedene Versuche zu berichten, die Unterscheidungsmerkmale des Dramas im einzelnen aufzulisten[15] – sie führen zu höchst unterschiedlichen Ergebnissen. Für die Schule sind, so denke ich, vor allem zwei grundlegende Eigenschaften des Dramas maßgeblich: sein Charakter als gesprochene Handlung und als Spielvorlage. Beide Merkmale umreißen die Spannweite der schulischen Rezeption von Dramen. Als gesprochene Handlung stellt uns das Drama vor die Aufgabe des angemessenen Lesens, als Spielvorlage fordert es uns zum Inszenieren heraus.

1.2 Was heißt Lesen, was heißt Inszenieren?

1.2.1 Die doppelte Rezeption von Dramen

Zum Auftrag des Deutschunterrichts gehört es, die Rezeption literarischer Texte in Gang zu setzen, zu begleiten und zu lenken. Was die dramatische Literatur angeht, so sind drei Rezeptionsweisen zu unterscheiden: Lesen, Inszenieren, Sehen und Hören. Geht man vom gedruckten Text aus, so sind nur das Lesen und das Inszenieren als *unmittelbare* Rezeptionshandlungen anzusehen. Denn wer ein Drama lediglich durch einen Theaterbesuch kennenlernt, empfängt seine Eindrücke vom Text aus zweiter Hand, seine Rezeption ist durch andere vermittelt. Damit hängt zusammen, daß die Funktion des Publikums im Rollenspektrum der Inszenierenden bereits enthalten ist. Wer einen dramatischen Text inszeniert, ist darauf verwiesen, alles, was er tut, auch mit den Augen und Ohren des Zuschauers wahrzunehmen; er ist Stellvertreter und Sachwalter des Publikums. Aus diesem Grunde beschränkt sich der vorliegende Entwurf einer Didaktik des Dramas auf die beiden komplexen Rezeptionshandlungen des Lesens und des Inszenierens. Man mag gegen ihre Unterscheidung einwenden, daß – wie das Zuschauen und Zuhören – ja auch das Lesen in der Tätigkeit des Inszenierens enthalten ist. Das ist unbestreitbar, ändert aber nichts an einem gewichtigen Unterschied: Im Gegensatz zur Rezeption des Publikums läßt sich die Rezeption des Lesers aus dem Zusammenhang mit der Inszenierung herauslösen; man kann einen Dramentext auch um des Lesens willen lesen. Nicht von ungefähr bescheinigt Bernhard Asmuth der dramatischen Literatur eine „doppelte Rezeption im Theater und auf dem Buchmarkt“[16].
Mit dem Phänomen der doppelten Rezeption hat sich die Fachdidaktik seit jeher schwer getan. Einerseits gibt es die lange Tradition eines Dramenunterrichts, dem seine Kritiker zu Recht den einseitigen „Vorrang des Wortes“[17] vorwerfen; das Drama verkümmere dabei zum „Lesestoff“[18]. Auf der anderen Seite steht die Befürchtung Henzes, „daß man die Frage Lesen oder Spielen? für endgültig entschieden hält zugunsten des Spielens und gegen das Lesen“[19]. Wer das Lesen von Dramen als „Behelfsrezeption“ abtut und das „Prinzip simulierte Dramaturgie und Inszenierung“ zum verbindlichen „Richtziel des Dramenunterrichts“ erklärt[20], läuft Gefahr, Lehrer wie Schüler zum einen zu überfordern, zum andern zu beschränken, und beides dazu noch unnötigerweise. Wenn ich nunmehr die Rezeptionshandlungen Lesen und Inszenieren einander gegenüberstelle, so verfolge ich damit auch das Ziel, den Eigenwert des Lesens zu erweisen.

1.2.2 Das landläufige Bild vom Lesen und Inszenieren

An den Anfang stelle ich den Vergleich zweier Fotografien; sie machen etwas von den Vorstellungen sichtbar, die sich gemeinhin mit den Begriffen Lesen und Inszenieren verknüpfen. Das eine erschien in ähnlicher Form in einer Zeitung, das andere findet sich auf dem Umschlag eines Buches.[21]

Schon das unterschiedliche Format beider Bilder ist mehr als zufällig, es unterstreicht die unterschiedliche Funktion der Hände. Brechts ausgestreckter Arm stellt die Verbindung zu seinen Gesprächspartnern her, einer von ihnen ist stellvertretend im Hintergrund zu sehen. Inszenierung ist Gespräch, so lautet die Botschaft des Bildes, sie vollzieht sich in einem Kollektiv von Mitarbeitern. Der Text, um den es geht, erscheint zurückgedrängt, vielleicht hat ihn der Mann im Hintergrund vor sich liegen, vielleicht auch nicht. Unverkennbar ist jedenfalls, daß der Regisseur, der sich da im Vordergrund mit großer Geste artikuliert, seine Inspiration aus sich selber schöpft, er braucht keinen Text dazu.

Ganz anders dagegen der Leser am Fenster. Der Schnappschuß zeigt ihn – im Wortsinn – auf den Text „konzentriert"; er hat seine Arme angewinkelt und sich selbst zu einer Art Umrahmung des Buches geformt. Eingehüllt in seine Privatsphäre, scheint der Lesende von der auf ihn gerichteten Kamera nichts zu bemerken, während der Inszenierende öffentlich agiert und sich dessen bewußt ist. Und noch etwas: In der Bildunterschrift der Stuttgarter Zeitung wird der Leser schlichtweg „ein Zeitgenosse" genannt, der Inszenierende dagegen hat einen Namen, noch dazu einen großen, einen, den er sich als Regisseur gemacht hat. Lesen kann jeder, so ließe sich dieser Unterschied interpretieren, die Inszenierung aber bedarf des Spezialisten, ja des Könners. Lesen ist Privatsache, jedermann kann sich damit abgeben, wenn er will, denn Leser sind Amateure. Inszenieren erscheint demgegenüber als öffentliche Angelegenheit, eingefügt in den institutionellen Rahmen des Theaters, etwas für bezahlte Profis.

1.2.3 Lesen und Inszenieren in der Schule

Zugegeben, diese Gegenüberstellung mag plakativ und vergröbernd ausgefallen sein. Gleichwohl taugt sie als Folie für die Wahrnehmung der Eigenarten schulischen Lesens und Inszenierens. Es ergibt sich nämlich, daß die beiden Rezeptionshandlungen unter den Bedingungen der Schule einander näherkommen. Das Lesen verliert seinen Privatcharakter, es verbindet sich wie die Inszenierung mit dem Gespräch, wird öffentlich. Und das Inszenieren wird, soweit sich die Schule überhaupt darauf einläßt, notgedrungen entprofessionalisiert. Es bekommt den gleichen Amateurstatus wie das Lesen und wird allenfalls, wie die wohlwollende Formel für diesen Sachverhalt lautet, „im besten Sinne dilettantisch" betrieben.

Wenn die groben Unterscheidungsmerkmale dahinschwinden, stellt sich von selbst die Frage nach den feinen Unterschieden. Ich greife zu ihrer Beantwortung zunächst A. W. Schlegels Bestimmung des Dramas auf. Für Schlegel liegt das Wesen der „dramatischen Poesie" „in der Vorstellung einer Handlung ohne alle Erzählung"[22]. Dabei geht es mir um die eigentümliche Zweideutigkeit des Begriffs der „Vorstellung". Er bezeichnet etwas Imaginäres, wenn das Drama gelesen, etwas Materielles, wenn es inszeniert wird. Gemeinsam ist beiden Bedeutungen, daß die Handlung jeweils „vor Augen gestellt" wird, vor das innere Auge des Lesers, vor die physischen Augen der Zuschauer.

Beidesmal handelt es sich übrigens um eine produktive, auf Anschauung ausgerichtete Tätigkeit. Dies festzustellen ist keineswegs überflüssig, denn die inzwischen verbreitete Polemik gegen das bloße Lesen von Dramen ist oft mit falschen Untertönen vermengt – so als wäre das Leben ein rein rezeptives Verhalten, bar jeder Kreativität und Sinnlichkeit, das Inszenieren dagegen ein produktives Handeln mit sinnfälligen Ergebnissen. Das dahinterstehende Mißverständnis hat historische Wurzeln, es hängt damit zusammen, daß der Begriff des Lesens noch mit der Konnotation eines traditionellen, vorwiegend analytisch angelegten Literaturunterrichts besetzt war, als zu Beginn der siebziger Jahre der Umschwung in der Dramendidaktik einsetzte.

Inzwischen hat jedoch die „Entdeckung des Lesers“ durch die Rezeptionsästhetik die Didaktik und Methodik des Literaturunterrichts nachhaltig beeinflußt. Ich erspare es mir, die eingetretenen Veränderungen im einzelnen darzustellen und zu belegen, wie ich es andernorts getan habe[23], und begnüge mich mit einer knappen Zusammenfassung. Die Entdeckung des Lesers besteht in der grundlegenden Einsicht, daß im Akt des Lesens Text und Leser zusammenwirken. Was dabei als vermeintliche „Textbedeutung“ herauskommt, ist mindestens ebensosehr durch das Zutun des Lesers bestimmt wie durch die im Text enthaltenen Vorgaben. Denn literarische Texte sind ihrem Wesen nach „unbestimmt“[24] und enthalten darüber hinaus „Leerstellen“[25], die vom Leser aufgefüllt werden müssen. Beides, die Ausfüllung von Unbestimmtheitsstellen und die Auffüllung von Leerstellen, fällt in den Bereich der „Konkretisation“ (Ingarden), die der Text dem Leser als Aufgabe stellt. Mit der Konkretisation antwortet der Leser auf die abstrakten Eigenschaften des Textes. Konkretisation ist Verminderung der Unbestimmtheit, Individualisierung des Allgemeinen, Imaginierung des Unanschaulichen, Ausführung des Unausgeführten. Sie ist ein unentbehrlicher Bestandteil des Verstehensprozesses.
Die Entdeckung, daß der Leser die Bedeutung des Gelesenen mitproduziert, ist für den Literaturunterricht bedeutsam, sie eröffnet der Schule die Chance, auf die produktive Tätigkeit des Lesers einzuwirken. Grundgedanke der geforderten „Produktionsorientierung“ des Literaturunterrichts[26] ist es, den Akt des Lesens mit Gestaltungsaufgaben zu verbinden.
Wenn er so verstanden wird, rückt der Begriff des Lesens noch ein wenig näher an den des Inszenierens heran. Und nicht einmal auf die zuvor ausgemachte Unterscheidung zwischen imaginärer und materieller Konkretisation ist noch Verlaß. Denn sobald der Leser aufgefordert wird, seine imaginären Vorstellungen sprachlich oder bildhaft zu gestalten, begibt auch er sich auf den Weg der materiellen Realisierung.

1.2.4 Lesen mit verteilten Rollen und szenische Lesung

Für die Suche nach den verbleibenden Unterschieden bietet sich der Vergleich zweier Methoden des Dramenunterrichts an, die sich einerseits ähneln, andererseits aber diesseits und jenseits der Grenze zwischen Lesen und Inszenieren anzusiedeln sind: das Lesen mit verteilten Rollen und die szenische Lesung. Die letztere wird in einem neueren Theaterlexikon[27] so definiert:

Szenische Lesung Lesung eines Dramas oder einzelner Szenen vor Publikum mit sparsamen oder angedeuteten inszenatorischen Mitteln, um die Szenen über den gelesenen Text hinaus zu verdeutlichen. Die gelesenen Rollen sind nach Alter und Geschlecht möglichst genau besetzt, der Raum ist angedeutet, z. B. durch Tisch, Stuhl, Tür. Die szenischen Situationen werden durch Auftritt, Gang, Geste der lesenden Darsteller – mit dem **Bühnenmanuskript** in der Hand – andeutungsweise gespielt. Szenische Lesungen können durchaus von großer Wirkung sein. Sie werden oft als ▸ Matinée veranstaltet zu Ehren eines Autors oder um ein neues oder unbekanntes Stück ohne großen Aufwand bekannt zu machen.

Szenische Lesungen gedeihen in der Schule sicherlich nur selten zu Aufführungsreife und „großer Wirkung". Dennoch gehen auch sie mit dem, was sie vermitteln, „über den gelesenen Text hinaus". Auch wenn der Gebrauch inszenatorischer Mittel noch so „sparsam" ausfällt, ein Mindestmaß muß gewahrt bleiben, damit die szenische Lesung ihren Namen verdient. Ich sehe dieses Mindestmaß in der räumlichen Anordnung der Leser. Wird der Text mit verteilten Rollen gelesen, so gruppieren sich die Sprecher zufällig im Raum, planlos. Jeder behält den Platz, auf dem er gerade sitzt. Bei der szenischen Lesung dagegen bildet der Raum ein eigenes Zeichensystem, die Anordnung der Sprecher ist geplant und besagt etwas. Wenn bei der Lesung von Tucholskys „Ehepaar"-Szene die Sprecher der beiden Eheleute einander gegenübersitzen, so bezeichnet das ihre Gegnerschaft, und der Ort zwischen den beiden steht für die Schiedsrichterrolle, die dem Zuhörer Peter Panter zugewiesen wird.
In einem ersten Zugriff wäre die Ausgangsfrage dieses Teilkapitels also so zu beantworten: Lesen heißt Bedeutungen hervorbringen; Inszenieren heißt Zeichen setzen.
Man könnte gegen diese Unterscheidung einwenden, daß ja auch beim Lesen mit verteilten Rollen Zeichen gesetzt werden, keine sichtbaren, aber doch hörbare. Wer einer dramatischen Figur seine Stimme leiht, versucht auszudrücken, wie er sich diese Figur vorstellt. Das ist zwar richtig, widerlegt aber die angesprochene Unterscheidung nur scheinbar. Denn die Tätigkeit des Lesens läßt sich, wie man weiß, genausogut still verrichten, der Leser kann seine Vorstellungen jederzeit für sich behalten. Die Zeichensetzung ist kein notwendiger Bestandteil des Lesens, wohl aber des Inszenierens. Ich ziehe zur Verdeutlichung des Unterschieds eine weitere Beobachtung heran. Wenn ich meine Schüler eine dramatische Szene mit verteilten Rollen lesen lasse, so kann ich das jederzeit aus dem Stand heraus tun, ich muß lediglich die Rollen zuteilen. Die szenische Lesung dagegen bedarf der Vorbereitung, und das nicht nur, weil die Beteiligten den Text im voraus kennen müssen. Sie müssen sich darüber hinaus über den Text verständigt haben, müssen sich über die zu setzenden Zeichen und deren Bedeutung einig geworden sein. Zum Inszenieren gehört, daß sich eine Gruppe *verabredet*. Die soeben erteilte Auskunft ist demnach im Nachfassen zu präzisieren: Die Inszenierung setzt Zeichen, die im Kreis der Inszenierenden verabredet worden sind.

1.2.5 Von der Figur über die Person zum Darsteller

Für Jan Kott stellt eine Inszenierung eine „Kollektion von Zeichen"[28] dar. Die Kollektion ergibt sich aus der Kombination sichtbarer und hörbarer Zeichen. Die Inszenierung schöpft aus dem „Repertoire dialogischer und mimischer Ausdrucksmittel", indem sie beides verknüpft, wobei – nach Herta-Elisabeth Renk – „fast jede Kombination"[29] denkbar ist.
Das schließt nicht aus, daß es feste und vorgegebene Kombinationen gibt. Eine davon liegt in der Person des Schauspielers, der mit einer Rolle betraut wird. „Das initiale Zeichen des Theaters", so sagt wiederum Jan Kott, „ist

der Körper und die Stimme des Schauspielers“[30]. Folgt man dieser Auffassung, dann wird der Akt der *Rollenbesetzung* bedeutsam für die Unterscheidung von Lesen und Inszenieren, mit ihm vollzieht sich der Schritt vom einen zum andern.
Was das im einzelnen besagt, möchte ich am konkreten Beispiel aufzeigen und komme dazu auf die Unterrichtssequenz zu Tucholskys ‚Ein Ehepaar erzählt einen Witz‘ zurück. Nach Abschluß der Dramatisierung (s. S. 14f.) erhielten die Schüler die Aufgabe, ihre Vorstellung von den beiden Hauptfiguren in Textentwürfen zu konkretisieren, teils beschreibend, teils erzählend. Es geht darum, Fragen zu beantworten wie: Wie sehen Walter und Trude aus? Wie lange sind sie verheiratet? Wo und wie haben sie sich kennengelernt? Welchen Berufen gehen sie nach? Wie sind die Familien- und Vermögensverhältnisse? Wie hat man sich ihre häusliche Einrichtung und ihren Alltag vorzustellen? Der Aufgabentyp geht auf den russischen Regisseur Stanislawski zurück, an anderer Stelle wird noch im einzelnen davon die Rede sein. Fürs erste nur soviel: Die Aufgabe zielt auf Konkretisation, sie ist angelegt auf das Zutun des Lesers zum Text – der Leser artikuliert sein Textverständnis, indem er den Text erweitert. Dabei verwandeln sich, um eine Unterscheidung von Karlheinz Fingerhut aufzugreifen, die literarischen „Figuren“, die der Text anbietet, in „Personen des Leserbewußtseins“, sie werden „nach den gleichen Konzepten“ gestaltet, „nach denen wir gelernt haben, Personen in der Wirklichkeit wahrzunehmen“.[31]
Hier der Lösungsvorschlag einer Schülerin der Klasse 9, aus dem Gedächtnis wiedergegeben: Die Spannungen zwischen den Ehepartnern erwachsen aus ungeklärten Dominanzverhältnissen. Äußerlich ist Trude die beherrschende Figur, eine Walküre, die aber bei aller Fülle unausgefüllt ist. Ihr Putzfimmel verrät die frustrierte Hausfrau. Sie hat ihren erlernten Büroberuf schon seit langem aufgegeben, dem einzigen Sohn zuliebe, den sie lange verwöhnt und an sich gebunden hat. Seit dieser Sohn – mit 32 Jahren! – das Haus verlassen hat, empfindet sie es als leer, sie hat seither reichlich Kummerspeck angesetzt. Die gleiche Schülerin denkt sich die Gestalt Walters klein und dünn, korrekt gekleidet, mit sorgfältig gezogenem Scheitel. Wenn er seine Frau anweist, ans Telefon zu gehen, kämpft er um die Position des Patriarchen. Sein ungesichertes Selbstbewußtsein rührt u. a. daher, daß er beruflich klein angefangen hat. Inzwischen hat er sich im Büro durch Eigenschaften wie Zuverlässigkeit und Ordnungsliebe eine gehobene Stellung erkämpft, ist inzwischen gewohnt, Weisungen zu erteilen. Nach wie vor leidet er aber an Minderwertigkeitskomplexen, fühlt sich rasch angegriffen und muß immer recht behalten.
Soweit die Skizze der vorgeschlagenen Figuren-Konkretisation. Auf dem Weg vom Lesen zum Inszenieren ist die Verwandlung von Figuren zu Personen ein notwendiger Schritt. Im weiteren Fortgang der Sequenz sollten die Schüler nunmehr Regieanweisungen für die Darstellung von Trude und Walter formulieren. Wie sitzen sie da? Wie stehen sie auf? Welches sind ihre typischen Gesten? usw. In dieser Aufgabe steckt jedoch ein Problem, das mit dem Unterschied von Lesen und Inszenieren zu tun hat. Jeder Schüler

hat, seiner individuellen Erfahrung und Lesart des Textes entsprechend, für die Figur Trudes oder Walters eine andere Person vor Augen und denkt folglich an einen anderen Darsteller – für einen Schüler z. B. ist Walter der typische „Fahrkartenkontrolleur“. Es wäre zwar denkbar, jeden Schüler den Faden seiner eigenen Konkretisation fortspinnen zu lassen, aber in der Klasse wäre damit rasch der Punkt erreicht, an dem ein Gespräch über die Ergebnisse der Aufgabe nicht mehr möglich ist; es liefe auf den Versuch hinaus, Unvergleichbares zu vergleichen. Ich sah mich deshalb genötigt, für die Aufgabe, Regieanweisungen zu formulieren, eine verbindliche Lesart des Textes vorzugeben, und entschied mich kurzerhand für den zitierten Vorschlag, auch gegen den Protest einzelner Mitschüler („Ich stell' mir die beiden aber ganz anders vor!“).
Der Vorgang scheint mir symptomatisch, er markiert für mich den Übergang vom Lesen zum Inszenieren. Ein Vorzug des Lesens liegt darin, daß es Raum läßt für eine Vielfalt individueller Lesarten, die miteinander konkurrieren und sich vielleicht wechselseitig korrigieren. Zur Arbeit des Inszenierens dagegen gehört die Festlegung der einen, für alle Beteiligten *verbindlichen Lesart*. Die Inszenierung bedarf deshalb der *Regie*; es muß jemand da sein, der mit der Autorität ausgestattet ist, die notwendigen Festlegungen zu treffen.
Mit der Festlegung der Person ist der erste Schritt zur Inszenierung getan. Noch einen Schritt weiter führt (sofern es in der Schule überhaupt dazu kommt) die Besetzung der Rolle. Mit ihr wird ein lebendiger Mensch zum Zeichen für eine literarische Figur gemacht.

1.2.6 Das Zeichen Schauspieler

Damit ist eine Stufe der Zeichensetzung erreicht, auf der das Zeichen gegenüber dem Bezeichneten ein *Eigenleben* gewinnt. Denn der die Figur bezeichnende Mensch geht in der bezeichneten Figur nicht auf, es bleibt ein unauflösbarer Rest an Individualität. Jan Kott formuliert es so: „Der Schauspieler ist er selbst, der Schauspieler, im selben Augenblick, wo er jemand anderen darstellt.“[32] Es gibt demnach keine identische Verkörperung einer dramatischen Figur durch zwei verschiedene Schauspieler; jeder Darsteller „prägt“ seine Rolle, er kann gar nicht anders. Indem er sie prägt, gibt er etwas von seinem Eigenleben an sie ab. Oft muß die Rolle der Individualität des Schauspielers angepaßt, der Text mundgerecht gemacht werden. Ich kenne den Fall eines Darstellers von Max Frischs ‚Biedermann‘, dem die Anweisung „Biedermann verliert die Zigarre vor Verblüffung“ (Szene 1) zu schaffen machte. Hundertmal habe er bei der Probe die Zigarre fallen lassen, bald aus der Hand, bald aus dem Mund – jedesmal sei er sich dabei vorgekommen „wie ein Trottel“, und, schlimmer noch, man habe ihm bestätigt, er sehe auch so aus. Die Zigarrenepisode wurde gestrichen.
Mit der Person des Schauspielers ist in den Prozeß der Konkretisation des Textes ein Fremdkörper eingetreten, dessen Eigenständigkeit gegenüber dem Text unaufhebbar ist. Nicht von ungefähr bringt Jan Kott diese Eigenständigkeit des Zeichens Schauspieler mit Brechts Begriff der Verfremdung

in Verbindung. Er unterteilt die Zeichen, in denen das Theater spricht, in „buchstäbliche, nachahmende und symbolische". Seine Beispiele:

„Ein Stuhl innerhalb eines ‚normalen' Theatervorgangs ist ein buchstäbliches Zeichen, aber auf Leinwand gemaltes Holz ist ein mimetisches Zeichen. Die Bezeichnung ‚Ardenner Wald' ist ein symbolisches Zeichen."[33]

Kott macht auf den Unterschied zwischen Zirkus und Theater aufmerksam. Der Zirkus ist

„ein Spiel purer Zeichen. Der Tänzer, der auf einem Drahtseil unter der großen Kuppel tanzt, ist ein Zirkusakrobat. Im Zirkus geschieht alles wirklich, denn jedes Zeichen ist ein buchstäbliches Zeichen."

Im Theater ist das anders. Denn nur wenn der Schauspieler „sich selbst, das heißt, einen Schauspieler" darstellt, ist er ein buchstäbliches Zeichen. Wenn er aber, wie im Illusionstheater üblich, „die Person eines Stückes" spielt, ist er ein mimetisches oder symbolisches Zeichen – obwohl das Illusionstheater dies nicht wahrhaben will.[34] Das Illusionstheater kennzeichnet sich dadurch, daß es die unaufhebbare Fremdheit zwischen Schauspieler und Rolle überspielt; Brechts Verfremdungseffekte bringen sie dagegen zum Vorschein. Sie demonstrieren, daß beim nachahmenden Zeichen das Bezeichnende und das Bezeichnete einander zwar ähneln, aber niemals genau gleich und schon gar nicht identisch sind; sie lassen sich jederzeit voneinander lösen.
Für den Leser, der sich bislang allein mit dem Text befaßt hat, ist die Rollenbesetzung und der damit einhergehende Übergang zur Inszenierung also mit einer Erfahrung von Fremdheit verbunden. Er wird die Person, die er sich vorstellt, in dem konkreten Individuum, das die literarische Figur verkörpern soll, allenfalls annäherungsweise wiederfinden.

1.2.7 Zweierlei Gespräche

„Fruchtbare Interpretationsgespräche sind durch ein Wechselspiel von entfaltenden und reduzierenden, veranschaulichenden und abstrahierenden, konkretisierenden und verallgemeinernden Äußerungen charakterisiert."[35] So beschreibt Kaspar H. Spinner die Gesprächsform, die dem Lesen im Unterricht zuzuordnen ist, ich nenne sie – im Zusammenhang dieses Kapitels – das *Lesegespräch*. Ein Lesegespräch über Tucholskys „Ehepaar" könnte etwa die folgenden Bemerkungen enthalten: „Ich bin der Ansicht, daß Trude eine frustrierte Hausfrau ist" (entfaltend und konkretisierend) und „Walter ärgert sich darüber, daß ihm Trude mehrfach ins Wort fällt" (reduzierend und abstrahierend).
Die Verteilung der grammatischen Personen im Lesegespräch folgt einem einfachen Grundmuster. Erste Person ist der Leser, der sich äußert, zweite Person ist der angesprochene Mitleser, dritte Person ist die literarische Figur als Gegenstand des Gesprächs. Das Lesegespräch hat zwei kommunikative Achsen; es verbindet Kommunikation mit dem Text (zwischen Text und Leser) mit Kommunikation über den Text (zwischen Leser und Mitleser).
Das *Inszenierungsgespräch* ist komplizierter gebaut. Der Regisseur sagt, um

an den letzten Beispielsatz anzuknüpfen, zum Schauspieler entweder „Walter ärgert sich“ oder „Du ärgerst dich“. Die beiden Sätze sind nicht austauschbar, sie meinen nicht dasselbe. Der Satz „Walter ärgert sich“ könnte genausogut einem Lesegespräch entstammen, er vermittelt eine Textinterpretation, ist von einem Leser an seinen Mitleser gerichtet. Der Satz „Du ärgerst dich“ enthält dagegen eine Weisung des Regisseurs an den Schauspieler, er besagt etwa: „Jetzt zeig einmal, wie du bist, wenn du dich ärgerst.“ Der Darsteller ist aufgefordert, sein Repertoire an Ausdrucksmitteln aufzubieten. Mit Textinterpretation hat das nichts zu tun; es geht darum, das persönliche Zeichensystem des Schauspielers zu erkunden und zu aktivieren.

Das Inszenierungsgespräch hat demnach drei kommunikative Achsen. Es ist, wie das Lesegespräch, Kommunikation mit dem Text und über den Text. Die dritte Achse dagegen läuft am Text vorbei. Es geht darum, daß sich Spieler und Mitspieler über die Weise der Zeichensetzung verständigen, z. B. über die Frage, wie Ärger am besten darzustellen sei. Ein Merkmal des Inszenierungsgesprächs ist der ständige Rollenwechsel der Teilnehmer, das Hin- und Herpendeln zwischen den Rollen des Lesers und des Darstellers. Die eigentümliche Leistung des Inszenierungsgesprächs liegt darin, daß es zwischen unterschiedlichen Zeichensystemen vermittelt: dem schriftlichen Zeichensystem des Textes und dem körpersprachlich-stimmlichen Zeichensystem der Darsteller. Beides hat ursprünglich nichts miteinander zu tun – die Zeichensysteme, die im Gespräch miteinander verbunden werden, sind sich zunächst einmal fremd. Ueli Bachmann nennt den Regisseur einen „Mittler“, der gefordert ist „bei der Konfrontation von zwei gleichwertigen Lebensentwürfen, dem eines Rollentextes und dem des Spielenden“.[36]

1.2.8 Die Ablösung der Handlung vom Text

Ich komme auf eine Erfahrung zu sprechen, die vermutlich jedem geläufig ist, der jemals als Darsteller an der Inszenierung eines Dramas mitgewirkt hat.

Im Laufe der Aneignung einer Rolle ereignet sich im Bewußtsein des Darstellers irgendwann einmal ein „Sprung“, ein Schub von Veränderungen, die mit der Lokalisierung des Textes in der Vorstellung des Spielers zu tun haben. Es gibt eine anfängliche Phase des „Vom-Blatt-Spielens“: Der Spieler hat, wenn er sich in seiner Rolle äußert, noch den gedruckten Text vor Augen, er weiß: „Was ich jetzt sage, steht oben auf der Seite“, und er überlegt sich, was als nächstes kommt, „ein wenig weiter unten“. Später tritt an die Stelle der Textvorstellung eine Raum- und Verhaltensvorstellung, mit der sich die einzelne Äußerung verbindet: „Das sage ich, wenn ich zum Schrank gehe, das Nächste sage ich, wenn ich den Korkenzieher aus der Schublade nehme, und wenn ich das Übernächste sage, wende ich mich meinem Gesprächspartner zu.“ Die Veränderung, die dazwischen liegt, läßt sich als *Absprung vom Text* beschreiben, sie gibt dem Spiel eine andere Qualität. Die einzelne Geste löst sich aus dem *Textzusammenhang* und rückt stattdessen in einen *Spielzusammenhang* ein. Um das Ausmaß der Veränderung zu cha-

rakterisieren, beschreibe ich zunächst einige Merkmale des *textverhafteten Spiels*, das dem Absprung vom Text vorausgeht.
Typisch für das textverhaftete Spiel ist die Suche nach der zur einzelnen Äußerung passenden Geste, Mimik, Bewegung, die punktuelle Übersetzung von Text in Spiel. Wenn die vom Text vorgegebene Äußerung lautet: „Wart nur, dir zeig' ich's noch!", so fügt der Spieler die zum Text passende Gebärde hinzu, den drohend erhobenen Zeigefinger. Text und Gebärde stehen zueinander in einer paradigmatischen Beziehung, sind insofern austauschbar, als beides den Sprechakt des Drohens bezeichnet, der Text hörbar, die Geste sichtbar.
Pfister nennt diese Art der „Verknüpfung" von sprachlichem und außersprachlichem Zeichen einmal „analytisch", an anderer Stelle spricht er von einer „redundanten Verdoppelung der sprachlich vermittelten Information"[37]. Das eine Mal denkt er an den Text, das andere Mal an das Publikum. Der Begriff „analytisch" besagt, daß das nichtsprachliche Zeichen der Analyse des sprachlichen Zeichens dient; die Geste ist dem Wort verpflichtet, ordnet sich dem Wort unter. Für das Publikum entsteht auf diese Weise Redundanz, eine simultane Redundanz übrigens: Der Zuschauer bekommt die gleiche Information nicht – wie der Zuhörer redundanter Rede – mehrfach nacheinander, sondern zweimal gleichzeitig.
Das Theater braucht solche Redundanzen, sie bilden ein notwendiges Gegengewicht zur extremen Flüchtigkeit des Dargebotenen, indem sie die Intensität der Wahrnehmung steigern. Eine Aufführung kann man nicht zurückblättern, eine Replik ist, einmal ausgesprochen, unwiederbringlich dahin, man kann sie nicht nachlesen. Theater ist auch in diesem Sinne „vollkommen gegenwärtig", eine Summe von Augenblicks-Erfahrungen. Die Herstellung von Redundanzen spielte deshalb z. B. in der Regiearbeit von Brecht eine wichtige Rolle. Angelika Hurwicz berichtet:

„Brecht vertraute dem Wort auf der Bühne nicht. Im Gegensatz zu vielen Regisseuren, für die es ein Prinzip künstlerischer Aussparung ist, etwas, das auf der Bühne gesagt wird, nicht noch einmal durch Gesten oder Haltungen zu betonen."[38]

Wenn ich dem textverhafteten Spiel eine Neigung zu redundanter Zeichenbildung nachsage, ist das also nicht von vornherein als Mängelrüge zu verstehen; Redundanzen haben auf der Bühne ihren guten Sinn. Ein wenig anders steht es mit dem zweiten Merkmal des textverhafteten Spiels, das ich herausgreifen möchte. Es ergibt sich daraus, daß der Text *punktuell* in Spiel übersetzt wird, und macht sich im Spiel bemerkbar als Mangel an Zusammenhang, Mangel an gestischer Kontinuität. Vor allem im typischen Laientheater läßt sich derlei beobachten. Es gibt da, was die Dosierung von Gestik und Mimik betrifft, ein eigentümliches Zusammenwirken von Leerlauf und Überschuß, ein Wechselspiel von untätigem und verlegenem Herumstehen und plötzlichem Getänzel und Gefuchtel. Ich deute diesen Wechsel als Folge der punktuellen Umsetzung einzelner Äußerungen in Gestik und Mimik. Zwischen den Äußerungen ergeben sich „Umschaltpausen", die den Faden des Spiels immer wieder abreißen. Im Extremfall sieht das so aus:

Zwei Darsteller stehen sich gegenüber und spielen Dialog. Immer derjenige, der etwas äußert, tritt einen Schritt vor, gestikuliert heftig, tritt, wenn er damit fertig ist, einen Schritt zurück und läßt die Arme hängen.
Demgegenüber zeichnet sich das vom Text abgelöste Spiel durch *gestische Kontinuität* aus. Eine Geste wächst aus der andern, es gibt abrupte Übergänge, aber keine Umschaltpausen. Ich stelle, um den Unterschied zu verdeutlichen, zwei gestische Realisierungen einer Textstelle einander gegenüber. Es handelt sich um eine Passage aus Max Frischs ‚Biedermann und die Brandstifter'[39]. Beunruhigt durch nächtliches Gepolter, ist Gottlieb Biedermann auf seinen Dachboden hinaufgestiegen und macht dort eine Reihe von schlimmen Entdeckungen. Seinem Gast vom Vorabend, dem er zugestanden hat, auf dem Dachboden zu übernachten, hat sich, „ohne zu fragen", ein Kumpel zugesellt; die beiden sind dabei, Fässer zu stapeln. Und das Schlimmste: Als Biedermann die Etikette eines der Fässer betrachtet, findet er dort die Aufschrift „Benzin". Auf seine Nachfrage bestätigt ihm Eisenring, in den Fässern sei Benzin. Biedermanns darauffolgende Replik läßt sich in Teiläußerungen mit verschiedenen Sprechakten zerlegen:

Äußerungen	*Sprechakte*
Machen Sie keine Witze!	Tadel
Ich frage zum letzten Mal,	Frage
was in diesen Fässern ist.	Akt des Zeigens
Sie wissen so gut wie ich,	Mahnung
daß Benzin nicht in den Dachboden	
gehört.	
(Er fährt mit dem Finger über ein Faß)	
Bitte-da: riechen Sie selbst!	Demonstration
(Er hält ihnen den Finger unter die Nase)	

Bei einer textverhafteten Darstellung dieser Passage ordnet der Schauspieler jeder Teiläußerung eine Geste zu. Wenn er tadelt, macht er z. B. eine abwehrende Handbewegung, bei der Frage stemmt er vielleicht zunächst die Fäuste in die Hüfte, bevor er auf das Faß zeigt, die Mahnung ist von einer Geste des Abwinkens begleitet, und zum Zweck der Demonstration hält er, wie im Nebentext vorgesehen, den beiden Halunken den Finger unter die Nase. Die Sequenz von Gesten, die auf diese Weise zustande kommt, hat eine additive Struktur, sie ähnelt manchen Gesprächswiedergaben durch Schüler, die als Aufzählung von Äußerungen angelegt sind.
Die Alternative dazu könnte so ausfallen: Der Darsteller blickt und zeigt von vornherein auf das Faß, also schon während er tadelt und fragt. Wenn er zur Mahnung übergeht, hebt er den ausgestreckten Zeigefinger nur ein wenig an, um ihn dann der abschließenden Demonstration zuzuführen. Die Alternative hätte gegenüber der textverhafteten Version den doppelten Vorzug der gestischen Ökonomie und Kontinuität. Nicht jede Teiläußerung wird gestisch realisiert, die Anzahl der Gesten ist deutlich geringer als die der abgrenzbaren Sprechakte; es kommt zu Überlappungen, zu vorauseilenden und nachzügelnden Gesten. Die Zeigegeste geht dem Akt des Zeigens

voraus und signalisiert, daß Biedermann von Anfang an gedanklich auf den Inhalt des Fasses fixiert ist. Seine Frage wird zur Scheinfrage, der ausgestreckte Finger hat die Antwort schon gegeben.
Mit der gestischen Ökonomie verbindet sich gestische Kontinuität. Sie entsteht dadurch, daß einzelne gestische Merkmale im Laufe der Sequenz beibehalten werden, aber ihre Funktion verändern. Der ausgestreckte Zeigefinger bezeichnet nacheinander eine Zeigegeste, eine Geste des Mahnens und mehrere praktische Gesten im Zusammenhang mit der Geruchsprobe, er wandelt sich – im Sinne Jan Kotts – vom buchstäblichen Zeichen (dem Zeigefinger) zum nachahmenden Zeichen (wenn er den erhobenen Stock des Zuchtmeisters abbildet) und wieder zurück zum buchstäblichen Zeichen.
Maßgeblich für die Gestaltung der Sequenz ist der *Spielzusammenhang*. Während bei der textverhafteten Version die einzelne Geste im Textzusammenhang steht, paradigmatisch und punktuell, geht es bei der Alternative darum, die eine Geste syntagmatisch mit der anderen zu verknüpfen. Das Spiel löst sich vom Text und gewinnt Eigenleben.
Damit ein Spielzusammenhang entsteht, bedarf es der Konzepte. Der Darsteller muß für die betreffende Passage ein gestisches Konzept entwickeln, der Spielleiter dafür Sorge tragen, daß sich dieses Konzept in den Rahmen seiner Regiekonzeption einfügt. Es ist vielleicht nicht überflüssig, anzumerken, daß solche gestischen Konzepte in der Regel nicht aus dem Textstudium, sondern aus der Probenarbeit erwachsen und maßgeblich auf der Selbsterfahrung des Darstellers gründen. Der Schauspieler erprobt verschiedene Varianten und prüft, wie er sich dabei fühlt, der Regisseur bescheinigt ihm eine gute oder weniger gute Wirkung.
Für Michael Mendl, Schauspieler und Schauspiellehrer, hat das Konzept der Rolle absoluten Vorrang vor dem Text. Er formuliert es so:

„... ich sage meinen Schützlingen immer, das Wichtigste, wenn man an so etwas rangeht, ist das Bewußtsein, daß Text eigentlich Abfall ist, also sagen wir mal, das letzte Glied in dem Entstehungsprozeß. Der Text ist dann das, was durch die Gesamtfigur, die man irgendwo finden muß, wirkt, und das hat mit dem Text immer nur sporadisch zu tun."[40]

Ein bewährtes Mittel, um die Ablösung des Spiels vom Text voranzutreiben, ist die Konzeption von Handlungen, die im Text gar nicht vorkommen. Ich konstruiere ein Beispiel: Ein Geschäftsmann, so schreibt der Text vor, erklärt seiner Frau mit vielen Worten und einem langen Anlauf, er sei bankrott. Die Regie steuert dazu den Einfall bei, daß der Mann, während er erklärt, umständlich seine Brille putzt, das Taschentuch hervorholt, die Gläser immer wieder behaucht usw. Es wird sich zeigen, daß die begleitende Handlung den Schauspieler während der Episode über die Fangarme hinwegträgt, die der Text nach ihm ausstreckt.
Das Auseinandertreten von Spiel und Text wirkt sich nachhaltig auf die Zeichenbildung aus, sie schafft bedeutungshaltige Spannungen zwischen Reden und Tun, hörbaren und sichtbaren Zeichen. Es entsteht jene Art von Zei-

chenkombination, die Pfister „synthetisch“ nennt. Dabei „geht das mimisch-gestische Spiel über das Gesagte hinaus, relativiert es oder widerspricht ihm sogar“.[41] Während das textverhaftete Spiel zur redundanten Zeichenkombination neigt, liegt die besondere Leistung des vom Text abgelösten Spiels in der Bildung *komplexer Zeichen*. Ich kehre zum alten Beispiel zurück: Der Satz „Wart nur, dir zeig’ ich’s noch!“ bildet, mit einer schlichten Drohgebärde gepaart, ein redundantes Zeichen. Aus dem Spielzusammenhang könnte sich jedoch ergeben, daß der Schauspieler, während er diesen Satz äußert, seine Mappe an sich nimmt und zur Tür geht. In diesem Fall ergänzt das Spiel die im Text enthaltene Drohung durch eine Zusatzinformation, etwa der folgenden Art: „Ich habe bereits einen Plan, wie ich meine Drohung wahrmachen kann, und werde ihn umgehend in die Tat umsetzen.“ Denkbar wäre aber auch ein Spielzusammenhang, der die Spannung zwischen Text und Spiel auf die Spitze treibt: Der Darsteller spricht die Drohung aus, indem er dem Angesprochenen ein Glas Wein einschenkt. Schließt man die Möglichkeit aus, daß der Wein vergiftet ist, so läßt diese Kombination von hörbarem und sichtbarem Zeichen nur den Schluß zu, daß die Äußerung nicht ernst gemeint sein kann. Das Spiel ergänzt den Text nicht, es nimmt ihn zurück, setzt ihn außer Kraft.

Für Pfister ist die Beziehung zwischen beiden Zeichen im einen Fall „komplementär“, im andern Fall spricht er von „Diskrepanz“[42]. Beides läßt sich mit dem Begriff der komplexen Zeichenbildung zusammenfassen. Die Ausbildung eines eigenständigen Spielzusammenhangs führt zu einer Fülle komplexer Zeichenkombinationen.

Komplexe Zeichen enthalten eine innere Spannung, eine Polarität von Bedeutungen. Ihre Besonderheit ist, daß aus der Paarung der beiden nicht miteinander übereinstimmenden Bedeutungen eine dritte Bedeutung entsteht. Ich illustriere diesen Vorgang mit einem weiteren Beispiel. Ein Student wird von seinem Kumpel aufgefordert, mit ins Kino zu kommen. Er hat durchaus Lust dazu, aber kein Geld mehr. Er könnte jetzt sagen: „Ich hab kein Geld“, und dazu Daumen und Zeigefinger aneinanderreiben – es wäre eine redundante Zeichenkombination. Tatsächlich aber sagt er: „Ich hab keine Zeit“, und reibt dazu den Zeigefinger am Daumen. Die Zusatzgeste bildet mit der Äußerung zusammen ein höchst komplexes Zeichen: Sie ist mehr als nur eine Zurücknahme der Äußerung. Die Kombination besagt: Ich hab zwar kein Geld, aber ich tu so, als läge es nicht am Geld, sondern an der Zeit. Das könnte z. B. heißen: Ich will nicht mit dir über meine Geldprobleme reden. Die Kombination sich widersprechender Zeichen schafft eigentümlich schwebende Bedeutungen und öffnet Spielraum für Interpretationen.

Das Theater braucht die redundanten Zeichen, gewiß. Aber erst mit der komplexen Zeichenbildung beginnt das Reich der Feinheiten und Nuancen, entfaltet die Inszenierung ihr Eigenleben gegenüber dem Text. Deswegen ist ja auch das von bildungsbürgerlichen Theaterbesuchern hochgehaltene Ideal der „werktreuen“ Inszenierung so problematisch. Wer mit dem Prinzip der Werktreue Ernst macht, müßte eigentlich strikt redundant inszenieren und den Text Punkt für Punkt in analoges Spiel übersetzen. Eine solche

Inszenierung müßte nichtssagend und stümperhaft ausfallen, notwendigerweise. Vermutlich ist das dem Regisseur Fritz Kortner[43] nachgesagte Bonmot „Werktreue ist Faulheit“ auf den Kollegen gemünzt, der es versäumt, einen Spielzusammenhang zu erarbeiten und auf diese Weise die Bedeutungsfülle der Zeichensysteme auszuschöpfen, mit denen er es zu tun hat. Zu ergänzen wäre der Satz: Werktreue ist Fäulnis. Eine streng werktreue Inszenierung ist um ihr Eigenleben gebracht, sie verströmt Verwesungsgeruch.

Ich komme zum Fazit. Inszenieren heißt für mich: eine Spielhandlung vom Text ablösen. Das Wort „ablösen“ hat dabei einen doppelten Sinn, es meint „aus dem Text herauslösen, dem Text entnehmen“, aber auch „vom Text loslösen, befreien“. Ausdruck dieser Befreiung sind die sog. „Spielstriche“, Abstriche, die vorgenommen werden, um den Text den Erfordernissen des Spiels anzupassen, bis – meist erst zu Ende der Probenzeit – das fertig eingestrichene Textbuch, die „Strichfassung“ vorliegt. Für das Verhältnis von Text und Spiel läßt sich daraus folgern: Es gibt nicht nur die Suche nach einer dem Text angemessenen Spielhandlung, sondern auch ihre Umkehrung, die Suche nach einem der Spielhandlung angemessenen Text.

Für Martin Esslin ist es „eine dialektische Spannung, die den eigenartigen Reiz, die Magie des Theaters hervorbringt“.[44] Sie entsteht, weil der Text, indem er inszeniert wird, mit einem Gegenpol in Verbindung tritt, der sich begrifflich nur schwer fassen läßt. Die Individualitäten der Darsteller und des Regisseurs zählen dazu, aber auch die materiellen Rahmenbedingungen der Inszenierung, sie bilden zusammen einen Komplex des Fremden, dem Text Entgegengesetzten. Inszenieren heißt den Text in ein polares Spannungsfeld rücken, dem Text etwas zusetzen, was ihm von Haus aus fremd ist.

Damit soll nicht bestritten werden, daß Dramentexte auf Inszenierung angelegt sind und sich erst in der Inszenierung erfüllen. Das grundlegende Paradox des Inszenierens läßt sich auf die Formel bringen: *Indem der Text zu sich selbst kommt, wird er sich fremd.*

1.3 Schlußfolgerungen für die Schule

1.3.1 Lesen und Inszenieren im Unterricht

Rolf Geißler hat 1972 für den Dramenunterricht die Frage aufgeworfen, ob „nicht die Kreativität des Spiels mit eingebracht werden kann, ohne daß wirklich gespielt wird.“[45] Seither hat sich das Prinzip „simulierte Dramaturgie und Inszenierung“ (Göbel 1977) zunehmend als methodische Leitlinie durchgesetzt, zumindest in der Fachliteratur, weniger wohl in der Unterrichtspraxis. 1988 fordern Haas / Willenberg:

> „Schüler sollten Dramen so lesen, als sollten sie aufgeführt werden, sie sollten jeden Satz des Textes auf seine Bühnenerscheinung hin erkunden. Zu jeder Äußerung dort ist also ein Bühnenort, eine Bühnensituation, eine emotionale Handlung hinzuzudenken, zu jeder Äußerung sind die Verhältnisse zwischen den Sprechenden zu entdecken, in jeder Rolle die Kontur einer Person und deren Motivationen.“[46]

Das Prinzip der Simulation von Inszenierung (die Dramaturgie inbegriffen) scheint also unumstritten, es bietet sich ja auch an als vernünftiger Kompromiß zwischen dem Anspruch dramatischer Texte auf Inszenierung und den tatsächlichen Möglichkeiten der Schule, den Sonderfall Schultheater einmal ausgenommen. Und doch muß es sich Zweifel gefallen lassen, wenn man die voranstehende Beschreibung und Deutung des Inszenierungsvorgangs zum Maßstab macht. Die Kardinalfrage lautet: Läßt sich Inszenierung überhaupt simulieren? Und wenn ja, mit welchen Einschränkungen? Es geht um eine klare Grenzziehung, die den Dramenunterricht vor Hochstapelei und Dilettantismus bewahrt.

Ich will versuchen, die aufgeworfenen Fragen in knapper Form zu beantworten. Ausgangspunkt ist die Feststellung, daß auch das Lesen von Dramen eine produktive Tätigkeit ist. Oder noch genauer: Lesen ist – unter anderem – *auch* eine produktive Tätigkeit. Sie geht mit der Bildung von Vorstellungen einher und läßt sich folglich mit Gestaltungsaufgaben verbinden, z. B. wenn die Schüler aufgefordert werden, die zu einer Dramenfigur passende „Person" zu entwerfen.

Die simulierte Inszenierung ist, so besehen, lediglich ein Sonderfall des produktiven Lesens. Er ergibt sich, wenn die Aufgabe der Vorstellungsbildung mit den Rahmenbedingungen des Inszenierens verknüpft wird: Bühnenraum, Ausrichtung auf das Publikum, Besetzung der Rollen mit bestimmten Schauspielern, Notwendigkeit von Kürzungen durch Beschränkung der Spieldauer usw.

Der Gegenpol, mit dem die Inszenierung den Text verbindet, wird im Falle der Simulation nicht materialisiert, er bleibt ein luftiges Konstrukt, ohne Erdenschwere, ohne Eigengewicht, ohne Eigenleben. Man denkt sich den zur Rolle passenden Schauspieler, den zur Handlung passenden Ort, die zur Äußerung passende Geste.

Das Herzstück der Inszenierung indes ist die Probenarbeit, und genau die läßt sich nicht simulieren. Ein bloß gedachter Schauspieler hat keine Individualität und keine Biographie, man kann seine persönlichen Ausdrucksmittel nicht erkunden, nicht seine persönlichen Erfahrungen abrufen. Wer eine Rolle probt, erprobt sich selbst – er kann nicht so tun, als wäre er ein anderer. Deshalb muß der Dramenunterricht sich auf Probenarbeit entweder ernsthaft einlassen oder ganz darauf verzichten. Wenn er verzichtet, ist er dazu verurteilt, auf der Stufe des textverhafteten Spiels, der punktuellen Umsetzungen und der redundanten Zeichenbildung zu verharren. Denn nur in der Probenarbeit lassen sich die verschiedenen Zeichensysteme ausschöpfen, mit denen die Inszenierung zu tun hat, nur die Probenarbeit führt zu komplexer Zeichenbildung.

Hat der Dramenunterricht überhaupt die Chance zu echter Probenarbeit? Praktikabel sind in jedem Fall Probeformen aus dem Frühstadium des Inszenierens: Stellproben, in denen Auftritte, Abgänge und Bewegungsabläufe festgelegt werden, szenische Lesungen, freies Anspielen einzelner Szenen. Dabei handelt es sich um punktuelle Proben, Probeformen, die der kontinuierlichen Probenarbeit vorausgehen.

Die Erarbeitung einer durchgehenden Spielhandlung ist jedoch mit punktuellen Proben nicht zu leisten, die Stufe des Denkens im Spielzusammenhang wird nicht erreicht. Das der Inszenierung innewohnende Ziel der Ablösung einer Handlung vom Text liegt außerhalb der Reichweite des Dramenunterrichts. Simulierte Inszenierung bleibt, auch wenn sie punktuell mit echten Proben durchsetzt ist, notgedrungen Stückwerk.
Wenn das so ist, dann ist zunächst einmal Ernüchterung angesagt. Zu fragen ist, ob sich unter den Bedingungen der Schule das Verhältnis von Lesen und Inszenieren nicht umkehrt, ob nicht das Lesen die der Schule angemessene Rezeption von Dramen, die Inszenierung dagegen eine zusätzliche „Behelfsrezeption" ist. Für die Schule ist das Lesen der Ernstfall, das Inszenieren ein Spiel. Im Theater dient das Lesen der Inszenierung, in der Schule der Gedanke an die Inszenierung dem Lesen.
Auf keinen Fall sollte sich die Schule auf die Abwertung des Lesens einlassen, die sich z. B. darin äußert, daß man der gedruckten Fassung des Dramas die Qualität eines „Textes" abspricht, ihr allenfalls zubilligt, ein „sprachlich-fixiertes Textsubstrat"[47] zu sein und die Bezeichnung „Text" der Aufführung vorbehält. Man stelle sich einen Linguisten vor, der nach langem Studium der Textsorte „Puddingrezept" zu der Erkenntnis kommt, das Rezept sei, für sich genommen, eigentlich noch kein Text, erst der Pudding verdiene diesen Namen.
Zugegeben, der Vergleich hinkt; er unterschlägt, daß keine szenische Realisierung eines dramatischen Textes der andern gleicht, weil sich – im Gegensatz zum Puddingrezept – die „Zutaten" nicht genau festlegen lassen, sie bilden einen eigenständigen Gegenpol zum Text. Aber das ist in meinen Augen ein Grund mehr, am traditionellen Begriff des Dramentextes festzuhalten. Denn nur der gedruckte oder geschriebene Text ist *authentisch* in dem Sinne, daß sich darin die Individualität, das Lebensgefühl und die Absichten des Autors unvermischt ausdrücken. Wer sich eingehend z. B. mit dem Dramatiker Schiller beschäftigen will, kann dies nur lesend tun – er wäre schlecht beraten, wenn er von Inszenierung zu Inszenierung hastete.
Außer dem Respekt vor dem Autor gebietet auch der Respekt vor dem Leser, das Lesen um seiner selbst willen zu betreiben und nicht nur als Vorstufe des Inszenierens. Denn nur das Lesen bietet die Chance, eine Fülle individueller Lesarten zu entfalten – die Inszenierung fordert die eine verbindliche Lesart. Inszenierung ist etwas Öffentliches, eine private und individuelle Beziehung zwischen Leser und Text kann sich nur auf dem Wege des Lesens herausbilden.

1.3.2 Die Kombinationsprobe

Von einer speziellen Variante des punktuellen Probens soll gesondert die Rede sein, sie will mir als die äußerste Annäherung des Dramenunterrichts an die Inszenierung erscheinen. Es ist eine Anleihe aus dem Schauspielunterricht, ich nenne sie die „Kombinationsprobe". Sie beruht auf dem Prinzip der Verselbständigung des Ausdrucks. Was heißt das?
Im täglichen Leben sucht sich die Empfindung ihren gestischen und mimi-

schen Ausdruck. Man läßt den Kopf hängen, wenn man betrübt ist, trägt die Nase hoch, wenn man arrogant ist usw. Dieser Weg läßt sich umkehren: Man läßt probeweise den Kopf hängen, um sich betrübt zu fühlen, trägt probeweise die Nase hoch, um vom Erlebnis der Arroganz zu kosten. Ein Beispiel für eine Übung, die auf diesem Prinzip beruht: Zwei Personen, am besten verschiedenen Geschlechts, gehen aneinander vorbei und drehen sich dabei ganz ungeniert nach einander um. Der Effekt ist verblüffend, zumal für Laien: Man kommt sich dreist vor, fühlt sich vielleicht sogar wie ein gewohnheitsmäßiger Eroberer – obwohl das Ganze ja verabredet ist und überhaupt nichts besagt. In den Dramenunterricht verpflanzt, führt diese Methode zur Bildung komplexer Zeichen. Ihr besonderes Kennzeichen ist, daß der dramatische Text zwischendurch beiseite gelegt wird. Die Frage lautet nicht: Wie kann man die im Text geäußerte Empfindung mimisch und gestisch angemessen ausdrücken? Denn wenn sie so gestellt wird, entspringt die Frage einer textverhafteten Denkweise und führt in der Regel zu redundanter Zeichenbildung. Stattdessen wird gefragt: Welche körpersprachlichen Ausdrucksmittel stehen uns zur Verfügung? Natürlich enthält auch diese Frage Einschränkungen, die durch den Text bedingt sind; es sollen Ausdrucksmittel sein, die für eine bestimmte Figur in einer bestimmten Situation denkbar sind. Dennoch spielt der konkrete Inhalt der vom Text vorgegebenen Äußerung keine Rolle; es geht darum, eine Liste von körpersprachlichen Ausdrucksmitteln zusammenzustellen, die den Schülern aus ihrer eigenen Körpererfahrung vertraut sind und in dem durch den Text vorgezeichneten Rahmen Platz haben.
Die anschließende Probenarbeit läuft darauf hinaus, daß Text und Gesten willkürlich miteinander kombiniert werden, am besten in Kleingruppen. Dabei wird es zu komischen Effekten kommen, wenn Text und Geste einander fremd sind und auch in der Paarung einander fremd bleiben. In Einzelfällen aber wird ein Funke überspringen, und Geste und Äußerung schießen zu einem komplexen Zeichen zusammen. Am Ende steht die Rückkehr in den Textzusammenhang; die gefundenen Kombinationen werden daraufhin befragt, ob sie mit dem Bild im Einklang stehen, das der Text von der betreffenden Figur entwirft.
Mit meinem Beispiel kehre ich noch einmal zu Tucholskys „Ehepaar"-Szene zurück. Es soll zugleich ein Modell dafür abgeben, wie die Rezeptionshandlungen des Lesens und Inszenierens im Dramenunterricht ineinandergreifen und einander ergänzen können.
Am Anfang der vorzustellenden Teilsequenz steht eine Lese-Aufgabe. Die Schüler bearbeiten den Text unter der Fragestellung, wer jeweils angesprochen ist. Ein Rückblick auf den Anfang der Szene macht deutlich, wonach mit dieser Aufgabe gefragt ist.

Sprecher	*Adressat*
TRUDE: Herr Panter, wir haben gestern einen so reizenden Witz gehört, den müssen wir Ihnen ... also den muß ich Ihnen erzählen: Mein Mann kannte ihn schon ... aber er ist zu reizend. Also passen Sie auf. Ein Mann /	Panter
Walter, streu nicht den Tabak auf den Teppich,	Walter

da! Streust ja den ganzen Tabak auf den Teppich / also ein Mann,
nein, ein Wanderer, verirrt sich im Gebirge. Also der geht im Gebirge Panter
und verirrt sich, in den Alpen. / Was? In den Dolomiten, also nicht Walter
in den Alpen, ist ja ganz egal / Also er geht da durch die Nacht... Panter

Im Laufe des ersten Satzes löst sich Trude sprachlich aus der Wir-Gemeinschaft mit ihrem Mann und versucht, eine persönliche Gesprächsbeziehung zu ihrem Gast aufzubauen. Der Anschlußsatz „Mein Mann kannte ihn schon" weist Walter die Rolle der dritten Person zu, macht ihn zum Gesprächsgegenstand. Mit dem Imperativ „passen Sie auf" fordert Trude die ungeteilte Aufmerksamkeit des Zuhörers für sich allein. Sie selbst tut sich allerdings schwer damit, ihre Zuwendung zu Peter Panter durchzuhalten. Schon der folgende Satz zeigt, daß sie, während sie sich Panter zuwendet, nebenher ihren Mann belauert und sofort aus der soeben aufgebauten Gesprächsbeziehung herausspringt, wenn sich die Chance bietet, Walter zurechtzuweisen. Mit dem Wort „also" nimmt sie den fallengelassenen Faden, die fallengelassene Zuwendung zu Panter wieder auf, ist aber immer noch so wenig bei der Sache, daß sie mit einem zweiten „Also" nachfassen muß. Die Frage „Was?" signalisiert einen neuerlichen Adressatenwechsel. Diesmal ist es Walter, der seine Frau aus dem Gesprächskontakt mit dem Gast herausreißt und ihre Aufmerksamkeit auf sich selbst lenkt. Auch er läßt sich die Gelegenheit nicht entgehen, Trude zu korrigieren.
Die Stichprobe genügt, um zu zeigen, was die Aufgabe leistet. Sie enthüllt den Grundvorgang der Szene: Die frei gewählte Zuwendung zum Gast fällt der zwanghaften wechselseitigen Zuwendung der Gastgeber zum Opfer. Trude und Walter sind so sehr aufeinander fixiert, ineinander verbissen, daß sie die Fähigkeit zum gemeinsamen Gespräch mit einem Dritten eingebüßt haben.
Bei der Lösung der Aufgabe fallen noch weitere Entdeckungen ab. Es gibt, so erkennen die Schüler, offenbar Äußerungen, die an keinen Gesprächspartner gerichtet sind. Wenn Trude, an Peter Panter gewendet, zunächst erzählt „Die liegen schon im Bett", sich dann aber mit „Nein, die liegen noch nicht im Bett" korrigiert (Z. 11), so sagt sie das, wie ein Schüler bemerkt, „eigentlich zu sich selbst". Man darf annehmen, daß sie dabei den Blickkontakt zum Partner löst und in sich hineinhorcht.
Die Ermittlung der im Text vorgezeichneten Zuwendungen wirkt sich auf die Vorstellungstätigkeit der lesenden Schüler aus. Kaum bewußt und fast schon automatisch stellen sich die Schüler zur hörbaren Zuwendung die entsprechende sichtbare Zuwendung vor. Sie machen dabei die stillschweigende Voraussetzung, daß sprachliche und körpersprachliche Zuwendung im Grunde eins sind und sich nur in der Ausdrucksweise unterscheiden. Die naive und quasi automatische Inszenierungstätigkeit, die mit dem Lesen von Dramen einhergeht, läuft auf automatische Bildung redundanter Zeichen hinaus.
Diesen Automatismus aufzubrechen ist das Ziel des nachfolgenden Unterrichtsschritts. Der Text wird beiseitegelegt, gefragt sind nunmehr die Schü-

ler selbst, ihre Erfahrungen und Beobachtungen zum körpersprachlichen Verhalten im Gespräch. Stimmt es eigentlich, daß man sich dem, den man anspricht, in der Regel auch körperlich zuwendet? Es stimmt schon deswegen nicht, weil sich viele Gespräche mit zusätzlichen Beschäftigungen verbinden und die Aufmerksamkeit der Gesprächspartner folglich auch anderweitig beansprucht wird. Darüber hinaus wird sich herausstellen, daß wir auch im Alltagsgespräch beide Zeichensysteme für die Bildung komplexer Zeichen nützen und beispielsweise sprachliche Zuwendung mit körpersprachlicher Abwendung kombinieren und umgekehrt.

Welche Möglichkeiten habe ich überhaupt, im Gespräch meine Einstellung zum Partner körpersprachlich auszudrücken? Eine wichtige Rolle spielt die Wahl der Distanz, aber auch die körperliche Ausrichtung. Es gibt ein breites Spektrum von Mischformen zwischen Zuwendung und Abwendung: die halbe Abwendung, die halbe Zuwendung, das zugewendete Gesicht bei abgewandtem Körper und den umgekehrten Fall, schließlich das introvertierte Für-Sich-Sprechen, das den Gesprächspartner aus dem eigenen Gesichtskreis ausblendet. Als spezielle Ausdrucksmittel des Theaters kommen die für das Publikum bestimmten Ausrichtungen dazu: das (für den Gesprächspartner unhörbare) Beiseitesprechen, die Wendung ad spectatores.

Mit der Zusammenstellung eines körpersprachlichen Repertoires ist der Boden für die Kombinationsprobe bereitet. Sie wird, vor der Probenarbeit in Kleingruppen, zunächst an Einzelbeispielen „vorexerziert". Nehmen wir Walters erste Sätze:

Sprecher	*Adressat*
WALTER: Meine Frau kann keine Witze erzählen /	Panter
Laß mich mal. Du kannst nachher sagen, obs richtig war /	Trude
Also nun werde ich Ihnen das erzählen.	Panter

Die sprachliche Zuwendung wechselt in diesen Sätzen zweimal. Bei einer redundanten Inszenierung müßte sich Walter zunächst an Peter Panter wenden, dann an Trude, dann wieder an Panter. Nun aber werden die einzelnen Teile seiner Äußerung der Kombinationsprobe unterzogen. Der Rahmen einer szenischen Lesung wird arrangiert, der Darsteller Walters verknüpft dessen Worte willkürlich mit Verhaltensweisen aus dem zuvor umrissenen Repertoire. Dabei ergeben sich offensichtlich unsinnige Kombinationen, aber auch überraschende Effekte. Der Satz „Meine Frau kann keine Witze erzählen" klingt mitleidig, wenn Walter sich damit ebendieser Frau zuwendet, er klingt traurig, wenn Walter ihn vor sich hinsagt, beschämt, wenn er zur Seite gesprochen wird. Der Satz „Du kannst hinterher sagen, obs richtig war" bekommt, an Peter Panter gerichtet oder gar ins Publikum gesprochen, etwas Hämisches: Walter sucht auf Kosten seiner Frau das augenzwinkernde Einverständnis mit seinem Gegenüber. Die körpersprachlichen Ausdrucksmittel erweisen sich als modale Zusätze zur Textbedeutung, Text und Körpersprache bilden zusammen ein komplexes Zeichen.

Letzter Schritt der Teilsequenz ist die Rückfrage an den Text. Welche Kombinationen passen zu dem Bild, das wir uns von der betreffenden Figur gemacht haben? Es wird sich herausstellen, daß es komplexe Zeichen gibt, die das eigene Textverständnis nicht nur ausdrücken, sondern vorantreiben. Wenn etwa Trude gleich zu Beginn der Szene bei den Worten „Also passen Sie auf“ ihren Mann fixiert, der dabei ist, seine Pfeife zu stopfen, dann steckt in dieser Kombination bereits eine Konzeption Trudes. Ihre körpersprachliche Zuwendung zu Walter hebt ihre sprachliche Zuwendung zu Panter auf, von vornherein erscheint sie – im Wortsinn – als „fixiert“, von vornherein ist klar, daß die Erzählung mißlingen wird.

Die komplexe Zeichenbildung wird möglich, weil sich die Schüler vorübergehend aus dem Textzusammenhang lösen, ihre eigene Körpererfahrung erkunden und schließlich ihr körpersprachliches Zeichensystem mit dem Zeichensystem des Textes verknüpfen. Die Kombinationsprobe ist, so besehen, eine Reproduktion des Inszenierungsvorgangs im kleinen Maßstab.

Anmerkungen

1 Tucholsky, Kurt: Gesammelte Werke in zehn Bänden. Herausgegeben von Mary Gerold-Tucholsky und Fritz J. Raddatz, Bd. 9. Rowohlt, Reinbek bei Hamburg 1975, S. 300–303.
2 Szondi, Peter: Theorie des modernen Dramas. Suhrkamp, Frankfurt a. M. 1981, S. 15.
3 Stanzel, Franz K.: Theorie des Erzählens. Vandenhoeck & Ruprecht, Göttingen 1975 (UTB 904), S. 15–21.
4 Stanzel: Theorie, (Anm. 3), S. 193.
5 Vgl. dazu: Frommer, Harald: Erzählen. Eine Didaktik für die Sekundarstufe I und II. Cornelsen Scriptor, Frankfurt a. M. 1992, S. 41–43.
6 Hinck, Walter: Das moderne Drama in Deutschland. Vom expressionistischen zum dokumentarischen Theater. Vandenhoeck & Ruprecht, Göttingen 1973 (Sammlung Vandenhoeck).
7 Ingarden, Roman: Das literarische Kunstwerk. Niemeyer, Tübingen ^{2}1960, S. 220.
8 Pfister, Manfred: Das Drama. Theorie und Analyse. Wilhelm Fink, München 1988 (UTB 580), S. 35.
9 Pfister: Drama, (Anm. 8), S. 23.
10 Briefwechsel mit Goethe, 26. 12. 1797.
11 Pfister: Drama, (Anm. 8), S. 23.
12 Pfister: Drama, (Anm. 8), S. 20–22.
13 Henze, Walter: Dramen lesen – Dramen spielen. Dramentexte in der Sekundarstufe I. Schroedel, Hannover 1987, S. 15.
14 Zitiert nach: Müller-Michaels: Drama. In: Praxis Deutsch 31 (1978), S. 13–18, s. S. 13.
15 Systematische Merkmals-Zusammenstellungen finden sich bei Pfister: Drama (S. 18–33), Henze: Dramen (S. 11–28) und bei Asmuth, Bernhard: Einführung in die Dramenanalyse. J. B. Metzler, Stuttgart 1980/1990 (Sammlung Metzler Band 188), S. 1–14.
16 Asmuth: Einführung, (Anm. 15), S. 184.
17 Geißler, Rolf: Das Drama im Unterricht. In: Wolfrum, Erich (Hrsg.): Taschenbuch des Deutschunterrichts. Grundfragen und Praxis der Sprach- und Literaturpädagogik. Burgbücherei Wilhelm Schneider, Esslingen 1972, S. 362–376, s. S. 369.
18 Göbel, Klaus: Drama und Theatralität. Zur Geschichte eines Versäumnisses in der Literaturdidaktik. In: Göbel, Klaus (Hrsg.): Das Drama in der Sekundarstufe. Scriptor, Kronberg i. Ts. 1977, S. 1–21, s. S. 5.
19 Henze: Dramen, (Anm. 13), S. 8.
20 Göbel: Drama, (Anm. 18), S. 7, S. 20.
21 Foto: Michael Steinle, Fellbach.
Brecht inszeniert. Der kaukasische Kreidekreis. Text von Angelika Hurwicz, Fotos von Gerda Goedhart. Erhard Friedrich, Velber 1964 (Reihe Theater heute 14).
22 Zitiert nach Göbel: Drama, (Anm. 18), S. 6.

23 Frommer, Harald: Lesen im Unterricht. Von der Konkretisation zur Interpretation (Sekundarstufe I und II). Schroedel, Hannover 1988.
24 Für Ingarden ist das literarische Kunstwerk „ein in verschiedener Hinsicht schematisches Gebilde", „das Lücken, Unbestimmtheitstellen, schematisierte Ansichten usw. in sich enthält" (Das literarische Kunstwerk, [Anm. 7], S. 355).
25 Iser, Wolfgang: Der Akt des Lesens. Wilhelm Fink, München 1976 (UTB 636).
26 Haas, Gerhard: Handlungs- und produktionsorientierter Literaturunterricht in der Sekundarstufe I. Schroedel, Hannover 1984.
Waldmann, Günter: Grundzüge von Theorie und Praxis eines produktionsorientierten Literaturunterrichts. In: Hopster, Norbert (Hrsg.): Handbuch Deutsch für Schule und Hochschule, Sekundarstufe I. Schöningh, Paderborn / München / Wien / Zürich 1984, S. 98–141.
27 Schwab, Lothar / Weber, Richard: Theaterlexikon. Kompaktwissen für Schüler und junge Erwachsene. Cornelsen Scriptor, Frankfurt a. M. 1991.
28 Kott, Jan: Spektakel-Spektakel. Tendenzen des modernen Welttheaters. Piper, München 1972, S. 55.
29 Renk, Herta-Elisabeth: Dramatische Texte im Unterricht. Vorschläge, Materialien und Kursmodelle für die Sekundarstufe I und II. Ernst Klett, Stuttgart 1978, S. 14.
30 Kott, (Anm. 28), S. 56.
31 Fingerhut, Karlheinz: Sieben Thesen zur literaturdidaktischen Unterscheidung von Figur und Person. In: Diskussion Deutsch 104 (1988), S. 651–656, s. S. 652.
32 Kott, (Anm. 28), S. 56.
33 Kott, (Anm. 28), S. 55f.
34 Kott, (Anm. 28), S. 57.
35 Spinner, Kaspar H.: Interpretieren im Deutschunterricht. In: Praxis Deutsch 81 (1987), S. 17–23, s. S. 17.
36 Bachmann, Ueli: „Theater hat an unseren Gymnasien nichts verloren!" Was verliert die Schule dabei? In: Praxis Deutsch 115 (1992), S. 20–26, s. S. 24.
37 Pfister: Drama, (Anm. 8), S. 40, S. 74.
38 Brecht inszeniert, (Anm. 21), S. 2.
39 Frisch, Max: Biedermann und die Brandstifter. Suhrkamp, Frankfurt a. M. 1963 (edition suhrkamp), S. 39.
40 Zitiert nach: Haas, Roland / Willenberg, Heiner: Theater lesen, sehen, spielen. Ein Unterrichtsmodell am Beispiel von Georg Büchners ‚Woyzeck'. J. B. Metzler, Stuttgart 1988, S. 108.
41 Pfister: Drama, (Anm. 8), S. 41.
42 Pfister: Drama, (Anm. 8), S. 73ff.
43 Zitiert nach: Beimdick, Walter: Theater und Schule. Grundzüge einer Theaterpädagogik. Ehrenwirth, München 1975, S. 100.
44 Esslin, Martin: Was ist ein Drama? Eine Einführung. Aus dem Englischen von Renate Esslin. Piper, München 1978 (Serie Piper), S. 88.
45 Geißler: Drama, (Anm. 17), S. 375.
46 Haas, Roland / Willenberg, Heiner: Theater lesen, sehen, spielen. Ein Unterrichtsmodell am Beispiel von Georg Büchners ‚Woyzeck'. J. B. Metzler, Stuttgart 1988, S. 2f.
47 Pfister: Drama, (Anm. 8), S. 25.

2 Dramen lesen

Lesen ist „eine Handlung, die sich nicht nur auf das Decodieren der Schrift bezieht“. „Zum Verstehen eines Textes gehört zunächst die Wahrnehmung, die sich schrittweise im Verlauf eines Textes vollzieht. Zu dieser kommt zwangsläufig die Reflexion und damit die Interpretation des Gelesenen.“ Bestandteil des Lesens sind aber auch die „kreativen Eingriffe in den Text“, „wie zum Beispiel Veränderungen oder Erweiterungen der Textbedeutung“.[1]
Die vorstehenden Zitate aus einem neueren Forschungsbericht kennzeichnen den Lesevorgang als ein Produkt aus rezeptiven und aktiven Faktoren, er verbindet Aufnahme mit Verarbeitung. Wenn er im folgenden Kapitel unter den Aspekten des *Wahrnehmens*, *Konkretisierens* und *Interpretierens* erscheint, so könnte der falsche Eindruck aufkommen, die rezeptive Komponente des Lesens werde damit säuberlich von seinen aktiven Komponenten geschieden. Tatsächlich aber vollzieht sich auch die Wahrnehmung von Texten als „selbstgesteuerte Informationsentnahme“[2], geleitet beispielsweise vom „Selektionsbedürfnis“ des Lesers[3]. Nur so erklärt sich die oft verblüffende Unterschiedlichkeit individueller Lesarten.

2.1 Die schwierige Gattung. Wie Schüler Dramentexte wahrnehmen

„Was hat das Drama nur an sich, daß sich die Schule so schwer damit tut?“[4] Rolf Geißler, der diese Frage von Gert Kleinschmidt an den Anfang seiner Standortbestimmung ‚Das Drama im Unterricht‘ (1972) stellt, sucht und findet die Schuld bei der Schule, nicht beim Drama. Nach seiner Auffassung gibt es didaktische Lehrmeinungen und Traditionen, die vor der Gattung Drama eine Art Sperre errichtet haben. Dazu zählt er die Gleichsetzung des Dramatischen mit dem klassischen Drama, aber auch fragwürdige entwicklungspsychologische Theorien, die eine besondere Affinität zwischen Drama und Pubertät konstruieren.
Erfahrungen mit der Schreibform Inhaltsangabe legen indes den Schluß nahe, daß auch die dem Gegenstand Drama eigentümliche Struktur ihren Anteil an den auftretenden Schwierigkeiten hat. Wie kommt es, daß die Wiedergabe von Dramenszenen den Schülern (von Klasse sieben an aufwärts) offensichtlich schwerer fällt als die Zusammenfassung erzählender Texte von entsprechendem Umfang? Es muß etwas mit der Gattung Drama und ihren Merkmalen zu tun haben.
Den Nachweis dafür will ich an zwei konkreten Beispielen führen. Das erste stammt von einer Schülerin der Jahrgangsstufe 12 (aus dem Leistungskurs) und ist die Zusammenfassung einer Partie aus Schillers ‚Die Piccolomini‘,

der Auseinandersetzung zwischen Vater und Sohn in Szene V,3.[5] Ich stelle, um Anknüpfungen und Unterschiede augenfällig zu machen, Text und Textwiedergabe nebeneinander, die letztere satzweise aufgedröselt und auseinandergezogen.

Dritter Auftritt
Beide Piccolomini.

Octavio: Was nun, mein Sohn? Jetzt werden wir bald klar sein,
– Denn alles, weiß ich, ging durch den Sesina.
Max *(der während des ganzen vorigen Auftritts in einem heftigen, innern Kampf gestanden, entschlossen):*
Ich will auf kürzerm Weg mir Licht verschaffen.
Leb wohl!
Octavio: Wohin? Bleib da!
Max: Zum Fürsten.
Octavio *(erschrickt):* Was?
Max *(zurückkommend):* Wenn du geglaubt, ich werde eine Rolle
In deinem Spiele spielen, hast du dich
In mir verrechnet. Mein Weg muß gerad sein.
Ich kann nicht wahr sein mit der Zunge, mit
Dem Herzen falsch – nicht zusehn, daß mir einer
Als seinem Freunde traut, und mein Gewissen
Damit beschwichtigen, daß er's auf *seine*
Gefahr tut, daß mein Mund ihn nicht belogen.
Wofür mich einer kauft, das muß ich sein.
– Ich geh zum Herzog. Heut noch werd ich ihn
Auffordern, seinen Leumund vor der Welt
Zu retten, eure künstlichen Gewebe
Mit einem graden Schritte zu durchreißen.

(1) Maxens Geduld ist am Ende.
(2) Nach all diesen Anschuldigungen muß er sich selbst davon überzeugen, was die Wahrheit ist.
(3) Max muß die Lügen, die zwischen ihm und seinem Herzog stehen, aus der Welt schaffen.
(4) In seinen Augen wurde der Herzog ein Opfer dunkler Geschäfte und kann, selbst wenn er nicht schuldig ist, durch Komplotte und Lügen schuldig gemacht werden.

Octavio: Das wolltest du?
Max: Das will ich. Zweifle nicht.
Octavio: Ich habe mich in dir verrechnet, ja.
Ich rechnete auf einen weisen Sohn,
Der die wohltät'gen Hände würde segnen,
Die ihn zurück vom Abgrund ziehn – und einen
Verblendeten entdeck ich, den zwei Augen
Zum Toren machten, Leidenschaft umnebelt,
Den selbst des Tages volles Licht nicht heilt,
Befrag ihn! Geh! Sei unbesonnen gnug,
Ihm deines Vaters, deines Kaisers
Geheimnis preiszugeben. Nöt'ge mich
Zu einem lauten Bruche vor der Zeit!
Und jetzt, nachdem ein Wunderwerk des Himmels
Bis heute mein Geheimnis hat beschützt,
Des Argwohns helle Blicke eingeschläfert,
Laß mich's erleben, daß mein eigner Sohn
Mit unbedachtsam rasendem Beginnen
Der Staatskunst mühevolles Werk vernichtet.
Max: Oh! diese Staatskunst, wie verwünsch' ich sie!
Ihr werdet ihn durch eure Staatskunst noch
Zu einem Schritte treiben – Ja, ihr könntet ihn,
Weil ihr ihn schuldig *wollt*, noch schuldig *machen*.
Oh! das kann nicht gut endigen – und mag sich's
Entscheiden wie es will, ich sehe ahnend
Die unglückselige Entwicklung nahen. –

(5) Octavio hat sich in seinem Sohn getäuscht.
(6) Alles, was er aufbaute, wird sein Sohn zerstören, indem er Octavios Geheimnis an den Herzog verrät.
(7) Seine ganze Hoffnung wird mit einem Mal zunichte gemacht.

Denn dieser Königliche, wenn er fällt,
Wird eine Welt im Sturze mit sich reißen,
Und wie ein Schiff, das mitten auf dem Weltmeer
In Brand gerät mit *einem* Mal und berstend
Auffliegt und alle Mannschaft, die es trug,
Ausschüttet plötzlich zwischen Meer und Himmel,
Wird er uns alle, die wir an sein Glück
Befestigt sind, in seinen Fall hinabziehn.
Halte du es, wie du willst! Doch mir vergönne,
Daß ich auf meine Weise mich betrage.
Rein muß es bleiben zwischen mir und ihm,
Und eh' der Tag sich neigt, muß sich's erklären,
Ob ich den Freund, ob ich den Vater soll entbehren.
(Indem er abgeht, fällt der Vorhang.)

(8) Max verläßt seinen Vater mit der Absicht, sich zu entscheiden, wen er entbehren kann – den Freund oder den Vater.

Auf den ersten Blick fällt auf, daß die Textwiedergabe den Text in Blöcke preßt. Die Fülle der Repliken ist auf drei Einheiten zurückgeführt, an die Stelle der zahlreichen Sprecherwechsel ist ein zweimaliger Wechsel der Perspektive getreten. Der erste Block setzt sich, wie die Querverbindungen zeigen, aus inhaltlichen Elementen zusammen, die verschiedenen Repliken Maxens entstammen. Daß Max mit seiner letzten Äußerung das Stichwort „Staatskunst" aufgreift, das ihm Octavio zugespielt hat (2631 f.), bleibt unberücksichtigt. Das einzelne inhaltliche Element wird aus seiner Verzahnung im Dialog herausgebrochen und dem Block eingegliedert; aus dem Nacheinander der Repliken wird ein Nebeneinander und Gegeneinander von Auffassungen.

Das Erstaunlichste an dieser Gesprächswiedergabe ist, daß sie sich mit keinem Wort selbst als solche kennzeichnet. Das Dialogische ist getilgt, die raschen Wortwechsel, in denen sich der Konflikt der Gesprächspartner gestochen scharf artikuliert, sind übersprungen. Die Textwiedergabe stützt sich vor allem auf die längeren Repliken, denen sich ein überschaubarer Inhalt, ein „Thema" zuordnen läßt. Man darf dahinter eine Geringschätzung des Dialogischen vermuten; der Dialog wird mißverstanden als bloße Fassade von Inhalten, als etwas, was man getrost vernachlässigen kann.

Das Mißverständnis der Schreiberin führt ihren Leser in die Irre, täuscht

ihm Einblicke in das Innere der Figuren vor, die der Dialog seinem Wesen nach gar nicht hergibt. Denn nur ein Erzähler hat Zugang zum innersten Bezirk seiner Figuren – der reine Dialog dagegen bringt allein das zum Vorschein, was die Figuren *äußern*; was sie wirklich denken und empfinden, läßt sich allenfalls erschließen. Wer einen Gedanken äußert, *tut* etwas damit; er macht den Gedanken zum Instrument seines Handelns, äußert ihn aus bestimmten Gründen und zu einem bestimmten Zweck. Nach Friedrich Hebbel ist deshalb für den Dramatiker „nur das Handeln" darstellbar, „nicht das Denken und Empfinden; Gedanken und Empfindungen gehören also nicht an sich, sondern immer nur so weit, als sie sich unmittelbar zur Handlung umbilden, in das Drama hinein".[6]
Die Schreiberin indes hat Schillers Szene so gelesen, als ob darin nur gerade die Gedanken und Empfindungen der Figuren zur Sprache kämen. Daß sich in dieser Szene ein Drama zwischen Vater und Sohn vollzieht, daß die beiden mit höchstem Einsatz um eine Entscheidung ringen, ist ihr offenbar nicht bewußt. Abgelenkt von den langen Repliken mit ihren breit entfalteten und ins Auge springenden Inhalten, verkennt sie die Bedeutsamkeit der kurzschrittigen Interaktionen, verkennt z. B., daß der Vater mit dem kleinlauten, an die Frage „Wohin?" angehängten Befehl „Bleib da" (2600) seine ganze väterliche Autorität aufs Spiel setzt – und verspielt. Denn statt zu gehorchen, nimmt sich der Sohn die Freiheit, den Befehl zu „überhören"; ob aus Rücksicht auf den Vater oder zu dessen Demütigung, steht dahin. Und wenig später stellt Max dem Befehl des Vaters seinen eigenen Imperativ entgegen: „Zweifle nicht" (2614). Im Rollenspiel dieses Gesprächs ist Octavio der Fragende (2597, 2600, 2614), Verunsicherte, Max der Entschiedene, kurz Angebundene (2600: „Zum Fürsten"; 2614: „Das will ich"). Max setzt seinen Willen gegen den Widerstand des Vaters durch – das ist, auf eine knappe Formel gebracht, die Handlung der Szene.
Daß die Schreiberin der Zusammenfassung Handlungen nicht nur vernachlässigt, sondern z. T. schlichtweg nicht wahrnimmt, dafür gibt es mindestens einen Beweis: die Wiedergabe der Verse 2622–2631. Octavio greift in dieser Passage noch einmal zum Imperativ, aber er tut es auf eine zugleich verzweifelte und vertrackt-ironische Weise: Er befiehlt dem Sohn nunmehr genau das, wovon er ihn abbringen will: „Befrag ihn! Geh! Sei unbesonnen ..." (2622) „Nötge mich ..." (2624) „Laß mich's erleben ..." (2629). In der Wiedergabe werden Octavios beschwörende Appelle zu Aussagen verfälscht, werden die Imperative durch Indikative ersetzt (Satz 6 und 7). Die ironische Spannung zwischen dem Gesagten und Gemeinten geht verloren, die Schreiberin hält sich ausschließlich ans Gesagte.
Der Fehler ist symptomatisch, er offenbart eine typische Schwäche in der Wahrnehmung dramatischer Texte. Die Leser blicken durch die Schicht des Dialogischen, des Sprachhandelns einfach hindurch, sie sehen nur die Inhalte des Gesprächs.
Nicht immer tritt diese Schwäche so kraß in Erscheinung. Das nachfolgende Beispiel zeigt sie in einer abgemilderten, aber nicht minder typischen Form. Es ist die Wiedergabe einer Partie aus Lessings ‚Nathan der Weise'. Über

den Eingang des Dramas (V. 1–91) schreibt die Verfasserin, wiederum eine Schülerin der Jahrgangsstufe 12:

(1) Nathan, ein reicher Jude, kommt von einer Reise zurück und wird von Daja, einer Christin und Gesellschafterin seiner angenommenen Tochter Recha, schon ungeduldig erwartet. (2) Sie berichtet, daß sein Haus gebrannt hat, was Nathan inzwischen schon zu Ohren gekommen ist, und daß dabei seine Tochter beinahe verbrannt wäre. (3) Nathan erschrickt und bedauert seine Recha. (4) Als Daja ihn fragt, ob er alles als sein Eigentum betrachte, antwortet er, vor allem Recha, weil er sie seiner Tugend zu verdanken habe. (5) Dann erzählt er ihr, was er alles mitgebracht hat. (6) Daja sagt, daß niemand an seiner Ehrlichkeit und seinem Großmut zweifle. (7) Als Nathan ungeduldig fragt, wo denn Recha bleibe, berichtet Daja vom Geschehen am Morgen: (8) Recha ist im Bett aufgefahren und hat gerufen, daß seine Kamele kommen und daß sie seine sanfte Stimme hört. (9) So ist es auch gekommen. (10) Weiter sagt Daja, daß Rechas Seele bei ihm, dem Vater, und bei ihrem Retter sei. (11) Daraufhin erzählt sie ihm die Umstände der Rettung seiner Tochter. (12) Ein junger Tempelherr, den Saladin begnadigt hat, hat sie aus dem Feuer gerettet. (13) Nathan sieht die Begnadigung des Tempelherrn als Wunder an.

Daß sie den Dialog unterschlage, kann man dieser Schreiberin nicht vorwerfen – im Gegenteil, sie versucht sich nach Kräften auf dem schwierigen Terrain der indirekten Rede. Der Vergleich mit der Vorlage zeigt indes, daß auch sie den Dialog fast ausschließlich auf der Inhaltsebene angeht und die Vorgänge auf der Beziehungsebene ausblendet. Aufschlußreich dafür sind die Einführungsverben, die sie für die indirekte Rede wählt: Daja „berichtet" (2), „fragt" (4), „sagt" (6), „berichtet" (7), „sagt" (10), „erzählt" (11); Nathan „antwortet" (4), „erzählt" (5), „fragt" (7). Überfliegt man die Liste dieser Verben, so kommt der Eindruck auf, als finde zwischen Daja und Nathan nichts weiter statt als ein Informationsaustausch. Dabei tragen die beiden in ihrem Gespräch eine mit Händen greifbare Spannung aus: Nathan mißtraut Daja (23ff.), Daja verdächtigt Nathan, wirft ihm vor, ihr Gewissen zu belasten. Nathan weigert sich, ihren Vorwurf zur Kenntnis zu nehmen, beschwichtigt sie, versucht sie abzulenken und zu bestechen, fordert sie auf zu schweigen, Daja verflucht ihn, Nathan nimmt den Fluch gelassen auf sich.

Von alledem findet sich in der Dialogwiedergabe nur eine winzige Spur, die Stelle nämlich, an der davon die Rede ist, daß „Daja ihn (Nathan) fragt, ob er alles als sein Eigentum betrachte" (4). Um zu erkennen, was damit gemeint ist, muß man die Vorlage nachlesen: Daja wirft Nathan vor, Recha als sein Eigentum zu betrachten. Sie kleidet ihren Vorwurf zweimal in die Form der Frage: „Eure? Eure Recha?" (29) und „Nennt ihr alles, / Was Ihr besitzt, mit ebensoviel Rechte / Das Eure?" (31ff.). Mit der Wahl des Einführungsverbs „fragen" bekundet die Schreiberin, daß sie Dajas Vorwurf nur oberflächlich erfaßt; sie hält sich an die äußere Erscheinungsform des Sprechakts, ohne in sein Inneres einzudringen. Und sie läßt Nathan auf Dajas „Frage" lediglich „antworten" (4); daß die Antwort eine „Rechtfertigung" ist, bleibt unbemerkt. Der nachfolgende Satz lautet: „Dann erzählt er ihr, was er alles mitgebracht hat." Kein Wort davon, daß Nathan versucht,

Dajas Glaubenseifer mit Geschenken mundtot zu machen. Mit der Wahl des Einführungsverbs „erzählen“ greift die Schreiberin zwar den Ausdruck auf, den Nathan selbst gebraucht (40f.: „Daja, laß / Vor allen Dingen dir erzählen...“), verkennt aber, daß Nathan mit diesem Wort seinen Bestechungsversuch tarnt; ein Manöver, das von Daja durchschaut wird – nicht aber von der Verfasserin der Textwiedergabe.
Die Oberflächlichkeit ihrer Textwahrnehmung schlägt sich nieder in der Bedeutungsarmut der Verben, mit denen sie die im Dialog enthaltenen Sprechakte bezeichnet. Im Extremfall begnügt sie sich mit dem Ausdruck „sagen“, der über die betreffende Äußerung nichts weiter besagt, als daß sie geäußert wird. Die Verben „berichten“ und „erzählen“ bedeuten ein wenig mehr, aber immer noch nicht viel. Sie werden so unspezifisch verwendet, daß sie austauschbar sind: Beide bedeuten etwa das Gleiche, nämlich „mitteilen“. Das Begriffspaar „fragen – antworten“ signalisiert darüber hinaus, daß die Mitteilung angefordert und auf Anforderung gemacht wird.
Die Aufgabe, das im Dialog sich vollziehende Sprachhandeln darzustellen, ist damit auf eine Weise gelöst, die sich schwerlich anders denn als „minimal“ charakterisieren läßt. Es wird gesagt, daß etwas gesagt wird und daß Kommunikation stattfindet. Soweit sie zur Sprache kommen, werden die Sprechakte auf ihren lokutiven Aspekt und propositionalen Gehalt zurückgeführt. Der Bereich des Illokutiven, mithin der eigentliche Handlungscharakter des Dialogs, liegt außerhalb des Gesichtskreises, so daß der Eindruck entsteht, als tauschten die Gesprächspartner lediglich Informationen aus, ohne Absichten, ohne Beweggründe, ohne Ziele, ohne Hintergedanken. Die Schicht des Sprachhandelns wird zwar wahrgenommen, aber nicht in ihrer Eigenart erfaßt. Sie verblaßt, bleibt farblos, liegt gleichsam als durchsichtige Folie über den Inhalten des Gesprächs.
Eine andere Schwäche der Textwiedergabe hängt eng damit zusammen. Sie ist ablesbar an einigen Satzverknüpfungen mit Bindeadverbien wie „Dann“ (5), „Weiter“ (10) und „Daraufhin“ (11), allesamt Indikatoren dafür, daß die einzelnen Aussagen lose aneinandergereiht und allenfalls temporal miteinander verknüpft sind. Die Gesprächswiedergabe hat eine additive Struktur, sie springt nicht selten gänzlich unvermittelt von einer Äußerung zur andern, z. B. beim Übergang von Satz (3) zu Satz (4). Dieser Mangel an Kohärenz ist die logische Folge der Fixierung auf die Inhaltsebene des Gesprächs. Denn das, was den Dialog „im Innersten zusammenhält“, ist die Handlung. Für den, der sie nicht wahrnimmt, zerfällt der Dialog in eine bloße Abfolge von Äußerungen, die einzelnen Gesprächsinhalte lösen sich aus ihrer Einbettung in den Handlungszusammenhang.
Wer je von Schülern die Zusammenfassung einer Dramenszene gefordert hat, wird mir bestätigen, daß ich mit den beiden Inhaltsangaben zwar markante Fehlerbeispiele, aber keine Sonderfälle vorgestellt habe. Das allgemeinste und spektakulärste Merkmal von Dialogwiedergaben durch Schüler ist ihre additive Struktur, und je jünger die Schüler sind, desto stärker prägt sich dieses Merkmal aus.
Ich komme zu meinem Ausgangspunkt zurück, zu der Vermutung, daß die

Probleme der Schüler mit dem Drama – auch – durch die Struktur dieser Gattung bedingt sind. Sie hat sich bestätigt und läßt sich nunmehr präzisieren: Was den Schülern zu schaffen macht, ist die Eigenart des Dramas, „gesprochene Handlung“ zu sein (s. S. 15), die vertrackte Kombination von Rede und Tun, bei der sich das Tun hinter der Rede verbirgt. Mehr als die anderen Gattungen verführt das Drama seinen Leser zur Oberflächlichkeit; es gewährt ihm freien Zugang zur Rede und ihren Inhalten und verstellt ihm damit zugleich den Blick auf die Handlung.
Die Folgerungen für den Unterricht liegen auf der Hand. Das Drama fordert die Schule zu einer Leseweise heraus, die dem Text unter die Oberfläche geht; gefragt ist eindringliches Lesen. Und damit mit dem Begriff „eindringlich“ mehr gefunden ist als nur gerade ein schönes Etikett, fasse ich mit einer genaueren Bestimmung nach: Die Chance für eindringliches Lesen ergibt sich für mich aus der methodischen Verknüpfung von Konkretisation und Interpretation. Die fälligen Erläuterungen folgen.

2.2 Konkretisieren und Interpretieren. Wie man Dramentexte lesen kann

Die Forderung nach einer methodischen Verknüpfung von Konkretisation und Interpretation hat es in sich; sie setzt sich, soweit sie den Vorgang des Konkretisierens betrifft, dem Verdacht aus, das Unvereinbare zu paaren. Während für die Arbeit des Interpretierens eine Reihe von Methoden, überlieferten „Handlungsmustern“[8] also, bereitsteht, scheint sich der Begriff der Konkretisation gegen die Koppelung mit dem Zusatz „Methode“ zu sträuben. Die Konkretisation literarischer Texte ist ein spontanes, ja unwillkürliches Verhalten, es ist die Vorstellungstätigkeit, die der Text beim Lesen auslöst, fast schon automatisch: Man kann nicht nicht konkretisieren. Konkretisationen haben etwas Spielerisches an sich, sind ungezwungen und lustvoll. Lassen sie sich überhaupt in das Korsett einer Methode zwängen, ohne Schaden zu nehmen?
In der Tat verändert die Konkretisation, methodisch aufbereitet, ihren Charakter, und das gleich in dreifacher Hinsicht: Sie wird objektiviert, veröffentlicht und gesteuert.[9]
Objektiviert wird sie dadurch, daß den Schülern gesagt wird: Schreibt auf, malt oder spielt vor, wie ihr euch das Gelesene vorstellt. Die Objektivierung bringt zugleich Verlust und Gewinn. Die inneren Vorgänge verlieren die ihnen eigentümliche Aura, wenn man sie nach außen kehrt: Wer jemals einen Traum erzählt hat, weiß davon zu sagen. Andrerseits gewinnen die Vorstellungen an Intensität und Präzision. Die ursprüngliche Konkretisation hat Prozeßcharakter, es bilden sich darin fließende Vorstellungsgestalten ohne feste Umrisse. Demgegenüber ist die gestaltete Konkretisation ein fertiges, fest umrissenes Produkt. Und daß der lesende Schüler als Produzent gefordert ist, kann seiner Beziehung zur literarischen Vorlage nur guttun, er verstrickt sich durch seine Aktivität in den Text.

Auch die Veröffentlichung verändert die Qualität der Konkretisation. Plötzlich steht im Gemeinschaftsraum des Klassenzimmers die eine Konkretisation sichtbar neben der anderen; die Vieldeutigkeit der Texte tritt auf diese Weise in Erscheinung. Die einzelne Konkretisation wird zu einem Gegenstand, über den man sprechen kann, und sie wird um so gegenständlicher, je mehr sie durch Fixierung verfügbar ist. Zugleich büßt sie ihren privaten Charakter und damit etwas von ihrer ursprünglichen Unverbindlichkeit ein. Was ausgesprochen oder gar schriftlich fixiert ist, läßt sich nicht einfach zurücknehmen, es nimmt seinen Urheber in die Pflicht. Der Leser, der seine Konkretisation festlegt, legt auch sich selber fest.
Gesteuert ist die schulische Konkretisation, weil der Lehrer als Aufgabensteller daran mitwirkt; er bestimmt, wenigstens in der Regel, den Ansatzpunkt und die Richtung der Konkretisation und bringt dabei seine Auslegung des Textes ins Spiel. Dabei handelt er nicht willkürlich, sondern in der Verantwortung für den Text, er ist als „Agent des Textes“ an dessen Konkretisation beteiligt. Die individuelle Konkretisation des lesenden Schülers wird bei diesem Zusammenspiel beeinflußt, aber keineswegs getilgt. Der Lehrer steckt lediglich den Rahmen ab, in dem sich die Lesart des Schülers entfaltet.

2.2.1 Konkretisation und Interpretation im Vergleich

Die Textvorlage für meine Beispiele ist dem Drama ‚Andorra‘ von Max Frisch entnommen, es ist das zweite Bild.[10]

Zweites Bild

Andri und Barblin auf der Schwelle vor der Kammer der Barblin.
BARBLIN: Andri, schläfst du?
ANDRI: Nein.
BARBLIN: Warum gibst du mir keinen Kuß?
ANDRI: Ich bin wach, Barblin, ich denke.
BARBLIN: Die ganze Nacht.
ANDRI: Ob's wahr ist, was die andern sagen.
Barblin hat auf seinen Knien gelegen, jetzt richtet sie sich auf, sitzt und löst ihre Haare.
ANDRI: Findest du, sie haben recht?
BARBLIN: Fang jetzt nicht wieder an!
ANDRI: Vielleicht haben sie recht.
Barblin beschäftigt sich mit ihrem Haar.
Vielleicht haben sie recht ...
BARBLIN: Du hast mich ganz zerzaust.
ANDRI: Meinesgleichen, sagen sie, hat kein Gefühl.
BARBLIN: Wer sagt das?
ANDRI: Manche.
BARBLIN: Jetzt schau dir meine Bluse an!
ANDRI: Alle.
BARBLIN: Soll ich sie ausziehen?

Barblin zieht ihre Bluse aus.

ANDRI: Meinesgleichen, sagen sie, ist geil, aber ohne Gemüt, weißt du –

BARBLIN: Andri, du denkst zuviel!

Barblin legt sich wieder auf seine Knie.

ANDRI: Ich lieb dein Haar, dein rotes Haar, dein leichtes warmes bitteres Haar, Barblin, ich werde sterben, wenn ich es verliere.

Andri küßt ihr Haar.

Und warum schläfst denn du nicht?

Barblin horcht.

Was war das?

BARBLIN: Die Katze.

Andri horcht.

Ich hab sie ja gesehen.

ANDRI: War das die Katze?

BARBLIN: Sie schlafen doch alle ...

Barblin legt sich wieder auf seine Knie.

Küß mich!

Andri lacht.

Worüber lachst du?

ANDRI: Ich muß ja dankbar sein!

BARBLIN: Ich weiß nicht, wovon du redest.

ANDRI: Von deinem Vater. Er hat mich gerettet, er fände es sehr undankbar von mir, wenn ich seine Tochter verführte. Ich lache, aber es ist nicht zum Lachen, wenn man den Menschen immerfort dankbar sein muß, daß man lebt.

Pause

Vielleicht bin ich drum nicht lustig.

Barblin küßt ihn.

Bist du ganz sicher, Barblin, daß du mich willst?

BARBLIN: Warum fragst du das immer.

ANDRI: Die andern sind lustiger.

BARBLIN: Die andern!

ANDRI: Vielleicht haben sie recht. Vielleicht bin ich feig, sonst würde ich endlich zu deinem Alten gehn und sagen, daß wir verlobt sind. Findest du mich feig?

Man hört Grölen in der Ferne.

Jetzt grölen sie immer noch.

Das Grölen verliert sich.

BARBLIN: Ich geh nicht mehr aus dem Haus, damit sie mich in Ruh lassen. Ich denke an dich, Andri, den ganzen Tag, wenn du an der Arbeit bist, und jetzt bist du da, und wir sind allein – ich will, daß du an mich denkst, Andri, nicht an die andern. Hörst du? Nur an mich und an uns. Und ich will, daß du stolz bist, Andri, fröhlich und stolz, weil ich dich liebe vor allen andern.

ANDRI: Ich habe Angst, wenn ich stolz bin.

BARBLIN: Und jetzt will ich einen Kuß.

Andri gibt ihr einen Kuß.

Viele viele Küsse!

Andri denkt.

Ich denke nicht an die andern, Andri, wenn du mich hältst mit deinen Armen und mich küssest, glaub mir, ich denke nicht an sie.

ANDRI: – aber ich.
BARBLIN: Du mit deinen andern die ganze Zeit!
ANDRI: Sie haben mir wieder das Bein gestellt.
Eine Turmuhr schlägt.
Ich weiß nicht, wieso ich anders bin als alle. Sag es mir. Wieso? Ich seh's nicht ...
Eine andere Turmuhr schlägt.
Jetzt ist es schon wieder drei.
BARBLIN: Laß uns schlafen!
ANDRI: Ich langweile dich.
Barblin schweigt.
Soll ich die Kerze löschen? ... du kannst schlafen, ich wecke dich um sieben.
Pause
Das ist kein Aberglaube, o nein, das gibt's, Menschen, die verflucht sind, und man kann machen mit ihnen, was man will, ihr Blick genügt, plötzlich bist du so, wie sie sagen. Das ist das Böse. Alle haben es in sich, keiner will es haben, und wo soll das hin? In die Luft? Es ist in der Luft, aber da bleibt's nicht lang, es muß in einen Menschen hinein, damit sie's eines Tages packen und töten können ...
Andri ergreift die Kerze.
Kennst du einen Soldat namens Peider?
Barblin murrt schläfrig.
Er hat ein Aug auf dich.
BARBLIN: Der!
ANDRI: – ich dachte, du schläfst schon.
Andri bläst die Kerze aus.

Ein Schüler der Klasse 10 hat dazu folgende Interpretation formuliert:

In Bild 2 des Dramas ‚Andorra' von Max Frisch wird die Situation der beiden Liebenden, Andris und Barblins, beschrieben. Die Szene spielt nachts vor der Kammer Barblins, und Barblin zeigt Andri ihre Zuneigung. Doch Andri ist mit seinen Gedanken bei den anderen Andorranern. Er sagt, er hätte gehört, er habe kein Gefühl und kein Gemüt und könne deshalb nicht lieben, weil er Jude sei. Die beiden reden insofern aneinander vorbei, daß Andri nur über sich nachdenkt und Selbstmitleid hat, und Barblin Andri ihre Zuneigung zeigen will. Schließlich kommen sie doch auf einen gemeinsamen Nenner, und Andri sagt Barblin, daß auch er sie liebe. Barblin hingegen versucht, ihm klarzumachen, daß er keineswegs anders sei und nichts auf das Geschwätz der anderen geben solle. Doch gleich danach verfällt Andri wieder in Selbstmitleid und weiß nicht, ob er Andorraner oder Jude ist. Am Ende der Szene kommt es zu einem Monolog Andris, der eigentlich die Schlüsselstelle des ganzen Dramas ist, da die Aussage, die Andri macht, nämlich „Alle haben es (das Böse) in sich, keiner will es haben ... es muß in einen Menschen hinein, damit sie's eines Tages packen und töten können ..." das ist, wovon das Buch handelt, und es ist die einzige Stelle, wo die Position von Frisch zum Ausdruck kommt.

Eine Mitschülerin hat zu dieser Szene einen fiktiven Tagebuchauszug entworfen:

Liebes Tagebuch,
heute ist in Andorra Sanktgeorgstag. Ich habe Barblin heute in ihrer Kammer zurückgewiesen. Ich fühle mich als Jud, und ich kann an nichts anderes mehr denken.

Mich beschäftigt nur noch eins – warum soll ich anders sein als alle anderen – warum soll ich geil sein, geldgierig und ohne Gemüt – warum nur? Bei jedem Geräusch, das ich höre, habe ich Angst. Ich bilde mir sogar schon Geräusche ein. Ich habe Angst, mich würde jemand umbringen. Ich habe Angst davor, daß Peider mir meine Barblin wegnimmt. Ich habe Angst, daß ich mein Vertrauen zu Barblin verliere. Irgend etwas in ihr hat sich verändert. Sie ist verwirrt, aber meine Liebe zu ihr ist groß genug, allem standzuhalten.

Andri

Man beachte zuerst die Unterschiedlichkeit der Eröffnung: Die Interpretation beginnt mit einer Einleitung, die Konkretisation mit einer Anrede. Der Interpretierende blickt vom Text auf und wendet sich einem Dritten zu, er schreibt im Wortsinn „über“ den Text. Dabei ist er sich der Textkenntnis seines Gegenübers keineswegs sicher, er nennt einleitend Textgattung, Titel und Namen des Autors und macht so den Text zum Gegenstand der Kommunikation. Es ist der Überstieg auf die Meta-Ebene – ihre Einleitung kennzeichnet die Interpretation als Metatext.
Die Verfasserin der Konkretisation dagegen begibt sich mit der Anrede „Liebes Tagebuch“ in den Text hinein. Es ist eine verdeckte Selbstanrede der Hauptfigur Andri, sie hat ihren Ort im inneren Kommunikationssystem des Dramas, genau genommen, im Innern des inneren Systems: Eine Dramenfigur kommuniziert mit sich selbst. Die Konkretisation liegt auf der gleichen Ebene wie der Text, sie ist ein Zusatztext.
Der Adressat des Tagebuchs bedarf keiner Information über den Text, er ist darin zu Hause und weiß Bescheid. Die Verfasserin hat von daher, was die Thematik ihres Entwurfs betrifft, freie Wahl, sie kann herausgreifen, was ihr wichtig erscheint. Mit der Rolle der Dramenfigur übernimmt sie das Recht, den Text perspektivisch zu verkürzen; sie richtet den Strahl ihrer Aufmerksamkeit schließlich auf den einen Satz: „Ich habe Angst . . .“ Selbst die Bedingung, an die Andri seine Aussage knüpft („. . . wenn ich stolz bin“), wird ausgeblendet. Die Konkretisation geht einher mit der Tätigkeit des Thematisierens, die von Gumbrecht als „Selektion eines zentralen Objekts unserer Aufmerksamkeit“[11] bestimmt wird.
Anders die Interpretation. Der Interpret hat sein Gegenüber außerhalb des Dramentextes und steht folglich in einer doppelten Verantwortung: vor seinem Leser, für den Text. Er ist seinem Leser gegenüber der Sachwalter des Textes, ist gehalten, den Text „richtig“ zu verstehen, um ihn korrekt zu vermitteln. Die Lizenz des beliebigen Herausgreifens entfällt, an ihre Stelle tritt die Verpflichtung zur gewissenhaften Ermittlung der Textbedeutung. Dabei läßt sich der Interpretierende von einer Maxime leiten, die man als „Verantwortung für das Ganze“ beschreiben kann. Schon im einleitenden Satz versucht er, mit der Formulierung „die Situation der beiden Liebenden“ die Gesamt-Thematik der Szene auf den Begriff zu bringen, bevor er, wiederum ausgehend vom Ganzen, das Gespräch in drei Phasen gliedert, markiert durch die Bindeadverbien „Schließlich“ und „Doch“. Am Ende der Passage dann wieder der Blick auf das Ganze, diesmal ausgeweitet; der Interpret benennt „die Schlüsselstelle des ganzen Dramas“. Es ist die be-

kannte hermeneutische Zirkelbewegung, der Weg vom Ganzen zu den Teilen und wieder zurück zum Ganzen. Die Verantwortung des Interpreten für das Ganze entspringt der Überzeugung, daß „nur der Text als ganzer, unter Berücksichtigung aller seiner Teile, seine Bedeutung preisgibt“[12].
Die Verantwortung für das Ganze führt dazu, daß interpretierende Aussagen grundsätzlich strittig sind. Kein Interpret ist davor sicher, daß ihm ein anderer nachweist, er habe etwas übersehen oder falsch gewichtet. Der Verfasser der vorliegenden Interpretation beispielsweise muß damit rechnen, daß man ihm seine Gliederung des Gesprächsverlaufs nicht abnimmt, sie erscheint bei näherem Hinsehen allzu simpel. Interpretationen beanspruchen intersubjektive Geltung und sind folglich steter Korrektur bedürftig – es sind Einladungen zum Diskurs über den Text.
Auffallend ist, daß das herausragende Thema der Konkretisation, die Angst Andris, in der Interpretation gar nicht vorkommt. Dafür spricht der Interpret zweimal von Andris „Selbstmitleid“, ersetzt also den vom Text angebotenen Ausdruck „Angst“ durch einen selbstgewählten Begriff, der ihm noch mehr über Andris seelischen Zustand zu besagen scheint. Auch hierin verhält er sich typisch. Interpretation ist Abstraktion, sie bewegt sich begrifflich auf einer Ebene oberhalb des Textes. Der Text selbst wird dabei getilgt, wird gewissermaßen durch die ihm zugeschriebene Bedeutung ersetzt. Ein Satz wie „Die beiden reden ... aneinander vorbei“ rafft eine ganze Dialogpartie zusammen und reduziert sie auf ein gleichbleibendes Merkmal, das im Text selbst so nicht benannt wird. Interpretierende Textverarbeitung ist demnach durch das doppelte Bestreben gekennzeichnet, das einzelne zu reduzieren und das Ganze zu bewahren.
Wer konkretisiert, verfährt dagegen gerade umgekehrt. Er reduziert das Ganze durch perspektivische Verkürzung und entfaltet dafür ein einzelnes, das für ihn bedeutsam geworden ist. In unserem Beispieltext ist es die Wendung „Ich habe Angst“. Sie wird wörtlich aus dem Text übernommen und zum Leitmotiv einer Textpassage gemacht, die das Gefühl der Angst detailliert und auffächert.
Konkretisation und Interpretation, so lautet die Bilanz des Textvergleichs, unterscheiden sich in zweierlei Hinsicht. Der Interpretierende kommuniziert über den Text, die Konkretisierende mit dem Text. Die Interpretation verarbeitet den Text, indem sie ihn zugleich reduziert und als Ganzes bewahrt, die Konkretisation vernachlässigt das Ganze und entfaltet das einzelne, sie verändert den Text durch Weglassen und Zutun.

2.2.2 Die Verwandlung der Figur zur Person

Nach dem Vergleich zwischen Interpretation und Konkretisation stelle ich nunmehr der einen Konkretisation eine andere gegenüber, den Entwurf einer Mitschülerin zum selben Thema. Es lautete: „Wir nehmen an, Andri führt ein Tagebuch. Gestalte seine Entwicklung in einer Reihe von Einträgen.“ Auch diese Schülerin entschied sich dafür, unter anderem einen Tagebuch-Eintrag zu Bild 2 zu gestalten. Sie schreibt:

Ich habe jetzt noch einmal darüber nachgedacht, warum ich anders sein soll als alle anderen. Ich weiß es nicht. Peider hat behauptet, ich sei feig, stimmt das wirklich? Ich habe darüber nachgedacht, ich finde, ich bin feig, aber nur ein bißchen, wenn ich nicht feig wäre, hätte ich Barblins Eltern schon lange gesagt, daß wir heiraten wollen. Aber ist nicht jeder ein bißchen feig? Ich kann nicht verstehen, warum ich anders sein soll, nie.

Der Vergleich der beiden Konkretisationen dokumentiert die Verwandlung der literarischen Figur Andri in zwei verschiedenen Personen (s. S. 21), die ich der Vereinfachung halber Andri (1) und Andri (2) nenne. Andri (1) ist oben (S. 48f.), Andri (2) soeben zu Wort gekommen. Während Andri (1) zusätzlich seine Angst artikuliert, beschränkt sich Andri (2) auf ein einziges Thema, sein Identitätsproblem. Er versucht es von verschiedenen Seiten zu sehen, typisch für ihn ist die zweimalige adversative Anknüpfung mit „aber". Seine Tagebuch-Notiz hat einen erörternden Duktus und ist logisch klar aufgebaut: Ausgangspunkt ist eine Frage, Endpunkt eine Antwort. Andri (2) ist einer, der sein Problem in den Begriff zu bekommen sucht, ein Verstandesmensch.

Demgegenüber erscheint Andri (1) als einer, der von seinem Problem nicht loskommt, ein hilflos Ausgelieferter, gefangen wie die Fliege im Spinnennetz. Seine typische Stilfigur ist die variierende Wiederaufnahme des bereits Gesagten, sich zur Leitmotivtechnik verdichtend. Es ist ein expressiver Stil, der Stil eines Gefühlsmenschen. Weitere Unterschiede kommen dazu. Andri (2) weist ein eindeutiges Profil auf, er ist eine Person aus einem Guß: ein introvertierter und verschlossener Grübler, beschäftigt nur mit sich selbst, kein Gedanke an Barblin. Andri (2) hat die Fühler eingezogen und versteckt sich in seinem Schneckenhaus.

Andri (1) dagegen äußert sich widersprüchlich, springt von der Aussage „Ich fühle mich als Jud" zu der Frage „warum soll ich anders sein als alle andern". Dennoch halten die Gegensätze einander aus, sie sind in einen inneren Zusammenhang gebracht: Andri fühlt sich zwar schon abgestempelt, wehrt sich aber innerlich noch dagegen. Der Entwurf leistet also die „Koordination der Widersprüche", die K. H. Fingerhut bei der Konkretisation von Figuren zu Personen beobachtet[13], es entsteht das in sich kohärente Bild eines verwirrten, ohnmächtigen, hin- und hergerissenen Menschen. Dieser Andri ist extravertiert und offen, sein erster Gedanke gilt Barblin, er bangt um sie und seine Liebe zu ihr. Andri (1) hat die Fühler ausgestreckt.

Andri (1) und Andri (2) sind gänzlich verschiedene Personen, obwohl ihnen ein- und dieselbe literarische Figur zugrunde liegt. Um noch einmal Fingerhut zu zitieren: „Literarische Figuren bestehen aus Sätzen. Sie sind keine Personen aus Fleisch und Blut, sie werden aber von Lesern nach den gelernten Schemata der Personen-Wahrnehmung rezipiert."[14] Figuren werden „im Leseprozeß zu Personen ausgestaltet"[15]. Die Person gehört zum Inventar des Leserbewußtseins, sie ist ein „selbstverfertigtes Bild"[16].

Damit aber nicht genug. Das Verblüffendste an den beiden Personen-Entwürfen ist (um ein kleines Geheimnis preiszugeben), wie sehr sie ihren Verfasserinnen ähneln, sie haben unverkennbar etwas von deren Individualität abbekommen. Es sind selbstverfertigte Bilder, aber auch heimliche Selbstbildnisse. Konkretisationen sind Aneignungen des Textes durch seine Leser und fallen deshalb notgedrungen verschieden aus. Sie sind individuell, keine gleicht der andern, sowenig der eine Leser dem andern gleicht.

2.2.3 Gesteuerte Konkretisation

Konkretisationen sind also von der Biographie des Lesers bestimmt, an seinen Erfahrungshintergrund geknüpft, sie spiegeln seinen Charakter. Darüber hinaus aber sind sie, wie das folgende Beispiel zeigt, auch noch für andere Einflüsse offen, sie sind kontextabhängig. Das Thema für die nunmehr vorzustellende Konkretisation lautete: Entwirf einen Briefwechsel zwischen Andri und Barblin im Anschluß an Bild 6. Eine Schülerin der Klasse 10 hat die Aufgabe so gelöst:

Barblin!
Wie konntest Du mir das antun! Ich wollte kämpfen für uns, für unsere Liebe. Ich hätte Dich mitgenommen in eine Welt, wo wir weit weg von diesem Volk, von Andorra leben könnten. Aber nun hast Du mich verraten. An dieses Volk. Nun gehörst Du dazu, zu den anderen. Du bist auch ein Stück Andorra geworden. Du warst es wohl schon immer, ich war nur zu naiv, es zu erkennen. Und ausgerechnet mit dem, der mich am meisten gedemütigt hat, mich ständig in den Dreck gestoßen hat. Und Du tust dasselbe, in den Dreck. Oh nein, ich versuche nicht, Dich zurückzugewinnen, damit bin ich fertig. Mit euch allen. Ich bin Jud, ich hasse. Ich hab Dir das gesagt, vor Deiner Kammer, ich konnte ja nicht wissen, daß da Peider bei Dir war. Ich sagte, daß ich nun all die andern hasse. Konnte ich wissen, daß ich damit auch Dich hassen muß? Ich hab gesagt, es sei genug, einen Menschen zu lieben. Dir reichte das nicht, Barblin. Jetzt bin ich allein in meinem Haß, und daran werde ich zugrunde gehen.
Andri

Oh Andri, Du hast es Dir schon immer so verdammt leicht gemacht. Wer war es denn, der ständig von den „anderen" redete? Und ich denke nur ein einziges Mal an einen anderen. Er hat mir das gegeben, was Du mir nicht geben wolltest. Du warst doch nur mit Dir selbst beschäftigt und hast nicht gemerkt, wie ich neben Dir verhungert bin. Verhungert an so viel Liebe. Du wolltest, daß Dich alle lieben und akzeptieren. Nicht Du warst derjenige, dem es genügt hätte, einen einzigen Menschen zu lieben. Ich war es! Du bist blind! Ja natürlich, Haß macht blind. Aber tatsächlich ist es nicht der Haß, der Dich blind macht, das ist eine faule Ausrede. Genau wie Du alles auf Deinen Juden beziehst, alles, was nicht klappt. Warum? Wie kannst Du von anderen erwarten, daß sie Dich gleich behandeln, wenn Du doch selbst alles auf Dein Anders-Sein beziehst? Ich habe immer den Menschen in Dir gesehen, doch seit einiger Zeit hast Du Dich auch vor mir hinter dem „schlechten Juden" versteckt. Du hast es einem schwer gemacht, Dich anzusehen und das Herz und den Menschen hinter der Hülle zu sehen. Peider ist kein guter Mensch, aber offen. Ich hätte mich doch niemals mit ihm eingelassen. Aber ich brauchte Liebe. Und ich würde diese Liebe so gerne Dir geben. Nach alledem.
Barblin

Während Andri sich vor allem auf die Vorgänge in Bild 6 bezieht, kommt Barblin noch einmal auf das Gespräch der beiden im zweiten Bild zurück.

Sie wirft Andri eine Art Treubruch vor. Ihm fehlt ihrer Meinung nach die Treue zu sich selbst, deshalb kann er auch Barblin nicht treu sein. In den Augen Barblins begeht Andri den Fehler, den andern Macht über sich selbst einzuräumen, indem er sich selbst ganz von den andern her definiert; er macht das Fremdbild der andern zu seinem Selbstbild.
Natürlich trägt auch diese Konkretisation von Bild 2 den Stempel ihrer Verfasserin, spiegelt ein individuelles Temperament. Aber mindestens ebensosehr wirkt der Rahmen auf sie ein, den die Aufgabe setzt. Barblins Brief hat den Charakter einer „Retourkutsche", sie antwortet damit auf Andris Vorwurf, ihr die Treue gebrochen zu haben, und dreht den Spieß einfach um. Die Anbindung an Bild 6 führt dazu, daß die Verfasserin Bild 2 in einer ganz bestimmten Weise wahrnimmt und konkretisiert. Die Aufgabe lenkt ihren Blick auf die Stellen im Text, an denen Andris Verhalten kritisierbar erscheint. Der Strahl der Aufmerksamkeit läßt sich dirigieren, Konkretisationen lassen sich steuern und lassen sich folglich in organisierte Lernprozesse einfügen.
Das gilt übrigens auch für die anderen zu Bild 2 vorgelegten Konkretisationen. Auch sie sind im Rahmen einer vom Lehrer gestellten Aufgabe entstanden und folglich gesteuert – die Wirkung der Steuerung ist darin nur weniger offensichtlich als im zuletzt zitierten Fall.

2.2.4 Die methodische Verknüpfung von Konkretisation und Interpretation

Für K. H. Fingerhut sind Konkretisieren (er spricht im engeren Sinne von „Lesen") und Interpretieren „zwei aufeinander aufbauende, aber voneinander relativ unabhängige Rezeptionssysteme"[17]. Er will „zu einem nichtprojektiven, reflektierten Umgang mit literarischen Figuren"[18] kommen, sein Ziel ist die „auf historisches Verstehen abzielende Lektüre"[19]. Für die naive und „imaginationsgeleitete Anverwandlung der Figur"[20] ist in diesem Konzept kein Platz, sie ist lediglich als der anfängliche Irrweg zugelassen, von dem der Schüler im Laufe des Leseprozesses zurückgeholt werden muß, um zu „historisch, psychologisch oder philosophisch bedingtem Fremd-Verstehen"[21] zu gelangen.
Fingerhuts Konzept läuft auf die Tilgung der Konkretisation durch Interpretation hinaus, die Konkretisation hat darin den Stellenwert eines unvermeidlichen Übels. Das mag zum Leitbild für den Literaturwissenschaftler taugen; die Schule indes wäre mit einem solchen Konzept schlecht bedient. Sie hat es, das Gymnasium eingeschlossen, heute vielfach mit nicht-lesenden Schülern zu tun, denen man das naive Lesen nicht austreiben, sondern erst einmal beibringen muß. Wenn es ihr gelingt, den Schülern die Erfahrung zu verschaffen, daß Lesen – im Vergleich zum audiovisuellen Medienkonsum – produktiv, genußreich und überdies eine Angelegenheit ist, die den Leser persönlich betrifft und ihm Aufschluß über sich selbst gibt, kann sie vollauf mit sich zufrieden sein. Aller Ehrgeiz, der darüber hinausgeht, bringt mehr Schaden als Nutzen.

Literarische Texte werden nicht für Literaturwissenschaftler geschrieben, sondern für Leser, und Dramentexte dazuhin noch für Leser, die daraus Theater machen sollen. Endzweck des Dramas ist die Aufführung, und die ist immer mit Konkretisation verbunden. Für den Dramenunterricht gilt demnach das Prinzip, daß die Konkretisation zugleich Ausgangspunkt und Ziel ist. Es ergibt sich ein Dreischritt, der von der Konkretisation über die Interpretation wieder zur Konkretisation führt. Die Interpretation ist ein Durchgangsstadium, in dessen Verlauf die erste Konkretisation nicht getilgt, sondern im Hegelschen Sinne „aufgehoben", also zugleich bewahrt, weggenommen und auf eine höhere Stufe gestellt wird (conservare, tollere, elevare).

Ich kehre zu meinen Beispielen zurück. Die vorgelegten Konkretisationen zum zweiten Bild von ‚Andorra' sind zum Abschluß der Unterrichtseinheit entstanden. Sie spiegeln das Textverständnis wider, zu dem die Verfasserinnen im Laufe der Behandlung des Dramas gelangt sind, und zwar auf beiden Wegen, dem der Konkretisation und dem der Interpretation. Offenbar hat das Interpretationsgespräch im Klassenzimmer nichts daran geändert, daß die eine Leserin Andri als introvertierten Verstandesmenschen konkretisiert, die andere als extravertierten Gefühlsmenschen. Dabei ist die Frage, welche von ihnen den Text auf ihrer Seite hat, für die Deutung des Dramas höchst bedeutsam. Als Andri in Bild 9 die Annahme der durch den Pater präsentierten „Wahrheit" verweigert, sind seine Motive zu klären. Steckt dahinter ein rationales Kalkül, oder setzt sich hier Andris Gefühl gegen den Verstand durch? Lautet die Untertext-Formel für sein Verhalten „Denen werd ich's zeigen!" oder „Ich bin Jud, ich fühle es"? Das interpretierende Unterrichtsgespräch zu dieser Frage bleibt letztlich offen, auch wenn die Indizien stärker für die Gefühls-Version sprechen. Die Schülerin, die sich dennoch für die Verstandesversion entscheidet, konkretisiert den Text nach wie vor so, wie es ihr persönlich gemäß ist, und beansprucht damit für sich eine Freiheit, die für Regisseur und Darsteller einer Aufführung selbstverständlich ist. Es wäre kleinlich, sie darum zu tadeln.

In der Unterschiedlichkeit der Konkretisationen tritt die Ambivalenz des Textes in Erscheinung. Die Unterschiede ergeben sich daraus, daß die Leser den Freiraum nützen, den ihnen der Text öffnet, und haben deshalb Bestand auch nach dem Versuch, sich auf eine gemeinsame Interpretation des Textes zu verständigen. Wären diese Konkretisationen in einem frühen Stadium der Lektüre formuliert worden, unmittelbar nach dem ersten Kennenlernen von Bild 2, wären sie vermutlich anders ausgefallen: noch unterschiedlicher, noch subjektiver, noch willkürlicher, vielleicht sogar verzerrend. Und ihre Funktion wäre eine andere gewesen. Ihre Gegenüberstellung hätte Rückfragen an den Text provoziert, die Arbeit des Interpretierens in Gang gebracht und gegebenenfalls Korrekturen bewirkt.

Zu unterscheiden ist also die ursprüngliche, unbekümmert projizierende, unbekümmert verzerrende Konkretisation von ihrer zweiten, durch die Arbeit des Interpretierens korrigierten und gezügelten Fassung. Ziel des Leseprozesses ist es, zu einer „Vorstellung" der Figuren und des Geschehens zu

gelangen, die auch für Mitleser wenn nicht gültig, so doch plausibel ist, sozusagen gebrauchsfertig für eine gemeinsame Inszenierung.
Daß die Rückführung des Leseprozesses auf die drei Phasen der ersten Konkretisation, Interpretation und zweiten Konkretisation eine Vereinfachung ist, versteht sich am Rande. Das Dreischritt-Modell beschreibt einen Ablauf, der sich während der Lektüre mehrfach wiederholen kann, hermeneutisch abgezirkelt.

2.2.5 Zweierlei Sprache

„Verhungert an so viel Liebe", so beschreibt Barblin im zitierten Brief-Entwurf einer Schülerin (s. S. 52) ihren Zustand an der Seite Andris. Der Satz macht stutzig, den korrigierenden Lehrer beschleicht Unsicherheit. Soll er das anstreichen? Üblicherweise hungert man *nach* etwas, man hungert, weil einem etwas fehlt. Darf jemand behaupten, er leide Hunger, weil er von etwas zu viel hat? Der Korrektor steht vor der paradoxen Alternative, die genannte Formulierung entweder anzustreichen oder mit einem Pluspunkt zu belohnen, je nachdem, ob er dem darin enthaltenen Verstoß gegen die Sprachnorm die poetische Qualität eines Oxymorons zubilligt oder nicht.
Der Fall scheint mir symptomatisch, er wirft ein Licht auf den Freiraum, in dem sich die Sprache des Konkretisierens bewegt. Die Konkretisation liebt das Spiel mit offenen Bedeutungen und Widersprüchen, man denke an die Schreiberin des Tagebuch-Auszugs, die unbekümmert die beiden Sätze „Ich fühle mich als Jud" und „Warum soll ich anders sein?" nebeneinanderstellt.
Dem Interpretierenden stehen derlei Freiheiten nicht zu, er soll sich eindeutig äußern. Seine Sprache unterscheidet sich von der Sprache der Konkretisation, wie sich eine Fachsprache von der Alltagssprache unterscheidet. Aber nicht nur das. Der Unterschied der beiden Sprachebenen hat auch etwas mit dem Gegensatz von Muttersprache und Fremdsprache zu tun. Die Sprache der Konkretisation ist die angestammte Sprache des Lesers: emotional, expressiv, subjektiv, individuell. Es ist Sprache als Lebensäußerung, unmittelbar auf die Lebenswelt der Schreiber bezogen und manchmal so verworren, ambivalent und tiefgründig wie das Leben selbst. Konkretisation ist Übersetzung von Literatur in die eigene Sprache des Lesers, die Sprache wird zum Instrument der Aneignung.
Im Gegensatz zum Konkretisieren ist interpretierendes Verhalten nicht spontan, schon gar nicht quasi angeboren. Wer sofort zu interpretieren beginnt, sobald man ihm einen Text in die Hand drückt, ist professionell deformiert. Im Normalfall kommt das Bedürfnis nach Interpretation erst auf, wenn das unmittelbare Verständnis des Textes Schwierigkeiten macht und die Rezeption ins Stocken gerät. Die Interpretation wurzelt im Bemühen, auftretende Störfälle zu beheben. Die Arbeit des Interpreten gleicht derjenigen des Technikers, der gerufen wird, wenn die Telefonleitung beschädigt ist.
Eine solche Arbeit aber will gelernt sein, die Sprache der Interpretation muß erworben werden. Sie ist sachlich, abstrakt, verallgemeinernd; interpretierende Sätze beanspruchen intersubjektive Geltung. Diese Sprache be-

darf der Fachbegriffe, der Genauigkeit wegen und aus ökonomischen Gründen. Und sie ist eine Metasprache, ist nicht unmittelbar auf die Lebenswelt bezogen, sondern auf deren literarische Modelle.
Das alles ist für den, der sich anschickt, das Interpretieren zu lernen, ein bißchen viel auf einmal. Der Erwerb der dazugehörigen Sprache ist deshalb ein Prozeß, der sich über viele Jahre erstreckt und häufig mit der Schulzeit noch nicht abgeschlossen ist. Das folgende Beispiel soll auf die Schwierigkeiten aufmerksam machen, die dabei zu überwinden sind.

2.2.6 Die schwierige Sprache der Interpretation

Die auf S. 48 vorgestellte Schüler-Interpretation zu Bild 2 von ‚Andorra' ist dort nicht vollständig wiedergegeben. Ihre Fortsetzung lautet:

Wie schon erwähnt, will Barblin Andri ihre Zuneigung zeigen. Vor allem, weil sie merkt, daß er in einer Identitätskrise steckt. Sie will ihm klarmachen, daß sie ihn liebt, wie er ist. Sie sagt ihm, daß ihr die anderen egal sind. Sie versucht, ihn von den Gedanken an die andern loszubekommen, um ihn innerlich wieder aufzurichten. Als sie merkt, daß er nicht von seinen Gedanken loszubekommen ist, gibt sie schließlich auf und hofft, daß er im Schlaf auf andere Gedanken kommt.
Andri ist schon am Anfang des Gesprächs niedergeschlagen, und er will seine inneren Probleme an eine Vertrauensperson loswerden. Barblin versteht ihn falsch, da sie meint, durch Ablenkung das Problem lösen zu können. Dadurch, daß Andri auch bei Barblin, die er liebt, kein offenes Ohr findet, wird er noch niedergeschlagener. Er fühlt sich von aller Welt mißverstanden und als Jude auf die Straße gesetzt. Er glaubt, daß ihn keiner will und keiner versteht. Er macht sich Selbstvorwürfe und stellt sich selber in Zweifel. Er zweifelt an sich selbst, an seiner Persönlichkeit, und in diesem Punkt tritt ihm Barblin nicht entschieden genug entgegen. Es kommt soweit, daß Andri die Lobe, die Barblin ausspricht, anzweifelt. Als sie z. B. sagt, er solle stolz sein, daß sie ihn liebe, antwortet er, er habe Angst, wenn er stolz sei. Barblin, die einen recht sicheren und selbstbewußten Eindruck macht, schafft es trotz aller Bemühungen nicht, den total niedergeschlagenen Andri aufzurichten. Im Gegenteil, Andris innerer Zustand verschlechtert sich, und Barblin hat nicht mehr die Kraft, dem entgegenzutreten.

Der Schreiber dieser Interpretation, das sei vorweg betont, ist ein guter Schüler, beileibe kein Problemfall. Und doch hat er mit einer Fülle von Problemen zu tun, Problemen, die ihm nicht persönlich anzulasten sind – sie haben allesamt ihre Wurzeln in der Fremdheit der interpretierenden Sprache. Ich will versuchen, sie einzeln aufzugreifen und aufzulisten.
Da gibt es zunächst das Problem der Sprachebene. Die Sprache der Interpretation ist nicht umgangssprachlich, sondern „gehoben"; man darf, wenn man interpretiert, nicht einfach schreiben, wie einem der Schnabel gewachsen ist. Formulierungen wie die, daß die andern Barblin „egal" sind (Z. 3) und Andri „total niedergeschlagen" ist (Z. 18), wären in einer Konkretisation durchaus am Platz, in einer Interpretation wirken sie störend.
Dazu kommen die Probleme mit dem metasprachlichen Charakter des Interpretierens. Problemherd vor allem bei der Interpretation von Dramentexten ist die indirekte Rede. Wer einen Dialog darstellt, braucht dafür ein besseres

grammatisches Rüstzeug und feinere sprachliche Instrumente, als ihm der Alltag für gewöhnlich abverlangt, besonders, wenn es um den Ausdruck von Modalitäten geht. Die Aussage „Sie sagt ihm, daß ihr die anderen egal sind“ (Z. 3) ist nicht mehr korrekt, sobald man unterstellt, daß Barblin Andri etwas vormachen könnte – immerhin stellt sie sich schlafend, als Andri am Ende der Szene auf Peider zu sprechen kommt. Es müßte also heißen: „Sie sagt ihm, daß ihr die anderen egal seien.“ Aber mit der korrekten Wiedergabe der Modalität allein ist es noch nicht getan, zur indirekten Rede gehört auch, daß der Schreiber über Begriffe und Wendungen verfügt, mit denen er Sprachhandlungen präzise benennen kann. Daran fehlt es dem Verfasser des Beispiels nicht nur einmal, und er behilft sich mit holprigen Eigenkonstruktionen: Barblin versucht, Andri „von den Gedanken an die andern loszubekommen“ (Z. 5), Andri „stellt sich selber in Zweifel“ (Z. 12f.).
Überhaupt gerät der Schreiber immer wieder in Sprachnot, sein Wortschatz ist für die feinen Differenzierungen der Interpretation einfach zu klein. Er ist genötigt, dieselben Begriffe ständig wiederzuverwenden. Andri ist zunächst „niedergeschlagen“ (Z. 7), danach „noch niedergeschlagener“ (Z. 10), schließlich „total niedergeschlagen“ (Z. 18), obwohl ihn Barblin mehrfach „aufzurichten“ versucht (Z. 4, Z. 18).
Eine wesentliche Leistung des Interpretierens ist die Abstraktion, sie sucht im einzelnen das Allgemeine, ersetzt den engen Begriff durch den weiträumigen. In Z. 15 faßt der Schreiber mehrere Äußerungen Barblins mit dem Plural „Lobe“ zusammen und vergreift sich damit gleich doppelt: in der Wahl des Ausdrucks (es handelt sich um Ermutigungen) und in der Form der Abstraktion, er bildet einen Plural, den unsere Sprache nicht vorsieht. Daß er im Abstrahieren sichtlich ungeübt ist, bezeugt auch die Einstufung Barblins als „Vertrauensperson“ (Z. 8), eine Abstraktion, die in der Sache durchaus geglückt, aber mit unangemessenen sprachlichen Konnotationen behaftet ist. Der gefundene Begriff läßt an halböffentliche Kommunikation denken, an einen Arzt, Pfarrer oder Psychotherapeuten, schwerlich aber an einen geliebten Menschen.
Die gelungene Interpretation zeichnet sich durch ein mittleres Abstraktionsniveau aus, sie tilgt das Individuelle, um das Eigentümliche kenntlich zu machen. Auch hierin zeigt sich der Schreiber wenig geschickt, sein Satz „Andris innerer Zustand verschlechtert sich“ (Z. 18f.) ist so allgemein gehalten, daß er über Andris konkreten Fall nur noch wenig besagt.
Das vorliegende Textbeispiel dokumentiert, wie gesagt, nicht die persönliche Unfähigkeit des Schreibers. Es zeigt vielmehr, vor welcher Barriere die Schüler stehen, wenn sie die Sprache des Interpretierens erlernen sollen. Und es wäre unzulässig, die Schüler der Jahrgangsstufe 10 zum Sonderfall zu erklären und darauf zu setzen, daß sich die Schwierigkeiten im Umgang mit interpretierender Sprache im Laufe der Oberstufe verwachsen. Indem sie sich schrittweise zur Fachsprache fortentwickelt, behauptet die Sprache der Interpretation ihre Fremdheit. Aus Abituraufsätzen sattsam bekannte Formulierungen wie „Das lyrische Ich geht spazieren“ oder „Der Dichter verwendet die auktoriale Erzählhaltung“ und ähnliches legen die Wurzel des

Problems bloß: Es genügt beim Spracherwerb nicht, den einzelnen Ausdruck kennenzulernen, man muß auch seine Verwendungsweisen speichern. Und der Schüler, der bei der Interpretation literarischer Texte Gelehrsamkeit demonstrieren will, tut es – zumindest dann, wenn ein Zweit- oder Drittkorrektor über die Bewertung seiner Arbeit entscheidet – in der Regel zu seinem Schaden. Längst bin ich deshalb dazu übergegangen, meine Abiturienten vor dem Gebrauch ausgesprochener Fachbegriffe zu warnen. Fachbegriffe, so predige ich, sind wie Unterwäsche: Es ist gut, wenn man sie hat, es ist peinlich, wenn man sie zur Schau stellt.

2.2.7 Anstöße zur Interpretation

Daß die Schüler lernen, sich einem literarischen Text gegenüber interpretierend zu verhalten, ist unerläßlich. Aber wie kann man ihnen über die Schwelle hinweghelfen, die ihren Zugang zur Interpretation erschwert oder gar blockiert? Das Bedürfnis nach Interpretation wird geweckt, wenn das unmittelbare Textverständnis erschwert, die Kommunikation zwischen Autor und Leser gestört ist (s. S. 55). Es kommt darauf an, den Störfall gezielt zu arrangieren.

Der Störfall kann sich ergeben, wenn unterschiedliche Konkretisationen des gleichen Textes einander gegenüberstehen, vielleicht sogar einander widersprechen. Die Rückwendung zum Text wird unumgänglich; es gilt, den Text streng methodisch nach seiner Bedeutung zu befragen. Die unterschiedlichen Konkretisationen haben in diesem Fall den Charakter von Hypothesen über den Text, machen den Text zum Problem und setzen problemlösendes Verhalten in Gang. Es sind Anstöße in zweierlei Wortsinn: Sie machen den Text anstößig, weil zweideutig, sie stoßen Interpretationen an.

Eine ähnliche Wirkung läßt sich beobachten, wenn der Text für Experimente freigegeben wird, für die Testverfahren etwa, die der Strukturalismus entwickelt hat, vor allem die Umstell- und Weglaßprobe. Daß sich Dramentexte für derlei Experimente ganz besonders eignen, hat mit ihrem Partitur-Charakter zu tun – der Text ist, wenn er inszeniert wird, nichts weiter als die Vorlage für die *Strichfassung*, die aus dem Regiekonzept und der Probenarbeit erwächst: ein Experimentierfeld also.

Ich komme zum zweiten Bild von ‚Andorra' zurück. Ist der Fall denkbar, daß die Szene für eine Kurzfassung des Dramas gestrichen wird? Ein Zuschauer, der den Text nicht kennt, würde ihr Fehlen gar nicht bemerken, denn die Handlung schreitet in dieser Szene nicht fort, es fallen keine folgenschweren Entscheidungen. Bild 2 ist strukturell entbehrlich, mithin herausnehmbar, ohne daß in der Aufführung eine Lücke klafft. Trotzdem sträubt sich der literarische Verstand gegen die Streichung. Die Szene hat zwar keine Handlungsfunktion, aber sie erhält dadurch Gewicht, daß sie Andris Zustand zu Beginn des Dramas offenbart; es ist eine der „Demonstrierszenen"[22], die zu einem Markenzeichen des epischen Theaters geworden sind. Ein Indiz für ihre Bedeutsamkeit liegt darin, daß sie sich zwar operativ entfernen, aber nicht verpflanzen läßt, sie markiert eine ganz bestimmte Station auf Andris Leidensweg.

Der experimentierende Umgang mit dem Dramentext bringt die Wechselbeziehung zwischen dem Ganzen und seinen Teilen in den Blick, provoziert kontroverse Sichtweisen und gibt damit Denkanstöße für die Interpretation, die bekanntlich in der Verantwortung für das Ganze steht. Das gilt auch für den Fall, daß Kürzungsvorschläge für die einzelne Szene diskutiert werden. Ich habe vor kurzem eine ‚Andorra'-Aufführung gesehen, in der Andris Grübelei am Ende von Bild 2, jene frappierend genaue Analyse des Hexenwahns, die zu Recht als eine Schlüsselstelle des Dramas gilt, weggelassen war, einfach nicht vorkam. Ich glaube zu ahnen, warum man darauf verzichtete. Die Rolle Andris war mit einem jungenhaften Darsteller besetzt, dem ein philosophischer Exkurs von solchem Gewicht schlecht zu Gesicht gestanden hätte. Und gilt nicht auch für den Andri Max Frischs, daß er sich an dieser Stelle eine Spur zu hellsichtig, zu sehr als Sprachrohr des Autors äußert? Die Streichung der Passage wird überdies zur Herausforderung des Zuschauers, er soll sich den Schlüssel selbst zurechtmachen. Es gibt demnach, wie man sieht, gute Gründe auch für diese Kürzung – die Aufgabe, eine Strichfassung herzustellen, ist allemal für Denkanstöße gut.
Wenn es darum geht, die Sprachbarriere vor der Interpretation zu überwinden, hat sich die Arbeit mit *Strukturskizzen* bewährt. Die Strukturskizze ist eine Methode, die den Schülern gestattet, „ein nichtsprachliches Medium für die Interpretation zu wählen"[23] und sich auf diese Weise im Zwischenbereich zwischen Denken und Sprechen zu bewegen. Nach Hussong / Schütt / Stuflesser übernimmt die Strukturskizze dabei „die Rolle einer Meta-Sprache".

„Die sprachliche Interpretation wird durch das optische Modell keineswegs ausgeklammert, sondern eher gestützt und überhaupt erst ermöglicht. Wenn man die Sprache von Interpretationen untersucht, wird man feststellen, daß ihr Vokabular sich durchweg aus sprachlichen Bildern zusammensetzt. Metaphern und Analogien, die aus anderen Bereichen herangezogen werden. Wenn man also eine Strukturskizze beschreibt und dabei etwa vom Ansteigen des Handlungsbogens spricht oder davon, daß die Erzählung in sich zurückkehrt, von parallelen Handlungsabläufen, Handlungskreisen, stufenweisem Anstieg, Gipfel der Handlung usw. – dann erarbeitet man sich damit zugleich das Vokabular der sprachlichen Interpretation."[24]

Besonders hilfreich für den Umgang mit Dramentexten ist die Arbeit mit Beziehungs-Diagrammen, denn das Drama ist „Wiedergabe des zwischenmenschlichen Bezugs" (s. S. 8). Das Zeichenrepertoire für solche Diagramme ist begrenzt, überschaubar und folglich auf Anhieb verfügbar: Die Schüler hantieren mit Pfeilen, gestrichelten Linien, einfachen geometrischen Formen. Ein Vorzug liegt in der Vieldeutigkeit der Zeichen. Der Pfeil z. B. kann allerlei bedeuten, wenn er eine Beziehung zwischen unterschiedlichen Figuren bezeichnet: Haß, Liebe, Aktivität, Konflikt. Die Vieldeutigkeit der Zeichen erlaubt es, mit ihnen zu experimentieren, ja zu spielen.
Am Beispiel von Bild 2 könnte das so ablaufen: Aufgefordert, die Beziehung zwischen Barblin und Andri graphisch darzustellen, stellt der Schüler zunächst zwei Kreise Ⓐ und Ⓑ einander in einem bestimmten Abstand ge-

genüber. Er zieht dann einen Pfeil von Ⓑ nach Ⓐ und drückt damit aus, daß Barblin Andri ihre Zuneigung zeigt. Problematisch dagegen ist der Pfeil in die andere Richtung, denn daß die Beziehungen zwischen den beiden nicht einfach symmetrisch sind, liegt auf der Hand. Der Schüler sieht sich zum Experimentieren genötigt. Soll er für die andere Richtung eine gestrichelte Linie wählen? Soll er die Linie überhaupt durchziehen oder etwas dazwischen setzen? Und wenn ja, was? Die graphischen Symbole erweisen sich als Tastorgane und Vehikel der Erkenntnis.

Die Arbeit mit den Skizzen vollzieht sich in drei Phasen. Auf den ersten Entwurf der optischen Modelle (in Einzel-, Partner- oder Gruppenarbeit) folgt ihre Vorstellung vor der Klasse, verbunden mit dem Versuch, das Dargestellte in Worte zu fassen. Den Abschluß bildet der Vergleich der miteinander konkurrierenden Modelle, die Frage nach ihren Leistungen und Grenzen, die Einarbeitung von Verbesserungsvorschlägen.

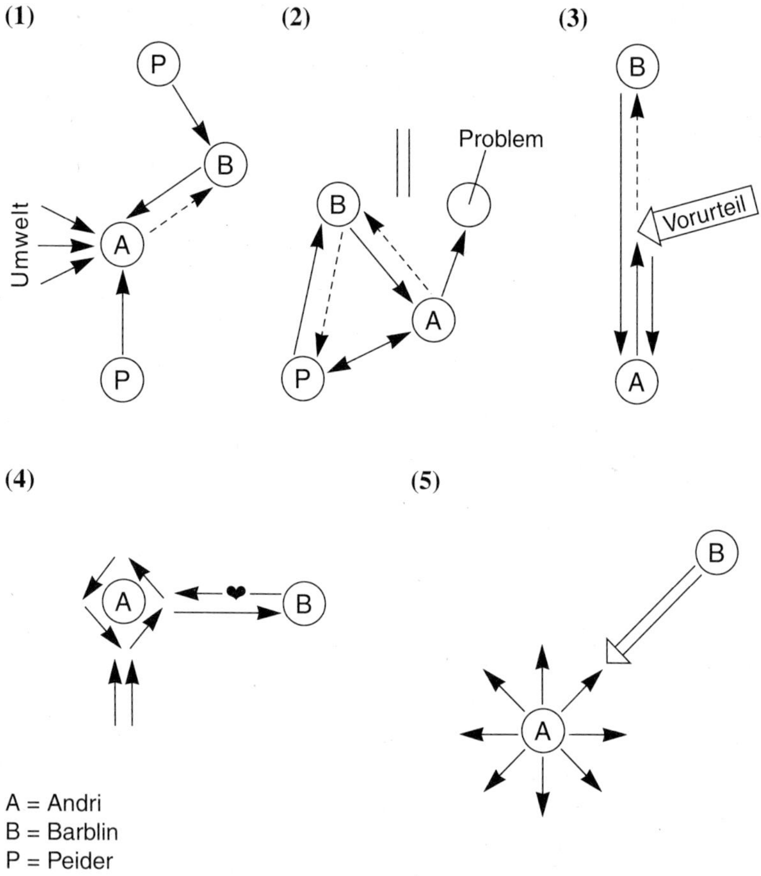

Die Beispiele auf Seite 60 stammen von Schülern der Klasse 10. Sie zeigen, wie sich die Ausgangsfrage nach den Beziehungen zwischen Andri und Barblin durch die Vielfalt der Lösungsvorschläge zum facettenreichen Problem entfaltet und zu genauen sprachlichen Differenzierungen herausfordert.
Der Versuch, die einzelnen Modelle zu „lesen“, d. h. ihre optische Information in Sprache zu übersetzen, könnte die folgenden Ergebnisse erbringen:
Modell (1) kennzeichnet die Kommunikation zwischen Andri und Barblin als asymmetrisch. Barblin stellt zwar den Kontakt zu Andri her, aber der umgekehrte Kontakt ist unterbrochen, offenbar, weil Andri durch seine Umwelt unter Druck gesetzt ist. Peider (P) spielt in dieser Umwelt eine Sonderrolle, er bedrängt Andri von einer anderen Seite als die übrigen Andorraner, setzt übrigens auch Barblin zu, anscheinend aber mit weniger Erfolg.
Das ist in Modell (2) anders. Die Beziehungsprobleme zwischen Andri und Barblin sind nach dem Dreiecksmuster gedeutet, Peider spielt dabei die Rolle des Dritten. Barblin streckt vorsichtig ihre Fühler nach ihm aus, auch wenn sie es nicht zur Symmetrie der Beziehungen kommen läßt. Andri spielt gegenüber Peider nicht nur die Rolle des Opfers, er ist auch Täter, ist in einen Hahnenkampf mit dem Rivalen verstrickt. Warum er sich Barblin nicht voll zuwendet, macht der nach rechts oben führende Pfeil ersichtlich: Andri hat ein Problem, das ihn zu sich hinzieht und absorbiert. Dieses Problem ist für Barblin nicht zugänglich, es liegt für sie jenseits einer Wand. Modell (2) stellt den eigenen Anteil der beiden Liebenden an der Störung ihrer wechselseitigen Beziehungen heraus.
Dagegen hebt Modell (3) ganz auf die Schuld der Umwelt ab. Der Weg zu Barblin ist Andri verstellt; er sucht den Kontakt zu ihr, kann ihn aber nicht herstellen, weil seine Zuwendung zu Barblin am Vorurteil der andern abprallt. Andri wird in der Rolle des unschuldigen Opfers gesehen, er hat keine Chance, das Vorurteil der andern versperrt ihm den Weg zu Barblin. Peider spielt dabei keine besondere Rolle, er ist ein Andorraner wie die anderen.
In Modell (4) erscheint die Asymmetrie der Beziehungen weniger kraß. Andri hat Zugang zu Barblin, vermag aber ihre Liebe nicht in der gleichen Weise, mit der gleichen „Herzlichkeit“, zu erwidern. Denn die Andorraner haben ihn in den Griff genommen, haben eine Art Panzer um ihn gelegt.
Modell (5) ist das Gegenstück zum dritten Entwurf, es zeigt einen gleichsam „stachligen“ Andri, ganz in die Auseinandersetzung mit der Umwelt verstrickt, sich wehrend, um sich schlagend: einen Täter. Barblins Zuneigung scheint ins Leere zu stoßen, sie kommt nicht an.
Die Frage, welches Modell letztlich das beste ist, soll hier nicht entschieden werden. Keiner der Entwürfe ist abwegig, für jeden gibt der Text Argumente her. Die Fülle der Modelle entfaltet die Ambivalenz des Dramas, ihre besondere Leistung liegt in der „anschaulichen Abstraktion“[25], sie erweisen sich als Fundgrube für Metaphern, mit denen sich zwischenmenschliche Beziehungen beschreiben lassen.

Ähnlich, aber doch anders, wirkt der Einsatz von Inszenierungsfotos. Auch er kann Interpretation in Gang setzen und den dafür erforderlichen Wortschatz vermitteln. Vorübergehend entlastet er die Schüler von dem Zwang, sich metasprachlich zu äußern. Der Text wird durch das Bild ersetzt, die Interpretation ist nicht mehr ein Text über einen Text, sie hat die Form einer Bildbeschreibung.

Das Foto von der Züricher Uraufführung (1961)[26] charakterisiert die beiden Liebenden auf eine geradezu „sprechende" Weise, es will in Worte gefaßt sein. Die Gestalt Andris beherrscht die Vertikale, er ist aufgerichtet, als wäre er sich dessen bewußt, daß von ihm Wachsamkeit gefordert ist. Aber diese Wachsamkeit hat nachgelassen, sein von Barblin abgewandter und nach außen gerichteter Blick scheint inzwischen in sich gekehrt. Die Gebärde, mit der er Barblins Haare liebkost, wirkt eigentümlich zerstreut, er ist nicht „bei der Sache".

Barblins Kopf ist geneigt, sie lagert sich in der Horizontalen, eng an Andris Körper angeschmiegt. Ihre Augen signalisieren, daß sie den Kontakt zur Außenwelt gelöst hat, sie scheint in sich selbst zu ruhen, sich selbst genug zu sein, erfüllt von ihrem Gefühl für Andri. Ihr Kopf liegt auf der eigenen Hand, mit der sie, vermutlich der Bequemlichkeit halber, Andris Knie „abpolstert".

Soweit der Versuch, beschreibend die Bedeutung des Bildes zu entziffern. Vorübergehend habe ich dabei außer acht gelassen, daß dieses Bild nicht nur sich selbst, sondern auch ein Stück Text „bedeutet". Es ist Bild zum Text, bezeichnet etwas, was anderswo schon bezeichnet ist. An die Bildbeschreibung schließt sich die Suche nach der zum Bild passenden Textstelle an. Sie verbindet sich mit der Rückkehr auf die Meta-Ebene, die Bildbeschreibung wandelt sich zum Meta-Text. Dabei zeigt es sich, daß das Bildzeichen komplexer und vieldeutiger wird, sobald man es mit dem Sprachzeichen verknüpft.

Obwohl sich andere Zuordnungen nicht zweifelsfrei ausschließen lassen, weist vieles darauf hin, daß das Foto einen Augenblick im Bereich des Szenenschlusses festhält: es könnte die „Pause" sein, die Andris Grübeleien über den Hexenwahn vorausgeht. Barblin ist ihrer zuvor ausgesprochenen Aufforderung „Laß uns schlafen!" für sich selbst nachgekommen. Oder genauer gesagt: Sie versucht, diesen Anschein zu erwecken. Denn wenn die soeben getroffene Zuordnung stimmt, dann lautet die zum Bild gehörende Szenenanweisung „Barblin schweigt", und das Foto stellt Andris „Pause" dem „Schweigen" Barblins gegenüber. Es lohnt sich, dem mit der Szenenanweisung bezeichneten Unterschied nachzugehen. Andri macht eine Pause, er unterbricht seine Rede, weil er ins Grübeln kommt. Innerlich arbeitet er an der Fortsetzung seiner Rede, er ist dabei, einen schwierigen Gedanken zu fassen und faßlich zu machen. Barblins Schweigen dagegen hat keine vorbereitende, sondern eine abschließende Funktion; es signalisiert, daß sie nicht mehr reden möchte, zumindest nicht mehr über dieses Thema. Sie hat schon zuvor ihren Unmut bekundet („Du mit deinen andern die ganze Zeit!") und bleibt mit ihrem Schweigen eine Antwort schuldig – Andri hat sie mit der Aussage „Ich langweile dich" zu Widerspruch oder Zustimmung herausgefordert. Die Vermutung liegt nahe, daß Barblin an dieser Stelle, indem sie schweigt, etwas verschweigt: ihre aufkommende Aggression gegen Andri. Andris Pause und Barblins Schweigen haben demnach eine gegenläufige Funktion. Andri macht eine Pause, weil er sich mitteilen will; Barblin schweigt, weil sie sich nicht mitteilen will. Sie antwortet auch nicht auf Andris Frage „Soll ich die Kerze löschen?", sie scheint jetzt zu schlafen. Aber zum Schluß der Szene stellt sich heraus, daß sie nicht wirklich schläft; sie stellt sich schlafend, um nicht über ihre Beziehung zu Peider Auskunft geben zu müssen.

Auf den ersten Blick scheint das Bild zu zeigen, daß zwar Barblin ganz bei Andri, Andri aber nur halb bei Barblin ist. Die Kombination von Bild und Text verändert diesen Sinn, ja, sie kehrt ihn sogar um: Barblin ist diejenige, die sich entzieht, während Andri einen Zugang zu ihr sucht, sich verständlich machen will. Szenenfoto und Text bilden zusammen ein komplexes Zeichen (s. S. 28), ihre Verknüpfung führt zur stufenweisen Verfeinerung der Textinterpretation.

Abschließend sei darauf verwiesen, daß es einen weiteren Weg zur Förderung der interpretierenden Sprachkompetenz gibt: die direkte Formulierungshilfe. Man stellt den Schülern ein Repertoire an Begriffen und Formulierungen zur Verfügung, die ihnen nicht ohne weiteres von selbst einfallen würden, aber zum passiven Wortschatz gehören, Begriffe, die von ihnen zwar verstanden, aber normalerweise nicht verwendet werden. So habe ich mit der Aufgabe, Andris Zustand im zweiten Bild mit Hilfe der Begriffe „Selbstbild" und „Fremdbild" zu beschreiben, durchweg gute Erfahrungen gemacht; die Schüler hatten keine Schwierigkeiten damit, die Bedeutung der Begriffe zu erfassen und die beiden Ausdrücke in ihren Sprachgebrauch einzugliedern. Mit der Vorgabe bedeutungsverwandter Begriffe und der Aufgabe, eine Auswahlentscheidung zu treffen, kann man darüber hinaus die Schüler auf feine Bedeutungsunterschiede aufmerksam machen. Verhält sich Andri „egoistisch" oder „egozentrisch"? Wer von den beiden Liebenden ist ansprechbar, wer nicht ansprechbar, wer ist verschlossen, wer verbirgt etwas, wer verheimlicht etwas? Ist einer der Gesprächspartner unehrlich, unwahrhaftig, in sich gekehrt, introvertiert, extravertiert? Die sprachlichen Vorgaben erweitern nicht nur den Wortschatz, sie erzeugen darüber hinaus Meinungsvielfalt und Diskrepanzen und schaffen damit Anreize zum interpretierenden Gespräch, zu Streit und Austausch über den Text.

2.2.8 Führen und Wachsenlassen

Zum Abschluß des Kapitels über Konkretisation und Interpretation greife ich noch einmal die Frage auf, wie sich die beiden Rezeptionsweisen zueinander verhalten. Denn es ist an der Zeit, der Auffassung Fingerhuts zu widersprechen, es handle sich um zwei „voneinander relativ unabhängige Rezeptionssysteme“ (s. S. 53). Das mindeste, was sich nunmehr sagen läßt, ist dies: Konkretisation und Interpretation stehen zueinander in einer Beziehung der *Polarität*, sie bilden eine Einheit von Gegensätzen. Es ist die dem literarischen Lesen innewohnende Polarität. Lesen ist zugleich Eröffnung von Spielräumen und Erfahrung von Widerstand, ist Aneignung, Wiederfinden seiner selbst, Entfaltung seiner selbst und zugleich Auftreffen auf das Fremde, Abgrenzen und Erkennen des Fremden: Lesen ist zugleich Spiel und Arbeit. Beides gehört zusammen und bedingt sich wechselseitig. Nimmt man eines davon weg, so bleibt eine Schrumpf-Variante zurück, und das Lesen verkommt entweder zur narzißtischen Spielerei oder zur asketischen Übung.
Für den Lehrer, der das Lesen im Unterricht lenkt und begleitet, hat die Polarität von Interpretation und Konkretisation ein altvertrautes Gesicht: Er soll den lesenden Schüler zugleich führen und wachsenlassen. Als Kronzeugen dafür, daß beides nicht voneinander zu trennen ist, lasse ich ohne lange Umschweife Theodor Litt zu Wort kommen, den pädagogischen Klassiker:[27]

Führen oder Wachsenlassen? – so lautete die Frage, unter die wir die Tätigkeit des Erziehers stellten. Auf unserem langen und an Abschweifungen reichen Wege ist uns deutlich geworden: beide Begriffe bezeichnen zunächst nichts weiter als *Gleichnisse*, die das Wesen des erzieherischen Tuns schnell und eindrucksvoll vor das innere Auge stellen sollen. Aber es gibt kein Gleichnis, das nicht das in ihm Dargestellte in die Gefahr brächte, hinter dem Bilde zu verschwinden. Solches aber geschieht in unserem Falle am unfehlbarsten immer dann, wenn *eines* dieser Bilder, vom Gegenbilde abgelöst, den *ganzen* Sinn der Erziehung in sich auszusprechen beansprucht. Denn damit wird dasjenige *Moment* der Erziehung, dem dieses Bild zugeordnet ist, aus dem gegensatzreichen Gefüge herausgerissen, *innerhalb* dessen es einzig seine Bestimmung erfüllen kann; es setzt sich absolut, d. h. dem Ganzen der Erziehung gleich, und hebt damit deren Sinn in Wahrheit auf. Vor solcher Selbstübersteigerung kann es sich nur dadurch schützen, daß es sich allezeit an seinem Gegenbild berichtigt und begrenzt. Denn dem Gegenbild ist es eigentümlich, daß es in sich mit der gleichen Ausschließlichkeit eben dasjenige Moment des Phänomens „Erziehung“ versinnlicht, das in dem Bilde getilgt ist. So also sich die Waage haltend, sind beide Bilder – zwar immer noch „Bilder“ und keineswegs die adäquate Wiedergabe des zu durchleuchtenden Tatbestandes, wohl aber der Entstellungen ledig, mit denen sie, jedes für sich genommen, den Sachverhalt Erziehung heimsuchen. In verantwortungsbewußtem Führen niemals das Recht vergessen, das dem aus eigenem Grunde wachsenden Leben zusteht – in ehrfürchtig-geduldigem Wachsenlassen niemals die Pflicht vergessen, in der der Sinn erzieherischen Tuns sich gründet – das ist der pädagogischen Weisheit letzter Schluß.

Bleibt noch anzumerken, daß die zuletzt getroffene Zuordnung die Dinge natürlich grob vereinfacht. Der Titel ‚Gesteuerte Konkretisation' (S. 52) mag als Beleg dafür genügen, wie die Aufgabe des Führens in den Bereich der Konkretisation hineinreicht. Und den Fall, daß Schüler aus eigenem Antrieb interpretieren, gibt es auch, glücklicherweise.

2.3 Schreibformen des Lesens

2.3.1 Von der Inkomplettheit des Dramatischen

Konkretisation ist Zutun des Lesers zum Text, sie setzt dort an, wo der Text Raum für Zusätze läßt. Zu den schulischen Methoden des Konkretisierens gelangt man demnach auf dem Weg der *Aussparungs-Analyse*[28]. Und die fällt für das Drama besonders ergiebig aus, denn „der dramatische Text ist", so sagt Hofmannsthal, „etwas Inkomplettes, und zwar um so inkompletter, je größer der dramatische Dichter ist". Die Kunst des Dramatikers bestehe darin, „frei zu lassen, das Letzte, auch das Vorletzte nicht zu geben", und hierin liege „der entschiedenste Unterschied zwischen dem dramatischen und dem epischen Schaffen"[29]. Und für Käte Hamburger ergibt sich „der sprachlogische Ort des Dramas im System der Dichtung" „allein aus dem Fehlen der Erzählfunktion"[30] – es ist eine Aussparung, die der Gattung ihr unverwechselbares Profil gibt.
Was das heißt, will ich am Beispiel einer Szene aus Brechts ‚Furcht und Elend des Dritten Reiches' zeigen.[31]

Der Verrat

Dort kommen Verräter, sie haben
Dem Nachbarn die Grube gegraben
Sie wissen, daß man sie kennt.
Vielleicht: die Straße vergißt nicht?
Sie schlafen schlecht: noch ist nicht
Aller Tage End.

Breslau, 1933. Kleinbürgerwohnung. Eine Frau und ein Mann stehen an der Tür und horchen. Sie sind sehr blaß.

DIE FRAU: Jetzt sind sie drunten.
DER MANN: Noch nicht.
DIE FRAU: Sie haben das Geländer zerbrochen. Er war schon bewußtlos, wie sie ihn aus der Wohnung geschleppt haben.
DER MANN: Ich habe doch nur gesagt, daß das Radio mit den Auslandssendungen nicht von hier kam.

DIE FRAU: Du hast doch nicht nur das gesagt.
DER MANN: Ich habe nichts sonst gesagt.
DIE FRAU: Schau mich nicht so an. Wenn du nichts sonst gesagt hast, dann hast du eben nichts sonst gesagt.
DER MANN: Das meine ich auch.
DIE FRAU: Warum gehst du nicht hin auf die Wache und sagst aus, daß sie keinen Besuch hatten am Samstag.
Pause.
DER MANN: Ich gehe nicht auf die Wache. Das sind Tiere, wie sie mit ihm umgegangen sind.
DIE FRAU: Es geschieht ihm recht. Warum mischt er sich in die Politik.
DER MANN: Aber sie hätten ihm nicht die Jacke zu zerreißen brauchen. So dick hat es unsereiner nicht.
DIE FRAU: Auf die Jacke kommt es doch nicht an.
DER MANN: Sie hätten sie ihm nicht zerreißen brauchen.

Sieht man einmal von ihrem episch-auktorialen Prolog ab, so läßt sich Brechts kleine Szene als „geschlossenes Drama en miniature“ beschreiben, es stellt die „Schlußphase“ eines längeren Ereigniszusammenhangs[32] vor und ist ein Paradebeispiel für die Kunst des Komprimierens, die das geschlossene Drama auszeichnet.
Nehmen wir die erste Replik des Dialogs: „Jetzt sind sie drunten.“ Sie wird jetzt und hier (an der Tür nämlich) ausgesprochen, übergreift aber beides, das Jetzt und das Hier, eine Leistung der beiden unscheinbaren Wörter „sie“ und „drunten“.
Der rückbezügliche Redeeinsatz mit dem Pronomen „sie“ gibt dem Publikum das Gefühl, es werde einem Geschehen zugeschaltet, das längst im Gange ist, er kennzeichnet die Szene als Ausschnitt aus einem Kontinuum und macht ihre unmittelbare Vorgeschichte, die Verschleppung des Nachbarn, beklemmend gegenwärtig, obwohl sie doch abgeschnitten ist und der Raum leer bleibt, in dem sie Platz hätte.
Das Zeigwort „drunten“ durchbricht die Schranken des Szenenraums. Mit dem alten Kunstgriff der „Mauerschau“ öffnet Brecht dem Geschehen einen weiteren Raum und stellt zwei unterschiedliche Handlungen nebeneinander, den Akt des Lauschens neben die Vorgänge im Treppenhaus, die gespielte Handlung neben die berichtete, die sichtbare neben die verdeckte Handlung.[33] Die beiden Handlungsräume unterscheiden sich zudem nach dem Grad ihrer Öffentlichkeit. Die Kleinbürgerwohnung ist ein Residuum des Privaten, das Treppenhaus hingegen, halb öffentlich, ist dem Zutritt der staatlichen Organe ausgesetzt. Daß die Eheleute „an der Tür“ stehen „und horchen“, besagt: Sie verharren drinnen im schützenden Versteck und sind gleichwohl in das verstrickt, was draußen passiert – ihr Standort steht für das Eindringen der Öffentlichkeit in die Privatsphäre.
Der Verlauf der Szene bringt eine Verschiebung der Gewichte von der verdeckten zur gespielten Handlung. Mit den Worten „Ich habe doch nur gesagt...“ spricht der Mann zunächst eine zweite verdeckte Handlung an, diesmal eine zeitlich zurückliegende, die eigentliche Vorgeschichte der Sze-

ne. Es ist eine verdeckte Handlung nicht nur in dem engen Sinne, daß – wie beim klassischen Botenbericht – die Handlung nicht dargestellt, sondern lediglich besprochen wird. Vom Botenbericht unterscheidet sich die Passage dadurch, daß beide Dialogpartner sehr wohl über die Vorgeschichte Bescheid wissen und deshalb in der Lage sind, sich andeutungsweise zu verständigen – es gibt keine Bühnenfigur, die sich, stellvertretend auch für das Publikum, informieren müßte. So kommt es, daß die auslösende Handlung für den Zuschauer auch in dem weiteren Sinne verdeckt bleibt, daß ihm wesentliche Informationen vorenthalten werden. Die Vorgeschichte wird ihm nicht eigentlich „berichtet", sie fließt in den Dialog ein, in dem es vordergründig um Rechtfertigung und Anschuldigung geht; der Zuschauer ist, falls er Genaueres wissen will, auf seine Kombinationsgabe und Imagination verwiesen. Und von dem Augenblick an, da die Frau dem Mann vorschlägt, auf die Wache zu gehen, dominiert endgültig die gespielte Handlung. Die Frage ist nicht mehr, was geschehen ist, jetzt ist zu entscheiden, was zu tun sei. Das Ende der Szene gleicht ihrem Anfang. Brecht beschließt den Dialog nicht, er unterbricht ihn, schneidet seinen Figuren das Wort ab – was nachkommt, scheint ihn nicht mehr zu interessieren. Die zuletzt ausgesprochene Replik des Mannes bleibt in der Luft hängen, hallt im leeren Raum nach und beansprucht auf diese Weise die besondere Aufmerksamkeit des Publikums: Was will der Mann damit sagen?

Aber die Szene ist nicht nur an ihren Rändern von Leere umgeben, auch ihre Mitte ist leergelassen. Da gibt es eine „Pause", der die Aufgabe zufällt, das Unausgesprochene dieses Dialogs anzuzeigen, und es bedarf keiner besonderen Interpretationskünste für den Nachweis, daß ebendieses Unausgesprochene das Eigentliche ist. Was ausgesprochen wird, steckt voller Widersprüche. Vor der Pause hat die Frau den Versuch gemacht, sich für den Nachbarn einzusetzen, nach der Pause versagt sie ihm jedes Mitgefühl: „Es geschieht ihm recht." Und der Mann präsentiert sich nach der Pause als entschiedener Kritiker der NS-Schergen, mit denen er zuvor gemeinsame Sache gemacht hat. Offensichtlich vollzieht sich in der Pause zwischen den beiden Eheleuten eine Art Rollentausch. Was geht in ihnen vor? Die Pause hat den Charakter einer „Leerstelle" im Sinne Wolfgang Isers, sie signalisiert einen unausgeführten Zusammenhang, dessen Ausführung an den Leser delegiert wird, eine „Unterbrechung der Anschließbarkeit"[34].

Ich breche meine Aussparungs-Analyse an dieser Stelle ab und ziehe Bilanz. Das Inkomplette des Dramas zeigt sich darin, daß es dem Publikum weder Überblick noch Einblick gewährt. Die Handlung ist ausschnitthaft, das Innere der Handelnden unzugänglich. Natürlich hängt das mit dem „Fehlen der Erzählfunktion" zusammen. Gäbe es einen Erzähler, so wäre einer da, der Überblick und Einblick hätte, der zurückblicken, vorausschauen und überdies die Gedanken der Figuren lesen könnte. Im gereimten Prolog zu ‚Der Verrat' gibt ein auktorialer Erzähler eine kleine Kostprobe seines Könnens; er kennt die Vorgeschichte, stellt klar, daß wir es mit einem Denunzianten zu tun haben, und er deutet an, wie es weitergehen wird: „noch ist nicht / Aller Tage End."

2.3.2 Verschiedene Zusatztexte

Die Aussparungen des Dramentextes sind die Ansatzpunkte für seine Konkretisation. Der Leser muß sich den Überblick und Einblick, den ihm der Text vorenthält, selbst verschaffen. Die Art der Aufgabenstellung im Unterricht leitet sich unmittelbar aus dieser Doppelfunktion des Konkretisierens ab: Es gibt Aufgaben, die der Gewinnung von Überblick dienen, und andere, mit denen der Leser Einblick nimmt. Die letzteren laufen auf den Entwurf von *Untertexten* hinaus, um einen Begriff einzuführen, den ich vorläufig im Unscharfen belassen will. Entsprechend wären die Überblick schaffenden Schreibformen als *Vortexte* oder *Nachtexte* zu bestimmen, sie setzen an den Rändern des Dramentextes an. Dabei ist allerdings zu berücksichtigen, daß der Entwurf eines Vortextes z. B. ganz verschieden ausfällt, je nachdem, ob er sich auf die unmittelbare, die auslösende oder die weitere Vorgeschichte der Szene bezieht. Wenn es um die unmittelbare Vorgeschichte geht, muß er die Form eines Zusatzes zum Dialog haben; zu entwerfen ist eine Dialogpartie, die dem Redeeinsatz unmittelbar vorausgehen könnte. Die auslösende Vorgeschichte, die weiter zurückliegende Denunziation des Nachbarn, kann szenisch oder erzählend konkretisiert werden, sie sollte eine Antwort auf die Frage versuchen, was denn der Mann nun wohl im einzelnen gesagt und getan hat. Zur weiteren Vorgeschichte zählt die Biographie der Beteiligten, sie gibt z. B. die Erklärung dafür ab, wie der Mann dazu kommt, seinen Nachbarn zu verraten. Die Konkretisation dieser weiteren Vorgeschichte ist nur mit den Mitteln des Erzählens zu leisten.
Der Begriff Vortext scheint mir indes überstrapaziert, wenn er alle diese Schreibformen bezeichnen soll. Ich verwende ihn deshalb ausschließlich für den unmittelbar vorausgehenden Dialog und unterscheide zwischen *Vortext*, *Vorgeschichte* und *Angaben zur Person*, wobei ich mit dem letzteren Begriff Aussagen zur Biographie und den Lebensumständen einer Person, aber auch über ihren Charakter und ihr Äußeres zusammenfasse.
Für den Begriff Nachtext gilt das Entsprechende. Er bezeichnet im engen Sinn einen Dialog, der sich unmittelbar an den Text anschließt. Davon zu unterscheiden sind narrative Umformungen aus der Rückschau, ich nenne sie *Ich-Erzählungen*. Von ihnen soll an anderer Stelle gesondert die Rede sein; in der Form von Beispielen (Tagebucheintrag, Brief) sind sie bereits vertreten.

Die genannten Schreibformen haben eines gemeinsam: Sie stellen Zusammenhänge her, einen äußeren und inneren Gesprächszusammenhang, schließlich auch einen Lebenszusammenhang des Gesprächs. Für eine Lektüre, die mit dem Gedanken an Inszenierung einhergeht, ist die Herstellung solcher Zusammenhänge höchst bedeutsam. Denn Inszenieren heißt einen Text mit Leben erfüllen; und Leben ist immer in Zusammenhänge eingebettet, ist Bestandteil eines endlosen Kontinuums. Nur der Text setzt Anfang und Ende, der Inszenierung geht es darum, die künstlich gesetzten Grenzen im Wortsinn zu „überspielen". Wenn ein Stück damit beginnt, daß jemand nach Hause kommt, so kommt er im Text zum ersten Mal nach Hause. Die Inszenierung aber muß zeigen, daß er schon oft nach Hause gekommen ist;

an der Art, wie er seinen Mantel ablegt und flüchtig die Post durchsieht, muß erkennbar sein, daß er es schon hundertmal getan hat, seinen Gesten muß die Beiläufigkeit habitualisierten Handelns anhaften. Und wenn am Anfang von Schillers ‚Die Piccolomini' der Darsteller des Illo den ankommenden Isolani mit den Worten empfängt „Spät kommt Ihr – doch Ihr kommt!", so müssen seine Gesten sichtbar, der Klang seiner Stimme hörbar machen, was die Wartenden zuvor umgetrieben hat, was sie miteinander beredet haben könnten. Ihre Bangigkeit muß spürbar werden, ob er auch kommt, und ihre Erleichterung darüber, daß er kommt.

2.3.3 Eine Sequenz von Schreibaufgaben zu ‚Der Verrat'

Ich skizziere nunmehr eine Unterrichtseinheit zu ‚Der Verrat', die als Abfolge von Schreibaufgaben angelegt ist, Erprobungen in Klasse 10 und der Jahrgangsstufe 12 liegen ihr zugrunde. Ihr erklärtes Ziel ist die Herstellung von Zusammenhängen. An ihrem Anfang stehen Stegreifspiele zum Thema „Jemand kommt nach Hause", sie machen auf die Aufgabe des Inszenierens aufmerksam, die dargestellten Vorgänge in einen Lebenszusammenhang zu stellen (s. o.). Danach lernen die Schüler den Text der Szene kennen und machen sich daran, ihn zu verlängern.
Zunächst ist ein *Vortext* zu entwerfen. Was er zu leisten vermag, will ich an zwei Beispielen zeigen. Eine Schülerin der Jahrgangsstufe 12 hat ihn so gestaltet:

DER MANN: Mach jetzt die Tür zu, komm rein!
DIE FRAU *(verstört):* Hast du gesehen, wie sie geschaut haben, hast du gehört, wie sie gelacht haben?
DER MANN: Sie sind doch weg! Du wirst sie nie wieder sehen.
DIE FRAU: Ich habe Angst!
DER MANN: Vor was denn?
DIE FRAU: Sie kennen uns jetzt!
DER MANN: Was wollen sie uns anhaben? Wir haben nichts Falsches getan.
DIE FRAU: Wer weiß ... – Die Schritte verhallen langsam, sie müssen ihn ja schleppen.
DER MANN: Der mit den breiten Schultern wird ihn tragen. Warum nehmen sie ihn denn gleich mit?
DIE FRAU: Du hast zuviel über ihn erzählt!
DER MANN: Ich?
DIE FRAU: Jetzt sind sie drunten.

Der Vortext baut die Exposition aus, und zwar in zweierlei Hinsicht: als Exposition der Vorgeschichte, als Exposition der Charaktere. Der vorliegende Entwurf legt vor allem Gewicht auf das letztere, er differenziert die Charaktere von Mann und Frau und zeigt das Rollenspiel der beiden. Die Frau ist als zugleich ängstlich und neugierig gezeichnet; sie hat die Tür einen Spalt geöffnet und nimmt die Vorgänge im Treppenhaus mit allen Sinnen wahr. In ihrer Neugier ist Mitgefühl enthalten, die Bereitschaft, sich für andere zu öffnen. Ihr Mann dagegen verschließt sich; er will, daß die Frau die Tür zu-

macht, und tut das, was er gesehen und gehört hat, als abgeschlossen ab („Sie sind doch weg! Du wirst sie nie wieder sehen."). Seine Fähigkeit des Abschließens gibt ihm ein Gefühl von Sicherheit, ja von Unschuld. Denn als ihn die Frau auf seinen Anteil an der Vorgeschichte anspricht, stellt sich heraus, daß er auch seine Schuldgefühle unter Verschluß hält – er gibt sich den Anschein, als nehme er ihren Hinweis mit fassungslosem Erstaunen auf („Ich?"). Aber der Stachel sitzt, der Vortext macht plausibel, warum der Mann im Text plötzlich anfängt, sich zu rechtfertigen. Es gelingt der Verfasserin, die Motive zu konkretisieren, von denen die Dialogpartner zu Beginn der Szene geleitet sind.
Ein Mitschüler hat die Aufgabe anders angepackt. Ich zitiere aus seinem Entwurf die Partie, auf die es mir ankommt.

GESTAPO-MANN: Es wurde mir bekannt, daß hier Auslandssendungen gehört werden.
DER MANN: Aber bestimmt nicht in meiner Wohnung. Ich bin anständig, ein einfacher Arbeiter. Was gehen mich Auslandssendungen an?
GESTAPO-MANN: Jammern Sie hier nicht rum, Herr Kunz! Wo könnten die Sendungen hier im Haus denn sonst gehört worden sein?
DER MANN: Es liegt mir fern, irgendwelche Mitbewohner des Hauses zu verdächtigen, aber bei den Maiers gegenüber habe ich sowas schon gehört. Die haben manchmal auch Besuch, der mir komisch vorkommt.
GESTAPO-MANN: Wie meinen Sie das?
DER MANN: Man erzählt sich, Herr Maier und seine Freunde seien Anhänger der SPD. Aber ich sage Ihnen nur, was man sich erzählt. Wissen tu ich das nicht.
GESTAPO-MANN: Hatte er auch am Samstag Besuch?
DER MANN: Das weiß ich beim besten Willen nicht, ich kam erst spät heim.

Die Dialog-Passage ist ein Versuch, die *Vorgeschichte* der Szene zu rekonstruieren, und ist ein Beweis dafür, wie stark sich die Konkretisation der Vorgeschichte auf die Interpretation und Inszenierung der Szene auswirkt. Wenn der Mann bereits ausgesagt hat, er sei am Samstag erst spät nach Hause gekommen, dann fordert die Frau im Text von ihm nicht weniger als dies: Er soll seine Aussage auf der Wache widerrufen und sich damit dem Verdacht aussetzen, er habe sich inzwischen „umdrehen" lassen und sei, aus Sympathie mit dem Verhafteten, nunmehr zur Falschaussage bereit. Und auf einmal kann nicht mehr ohne weiteres von Feigheit die Rede sein, wenn es um die Bewertung seines Verhaltens geht – man wird dem Mann zubilligen müssen, daß seine Skrupel eine gewisse Berechtigung haben. Und auch die Frau erscheint in einem anderen Licht. Wenn sie ihren Mann zur Falschaussage anstiften will, stellt sie sich in eine Reihe mit anderen Brecht-Figuren, denen die Solidarität mit den Unterdrückten über alles geht, zumindest über die Verpflichtung gegenüber einer Rechtsordnung, die den Interessen der Unterdrücker dient. Man denke an Shen Te und ihre spontane Bereitschaft, für den geschundenen Wasserverkäufer Wang einen Meineid zu schwören.[35]
Ich gestehe unumwunden, daß mir diese Deutung zusagt. Sie macht den Mann zu einem vorsichtigen Normalbürger und die Frau zur Beinahe-Heldin und spitzt damit die Aussage der Szene zu: Der Verrat ist nicht Ausfluß

eines persönlichen menschlichen Versagens; es sind die „Verhältnisse", die ihn hervorbringen. Dazu paßt die Art und Weise, wie der Schreiber den Vorgang der Denunziation konkretisiert: ein bißchen Klatsch, ein bißchen Bosheit unter Nachbarn, aber abgesichert durch die Beteuerung des eigenen Nichtwissens, kurzum: das ganz normale Geschwätz der Leute. Daß der Mann Mühe damit hat, sich seiner Schuld bewußt zu werden, erscheint auf diesem Hintergrund durchaus glaubhaft. Er weiß nicht, daß er in Zeiten lebt, in denen auch ein ganz normales Geschwätz dem einen oder anderen zum Verhängnis werden kann.
Im zweiten Zugriff auf die Szene entwerfen die Schüler *Nachtexte*. Auch der Nachtext stellt die Schüler vor die Aufgabe des Charakterisierens, aber auf eine andere Weise als der Vortext, der das Verhalten der Figuren zu erklären versucht. Die Charakterisierung durch den Nachtext erklärt nicht, sie faßt zusammen, verdeutlicht, setzt Akzente. Meine Beispiele stammen diesmal von einer Klasse 10.

Das erste Beispiel:

DER MANN: Sie hätten sie ihm nicht zerreißen brauchen.
DIE FRAU: Sie hätten ihn wegen dieser lächerlichen Auslandssendung überhaupt nicht gleich holen brauchen.
DER MANN: Aber Ordnung muß doch sein. Und sowieso, wie redest denn du?
DIE FRAU: Ich hab ja gar nichts gesagt.
DER MANN: Ich will auch nichts gehört haben.

Die Schreiberin greift das im Text erkennbare Rollenspiel von Mann und Frau auf und führt es weiter. Die Frau unterdrückt ihr Mitgefühl für den Nachbarn, weil sie selbst unterdrückt wird. Und der Mann erscheint als Hüter der Ordnung, innerhalb seiner Ehe und außerhalb: ein Kleinbürger durch und durch.

Das zweite Beispiel:

DER MANN: Sie hätten sie ihm nicht zerreißen brauchen.
DIE FRAU: Nun ist es halt passiert.
DER MANN: Hast du noch einen Schnaps da?
DIE FRAU: Vielleicht hast du ja doch etwas Falsches gesagt.
DER MANN: Aber einen doppelten!

Die Schreiberin stellt die Neigung des Mannes heraus, den Vorwürfen der Frau und den eigenen Schuldgefühlen auszuweichen. Sein Verhalten zielt auf Abwehr und Verdrängung, er will seine unangenehmen Empfindungen möglichst rasch und gründlich hinunterspülen. Wir lernen einen Mann kennen, dessen Magen empfindlicher ist als sein Gewissen.

Das dritte Beispiel:

DER MANN: Sie hätten sie ihm nicht zerreißen brauchen.
DIE FRAU: Laß es doch! Du weißt, daß es auf die Jacke nicht mehr ankommt.
Der Mann schweigt betroffen.

In diesem Entwurf gibt die Frau nicht nach, und dem Mann bleibt die neuerliche Erwiderung im Hals stecken. Er merkt, daß sein Versuch durchschaut ist, sich selbst zu entlasten, indem er andere belastet.

Das letzte Beispiel:

DER MANN: Sie hätten sie ihm nicht zerreißen brauchen.
DIE FRAU: Komm, vergiß die Geschichte!
DER MANN: Nein, ich kann nicht!
DIE FRAU: Doch! Komm!
DER MANN: Ich geh auf die Wache!
DIE FRAU: Nein! Bleib da! Es hat doch keinen Wert!
DER MANN: DIE werden ihn umbringen!

Der Schreiber lenkt den Blick auf den nach der „Pause" sich abzeichnenden Rollentausch zwischen Mann und Frau und spitzt diesen Rollentausch zu. Weil sich der Mann dazu durchringt, seine Schuld, soweit es noch in seinen Kräften steht, wieder gutzumachen, bekommt es die Frau mit der Angst zu tun und versucht ihm auszureden, was sie ihm eben noch eingeredet hat. Der Entwurf entlarvt die zuvor geäußerten Vorwürfe der Frau als Nadelstiche im Ehekrieg; sie sollen wehtun, aber nicht beim Wort genommen werden.

Das Spektrum der vorgestellten Entwürfe ist breit, sie unterscheiden sich vor allem dadurch, daß die innere Beweglichkeit der beiden Figuren verschieden eingeschätzt wird – das eine Mal ändert sich etwas während der Szene, das andre Mal nicht. Dem entspricht das Bild sich widerstreitender Gefühle und Bestrebungen, das die Szene abgibt. Man wird zugeben müssen, daß auch die einander entgegengesetzten Fortschreibungen – um eine Formulierung aus Schülermund zu zitieren – „irgendwie im Text drin sind".

Und noch etwas: Die Entwürfe sind Akzentuierungen, sie stellen einzelne Züge der Szene als bedeutungstragend heraus, aber es sind keine in Dialoge eingekleidete Interpretationen. Was die Schreiber erfassen, erfassen sie ganz überwiegend intuitiv. Den Beweis dafür liefert das auswertende Unterrichtsgespräch, bei dem es erfahrungsgemäß weniger um die Frage geht, was sich die Schreiber gedacht haben, als vielmehr darum, was in den einzelnen Entwürfen steckt und woran sie anknüpfen.

Die dritte Aufgabe der Sequenz gilt den *Angaben zur Person*. Sie dient der Abrundung der zuvor begonnenen Charakterisierung und stellt das Handeln der Figuren in den Zusammenhang einer Lebensgeschichte. Der Begriff „Angaben zur Person", den ich für diese Schreibform bevorzuge, ist bewußt weit gefaßt, er läßt offen, worauf das Hauptgewicht gelegt wird: auf die äußere Beschreibung, die Charakterisierung oder die Entfaltung von Biographie und Lebensumständen. Im Unterschied zu Vor- und Nachtext, die den *Haupttext* ergänzen, sind die Angaben zur Person eine Fortschreibung des *Nebentextes*, ihr auktorial-narrativer Charakter ist darauf angelegt, dem Leser Überblick zu verschaffen. Die Angaben zur Person machen aus einer unsichtbaren Figur eine sichtbare Person, entfalten aus den durch den Text

vorgegebenen Handlungs- und Verhaltensweisen eine runde Gestalt, einen Charakter.
Mit meinen Beispielen beschränke ich mich auf die Figur der Frau, der erste Entwurf stammt von einem Schüler der Jahrgangsstufe 12:

Die Frau ist etwa 48 Jahre alt. Ihre ehemals braunen Haare sind mittlerweile zum größten Teil ergraut. Sie trägt meistens wadenlange Röcke und weiße Blusen. Zu Hause trägt sie oft eine Schürze zum Kochen, Abwaschen usw. Ihre Haare sind halblang, sie trägt sie meist zu einem Knoten am Hinterkopf gebunden. In dieser Szene jedoch trägt sie einen Bademantel, darunter ein Nachthemd. Ihre Haare sind offen, den Bademantel hält sie dafür fest zu.
Sie ist die Tochter eines Beamten und einer Hausfrau, von denen sie schon von klein auf gelernt hat, Häuslichkeit, Anstand und Gehorsam seien die höchsten Tugenden im Leben. Daran hält sie sich auch immer noch fest, auch wenn der Gehorsam sich nur innerhalb der Schranken der Vernunft bewegt. Sie ist die Hausfrau, die immer weiß, was wann zu tun ist, und sei es zu schweigen. Sie hat ein wenig mehr das Sagen im Haus als ihr Mann, jedoch nutzt sie das nicht aus, sie geht eher bescheiden mit dieser Eigenschaft um. Der gute Ruf ihrer kinderlosen Ehegemeinschaft geht ihr über alles. Sie ist nicht gerade glücklich mit ihrem Hausfrauendasein, steht aber mit beiden Beinen zu sehr in der Realität, um mit ihrem Schicksal zu hadern.

Der Schreiber wählt zwei unterschiedliche Verfahren der Charakterisierung, er zeichnet den Charakter der Frau und bezeichnet ihn. Im ersten Abschnitt gibt er eine Anschauung von der Frau, vom zweiten Abschnitt an berichtet er über sie. In beiden Fällen charakterisiert er sie, zuerst *implizit*, dann *explizit*[36]. Solange er implizit charakterisiert, beschränkt er sich darauf, Beobachtungen wiederzugeben, deren Auswertung dem Leser überlassen bleibt; wenn er explizit charakterisiert, schreibt er dem Leser sein eigenes Urteil vor. Die implizite Charakteristik hat, auch wenn sie erzählend gehalten ist, einen Zug ins Szenische, sie leistet Vorarbeit für die Inszenierung. Ein Vorzug der expliziten Charakteristik liegt demgegenüber darin, daß sie durch ihre Direktheit und ihren unverhüllten Geltungsanspruch beim Leser (bzw. Hörer) Zustimmung oder Widerspruch weckt und so den interpretierenden Diskurs über den Text in Gang bringt.
Konkretisationen bestehen, das gilt auch für die Angaben zur Person, aus Zusätzen zum Text. Dabei lassen sich solche Zusätze, die aus dem Text begründbar sind, von anderen unterscheiden, die auf den ersten Blick willkürlich erscheinen. Warum beispielsweise soll die Frau braunes Haar gehabt haben? Der Text gibt dafür kein Argument her. Und trotzdem wird der Leser, der sich ein Bild von der Frau macht, zur Abrundung dieses Bildes auch solche Zusätze benötigen, Füllmaterial für die Anschauung. Und er wird dieses Füllmaterial vermutlich aus der eigenen Erfahrung nehmen. Vielleicht kennt er ja eine Frau, an die ihn der Text erinnert und die zufällig braune Haare hat. Konkretisation entsteht demnach durch Mischung von Elementen, die mit dem Text zu tun haben, mit anderen, die ausschließlich der Leser beisteuert. Daß die Frau braune Haare hat, ist Zutat des Lesers, daß dieses Haar inzwischen „zum größten Teil ergraut“ und meist „zu einem

Knoten an den Hinterkopf gebunden" ist, leitet sich – auf Umwegen – aus dem Text ab; der Gedanke an Resignation, aber auch an Ordnung, Gebundenheit und Zucht gewinnt darin Gestalt. Und auch, daß die Haare in dieser Szene ausnahmsweise „offen" sind, hat etwas zu bedeuten. Die gewohnte Ordnung ist gestört, auch wenn die Frau krampfhaft einen Rest von Ordnung zu bewahren sucht: „den Bademantel hält sie dafür fest zu".

Die Elemente, die der Leser willkürlich – oder soll man sagen: unwillkürlich? – ergänzt, sind nicht diskutierbar und taugen folglich nicht als Impulse für die Interpretation. Anders dagegen sieht es mit den aus dem Text ableitbaren Elementen aus. Sie verhalten sich im vorliegenden Fall zur Textvorlage wie die Antwort zur Frage. Auslösend für die Konkretisation scheint die Überlegung zu sein, warum wohl die Frau sich dem Mann unterordnet, und das offenbar wider besseres Wissen. Zwei Gedanken sind es, die dem Entwurf Umrisse geben, der Gedanke an Ordnung und an Verzicht. Die Frau fühlt sich dem Mann überlegen, ist übrigens auch ein wenig älter als er (das Alter des Mannes wird mit 47 Jahren angegeben), hat aber im Laufe ihrer Sozialisation gelernt, daß es unklug wäre, den Mann ihre Überlegenheit spüren zu lassen, denn damit wäre die überlieferte Ordnung, in der sie sich geborgen fühlt, aus dem Lot gebracht. Die Frau gibt aus Klugheit nach, nicht aus Schwäche oder anderen minder ehrenhaften Motiven – das ist die unausgesprochene These des Entwurfs. Diese These hat die Form eines Lebensbilds; Intuition und Intellekt sind an ihrer Entstehung gleichermaßen beteiligt, sie enthält persönliche Lebenserfahrung des Lesers.

Aber sie ist diskutierbar, und diese Feststellung gibt mir Gelegenheit, noch einmal auf Fingerhuts These von der relativen Unabhängigkeit der Rezeptionssysteme Lesen und Interpretieren (s. S. 53) zurückzukommen. Sie hat Bestand, soweit sie die willkürlichen Elemente von Konkretisationen betrifft. Aber die machen nur einen Teil des Ganzen aus, und oft nur einen kleinen Teil. Die anderen, an den Text geknüpften Elemente sind, nicht selten in bildhafter Verdichtung, ein Stück Interpretation, ob implizit, ob explizit. Wie weit solche Interpretationen auseinanderliegen können, will ich mit meinem zweiten Beispiel dokumentieren. Ein Mitschüler des soeben zitierten Schreibers hat die Angaben zur Person für die Frau so gefaßt:

Mathilde Gerold, 36 Jahre, Hausfrau. Mathilde Gerold ist aufgewachsen auf dem elterlichen Bauernhof in der Nachbargemeinde, wo sie auch die Volksschule besuchte. Schon früh ärgerten sie ihre Freundinnen wegen ihrer leuchtend roten Haare. Auch ihr etwas korpulentes Äußeres gab oft Anlaß für Hänselei. Sie ist rechthaberisch, aufbrausend und etwas egoistisch. Mit 25 Jahren heiratete sie dann Herbert Gerold.

Nicht die Frage, warum die Frau dem Mann nachgibt, bewegt diesen Schreiber – er will plausibel machen, warum sie ihm überhaupt widerspricht. Sein Entwurf ist das genaue Gegenstück zum vorausgehenden; er zeichnet eine primitive und komplexbeladene Person, die aus mangelndem Selbstbewußtsein zur Rechthaberei neigt. Damit verbucht er die Differenzen zwischen den Eheleuten auf das Konto der Frau. Der Mann, das bestätigen die Angaben zu seiner Person, darf sich nach dieser Deutung zu Recht schuldlos fühlen am Schicksal des Nachbarn. Die Interpretationshypothese, die in diesem Entwurf steckt, läßt sich allein schon an Hand des Szenentitels ‚Der Verrat‘ eindeutig falsifizieren. Vielleicht hat sich der Schreiber durch eine instinktiv-unreflektierte Identifikation mit dem Mann in die Irre führen lassen, vielleicht sind eigene unliebsame Erfahrungen in sein Bild der Frau eingeflossen.

Der Vergleich der beiden Konkretisationen widerlegt übrigens auch die gängige Meinung, Gestaltungen dieser Art entzögen sich einer Bewertung. Sie tun es nicht. Außer dem Kriterium der Textangemessenheit gibt es weitere Maßstäbe, den Anteil an impliziter Charakteristik etwa, ein verläßliches Indiz für Könnerschaft, oder ein Übermaß an Füllmaterial von der oben beschriebenen Sorte: kein gutes Zeichen. Und es gibt schließlich das Kriterium der inneren Stimmigkeit; die verschiedenen Teile einer Konkretisation müssen aufeinander abgestellt sein, z. B. die Angaben zur Person von Mann und Frau.

Den Abschluß der hier vorzustellenden Sequenz bildet die Aufgabe, *Untertexte* zu entwerfen, wahlweise für den Mann oder die Frau. Auch der Untertext dient dazu, Zusammenhänge herzustellen, nach den äußeren nunmehr die inneren. Wiederum beschränke ich mich auf die Figur der Frau. In ihrem Fall stehen die Schreiber vor der Aufgabe, den Widerspruch aufzulösen, der sich zwischen ihren Repliken „Warum gehst du nicht auf die Wache...“ und „Es geschieht ihm recht“ auftut. Gefordert ist die Form des inneren Monologs; ob und wie die Schüler den Monolog mit dem Dialog verzahnen, ist ihnen freigestellt.

Das erste Beispiel:

Die Frau: Er war schon bewußtlos...	– Wie er aussah, als sie ihn hinunterschleppten! Schrecklich! Und alles ist Karls Schuld.
Der Mann: Ich habe doch nur gesagt...	– Nur gesagt, nur gesagt, er hat noch viel mehr gesagt, ich bin mir sicher. Er konnte Herrn Krause ja nie leiden. Aber daß er ihn gleich verraten würde, er muß doch wissen, was ihn jetzt erwartet. Er muß noch was anderes gesagt haben.
Der Mann: Ich habe sonst nichts gesagt.	– Wie er mich anschaut. Jetzt wird er bestimmt böse, aber es war trotzdem nicht recht, was er alles gesagt hat. Er hätte es nicht tun müssen.
Der Mann: Das meine ich auch.	Er sieht seinen Fehler nicht ein, will nicht!... Aber eigentlich habe ich ja angefangen, von meinen Beobachtungen zu erzählen, und mir meine Geschichten ausgedacht, es war ja schon oft komisch. Aber warum muß er es denen sagen? Er

	hat doch gesehen, wie die mit ihren Feinden umgehen, oder wenigstens gehört hat er es. Ob man ihn noch retten könnte?
DER MANN: Das sind Tiere...	– Ja, Tiere sind es, Schweine! Wenn mich jemand hören könnte, wäre ich schon längst abgeholt. Aber mich hört niemand, ich halte meinen Mund, denke meinen Teil, weil: Denken darf man noch. Er hätte seine Ideen auch für sich behalten sollen. Irgendwann wäre sowieso alles rausgekommen.
DER MANN: Aber sie hätten ihm nicht die Jacke zu zerreißen brauchen.	– Wie kommt er jetzt auf die Jacke? Versteht er nichts, oder tut er nur so? Zusammengeschlagen, zum Verhör gebracht. Ob man ihn jemals wiedersehen wird? Man hört so viel...

In diesem Entwurf sind zwei Stränge miteinander verflochten, zwei entgegengesetzte Motive artikulieren sich abwechselnd: einerseits Mitleid mit dem Nachbarn und Kritik am eigenen Mann, andrerseits Selbstkritik, Verständnis für den Mann und Verurteilung des Nachbarn. Bald überwiegt das eine, bald das andere, die Frau erscheint als eine Hin- und Hergerissene. Sie laboriert an einer Doppelbindung, empfindet zugleich Mitleid mit dem Nachbarn und Solidarität mit ihrem Mann. Der Entwurf koordiniert den Widerspruch im Verhalten der Frau auf eine plausible Weise und gibt so ihren Repliken innere Kohärenz.
Daß es auch ganz anders geht, beweist mein zweites Beispiel. Die Verfasserin hat in ihren Angaben zur Person die Frau u. a. so vorgestellt:

Die Frau, die dort in der Ecke steht, sie sieht mager aus, nein, nicht nur mager, richtig dürr ist sie. Ihre Augen sind zusammengekniffen, ihre Gesichtszüge hart, verbittert. Gelbsträhnig ist ihr Haar mit einem Knoten an den Kopf geklebt. Die Hände aufgerissen, zerknittert von der Arbeit. Sie arbeitet als Putzfrau. Immer den Dreck von den anderen wegmachen. Sie haßt ihre Arbeit. Und sie haßt auch das Leben. Die Frau, die dort in der Ecke steht.

Und so lautet der Untertext-Entwurf:

Aha, jetzt erwischt es ihn, unsern Herrn Nachbarn. Sie sind unten und holen ihn ab. Was sie wohl mit ihm machen werden?
Bewußtlos war er. Haben die ihn geschlagen? Oder ist er einfach vor Schreck in Ohnmacht gefallen? Dichter und Denker sollen ja so sensibel sein. Empfindsam. Da könnte es doch der Schreck gewesen sein. Oder? Nein, unser Staat sorgt für Recht und Ordnung.
Schau mich bloß nicht so unschuldig an. Du. Feigling. Ich weiß doch genau, wie du ihn angeschwärzt hast. Dieses Funkeln in deinen Augen. Nein, mein Lieber, ich kenn dich, zwanzig Jahre Ehe sind genug. Du bist und bleibst ein Waschlappen, sonst nichts. Steh doch wenigstens zu dem, was du tust...

Los, du Lügner! Geh auf die Wache. Oh, wie ich dich hasse. Nach Bier stinkst du auch schon wieder. Und dann kriechst du nachts zu mir ins Bett und stinkst. Als hätte ich tagsüber nicht genug Gestank in den Klos. Jede Nacht erinnerst du mich an diese Latrinen, und schwitzen tust du, wie ein Schwein. Ja, genauso bist du, wie ein Klo und wie ein Schwein. Du Feigling!
Warum mischt er sich in die Politik? Dieser Dichter, der Nachbar. Die Politik wird von den Politikern gemacht. Was geht uns das an? Der Führer gibt uns die Arbeit, die uns die Juden wegnehmen. Warum mischt er sich in die Politik? Wenn er arbeiten würde, wie ich, er hätte keine Zeit für sowas. Es geschieht ihm recht. Die werden ihm jetzt zeigen, was Sache ist. Vielleicht nimmt er dann mal eine Schaufel in die Hand. Es geschieht ihm recht...

Auch dieser ungemein suggestiv gezeichneten Frau macht eine Doppelbindung zu schaffen, allerdings eine mit negativen Vorzeichen. Sie haßt ihren Mann, aber auch ihren Nachbarn. Sie läßt sich die Gelegenheit nicht entgehen, dem Mann Vorwürfe zu machen, und empfindet gleichzeitig Genugtuung darüber, daß es den Nachbarn erwischt hat. Das ist gewagt, aber in sich stimmig; die geballte Ansammlung bösartiger Ressentiments in der Seele dieser Zukurzgekommenen erklärt die Widersprüchlichkeit ihres Verhaltens. Und man könnte sich sehr wohl denken, daß die szenische Realisierung dieses Konzepts etwas hermacht, vorausgesetzt, es findet sich eine Darstellerin, der man Verbitterung und aufgestauten Haß abnimmt. Sie müßte einen Satz wie „Er war schon bewußtlos, wie sie ihn aus der Wohnung geschleppt haben“ so aussprechen können, daß das Publikum heimlichen Genuß heraushört.
Mit dem Einblick in das Innere der zu Personen verwandelten Figuren schließt die Sequenz. Ihre einzelnen Schritte markieren Stationen des Lesens auf dem Wege zur Inszenierung. Dabei bieten die Schreibaufgaben Gewähr für eindringliches Lesen, denn das schreibende Lesen nötigt den Leser, all das aufzubieten, was ihm an Reflexion, Vorstellungskraft, Gefühl und Erfahrung zu Gebote steht.
Die Schreibform, die den Schlußpunkt der Sequenz setzt, verdient in einer Didaktik des Dramas besonderes Augenmerk, sie ist in mancherlei Hinsicht „ein Kapitel für sich“. Das folgende Kapitel trägt ihrer Sonderrolle Rechnung. Es geht darin um die Begründung einer Methode aus der Struktur des Unterrichtsgegenstandes: Die Schreibform Untertext soll aus den Eigentümlichkeiten der Gattung Drama abgeleitet werden. Das zurückliegende und die beiden kommenden Kapitel verstehen sich als Bausteine für eine – man erlaube mir die Zuspitzung – Schreibdidaktik des Lesens.

2.4 Die Arbeit mit Untertexten

2.4.1 „Was ist eigentlich der Untertext?“

Die Frage stammt von dem russischen Regisseur Stanislawski (1863–1938), auf den der Begriff Untertext zurückgeht. Stanislawski beantwortet sie so:

„Es ist das nicht offen ersichtliche, aber innerlich spürbare ‚geistige Leben der Rolle', das beständig unter den Worten des Textes strömt und sie unablässig rechtfertigt und belebt. Der Untertext vereinigt in sich die vielen verschiedenen inneren Linien der Rolle und des Stückes ..."[37]. Das Bild der „Linie" hat für Stanislawski besonderen Stellenwert, es steht für den Zusammenhang, den das Spiel herstellt (s. S. 24). „Unsere Kunst braucht", so sagt er andernorts, „... eine ununterbrochene Linie, ... nicht nur eine einzige, sondern einige Linien." „Diese Linien geben der darzustellenden Person Leben und Bewegung." Vorbild für den Spielzusammenhang ist das Kontinuum des Lebens: „In der realen Wirklichkeit wird diese Linie vom Leben selbst gesponnen", im Text dagegen setzt sie immer wieder aus, denn der Dramatiker „zeichnet diese Linie nicht durchgehend, nicht lückenlos für das ganze Leben der Rolle, sondern nur teilweise, mit großen Unterbrechungen ..."[38]. Aufgabe der Inszenierung ist es, die Lücken im Text aufzufüllen, sie schafft ein lebendiges Kontinuum, das sich nach außen hin als Spielhandlung darstellt. Der Untertext ist für Stanislawski gewissermaßen die Innen-Ansicht dieser Handlung. „Das, was wir im Bereich des Tuns die durchgehende Handlung nennen, bezeichnen wir auf dem Gebiet des Sprechens als Untertext."[39] Mit dem Untertext beantwortet sich der Schauspieler die Frage:

> „Welche Umstände im inneren Leben meines Geistes, welche meiner persönlichen lebendigen menschlichen Absichten, Wünsche, Bestrebungen, Eigenschaften, angeborenen Qualitäten und Mängel können mich, den Menschen und Künstler, dazu veranlassen, mich zu den Menschen und Begebenheiten des Stückes so zu verhalten, wie sich die von mir darzustellende handelnde Person zu ihnen verhält?"[40]

Inhalt des Untertextes sind „ganz konkrete Empfindungen, Absichten, Gedanken, Bestrebungen, Vorstellungen – visuelle, akustische und andere Sinneseindrücke"[41], dazu die Erinnerungen, „die unser emotionales Gedächtnis aufbewahrt"[42].

2.4.2 Nutzanwendungen für den Dramenunterricht

Stanislawskis Untertext-Begriff hat, das wird aus den Zitaten ersichtlich, den Charakter eines Konglomerats mit unscharfen Umrissen. Nicht zuletzt darauf beruht die Fruchtbarkeit und anhaltende Nachwirkung des Begriffs, und es verwundert nicht, daß die Anregungen für den Dramenunterricht, die sich auf ihn berufen, recht unterschiedlich ausfallen. Für Herta-Elisabeth Renk etwa meint Stanislawski damit „das Hinzudenken von Vorgeschichten, Motivationen, Querbeziehungen, Umständen mannigfacher Art, das sich am Text orientiert, ihn aber erst mit Fleisch umgibt"[43], also jene Äußerungsform des produktiven Lesens, die ich in den weiten Begriff der „Angaben zur Person" gefaßt habe (s. S. 68). Das Gegenstück dazu findet sich in der ‚Methodik Deutschunterricht Literatur', die 1979 von der Akademie der Pädagogischen Wissenschaften der DDR herausgegeben wurde. Dort heißt es u. a.: „Man kann das Auffinden des Untertextes mündlich, aber auch schriftlich üben. Wie das Ergebnis etwa aussieht, zeigt ein Beispiel aus dem Pionierstück ‚Das jüngste Gericht von Rasselbach' (...):

SPINNE: „Aktion einstimmig beschlossen."
SPUTNIK *(Untertext: So einfach ist das gar nicht):*
„Und wenn mich mein Vater nicht wegläßt?"
WINNETOU *(Untertext: Keine Angst):*
„Der geht heute zum Erntefest."
HANNE *(Untertext: Ist doch klar):*
„Kannst doch warten, bis er gegangen ist."
SPUTNIK *(Untertext: Da kennt ihr meinen Vater nicht):*
„Und wenn er mich einschließt?"
SPINNE *(Untertext: Nun hör endlich auf!):*
„Marschierst du ab durchs Fenster!"[44]

Der Untertext hat hier die Form unausgesprochener Zusätze zum Gesagten, in denen jeweils das Gemeinte zum Vorschein kommt. Er beliefert den Schauspieler mit Aussagen, die er gedanklich gegen die Repliken des Textes austauschen und an ihrer Stelle körpersprachlich ausdrücken kann. Text und Untertext stehen zueinander in einer paradigmatischen Beziehung, der Untertext hat seinen Ort „hinter" dem Text, während er von H.-E. Renk im Umfeld des Textes angesiedelt, also „neben" den Text plaziert und syntagmatisch mit ihm verknüpft wird. Die Stärke der paradigmatischen Konzeption liegt in ihrem konkreten Bezug zum Text, der Untertext lädt den Text mit Bedeutung auf, Wort für Wort. Ihre Schwäche: Der Untertext ist abgerissen und lückenhaft, paßt sich in seiner Struktur dem Text an, der von Stanislawski angestrebte Linien-Effekt bleibt aus. Es käme also darauf an, für den Untertext eine Form zu finden, die paradigmatisch und syntagmatische Elemente miteinander verbindet.

2.4.3 Zur Frage der Notierungsform

In der Theaterpraxis hat die Arbeit mit Untertexten (zumeist „Subtexte" genannt) längst ihren festen Platz. Im Zusammenhang dieses Kapitels geht es darum, den Untertext auch für den Literaturunterricht zu erschließen, er soll auf seine Eignung als Schreibform des Lesens geprüft werden. Zumindest eine Voraussetzung hat der Leser mit dem Inszenierenden gemeinsam. Frank Müller formuliert sie (1992) für den Schauspieler so:

„Anders als beim Sprechhandeln im wirklichen Leben, wo eine bestimmte kommunikative Absicht sich ihre sprachliche Form sucht, liegt im Theaterspiel die sprachliche Form bereits vor und bedarf der nachträglichen Legitimation durch eine Redeabsicht. Der Darsteller muß in eine ihm vorliegende Textäußerung die Veranlassung hineinempfinden, die ihn im realen Sprachhandeln zur Produktion eben jener Textäußerung veranlaßt hätte. Er gelangt über das Verstehen eines bereits fertigen Textes (also über eine zunächst analytische Leistung) zurück auf die Ebene eines ‚Untertextes', muß aber im Spiel den Eindruck erwecken, als veranlasse ihn der ‚Untertext' zur spontanen Produktion des Stücketextes."[45]

Auch der Leser geht den Weg vom Text zum Untertext, von der gedruckten Äußerung zur gedachten und empfundenen Veranlassung. Und wer mit Martin Walser der Auffassung ist, das Lesen sei „nur eine andere Art von

Schreiben“[46], dem stellt sich die Frage, wie denn die Schreibform aussehen könnte, mit der sich der Untertext festhalten läßt. Frank Müller macht dazu, ausgehend von einer Dialogpassage bei Botho Strauß, verschiedene Vorschläge. Ich beschränke mich auf diejenigen, die noch vor der Erprobung im darstellenden Spiel liegen, mithin auch für einen Nur-Leser praktikabel sind. Der Text der Dialogpassage lautet:

I Violett ja
II Violett-
I Nee so hell mehr so lila
II Grün mit nem Stich blau
I Lila ja
II Lila, fast violett[47]

Müller empfiehlt zunächst den Weg der Analyse, „z. B. die Segmentierung in kommunikativ zusammenhängende Sequenzen oder die Untersuchung der Wortwahl, welche Gesprächsstruktur vorliegt“. Und zur Frage der Notierung führt er aus:

„Die Resultate einer solchen Analyse lassen sich in Form knapper Anmerkungen auf dem Textblatt anbringen [...], mit denen sich nicht der Anspruch verbindet, einen psychologisch echten Untertext darzustellen, die aber auch in ihrer indirekten, beschreibenden Form dabei helfen können, den kommunikativen Vorgang besser zu durchdringen. Diese Beschreibung der kommunikativen Struktur besitzt den Charakter einer detailliert erweiterten Regieanweisung, die entlang des Textes entweder in der herkömmlichen Form (3. Person / Singular im Präsens) oder einfach mit qualifizierenden Nominalphrasen anzumerken wäre.“

Müllers Beispiel dafür sieht so aus:

I fragt vorsichtig (vorsichtige Frage)
II antwortet mit Bestimmtheit (bestimmte Antwort)
I hält vorsichtig dagegen (vorsichtiger Einwand)
II verbessert entschieden (entschiedene Verbesserung)
I versucht vorsichtig, die eigene Position zu etablieren (vorsichtiger Durchsetzungsversuch)
II kommt I mit Einschränkung entgegen (eingeschränktes Entgegenkommen)[48]

Nach diesem Vorschlag erfolgt der Zugriff auf den Untertext in der Sprache der *Interpretation*, die Notierung eröffnet den Versuch eines Lesers, sich im Rahmen der Inszenierungsarbeit mit anderen Lesern über den Text zu verständigen – ein Stück Lesegespräch (s. S. 23).
Müllers anschließende Vorschläge führen in eine andere Richtung. Er knüpft damit an die Unterscheidung „zwischen *indirekten* und *direkten* Sprechakten an, wobei man unter letzteren solche versteht, bei denen die Redeabsicht des Sprechers mit dem grammatischen Charakter der Äußerung (z. B. Fragesatz, Aufforderungssatz o. ä.) im Einklang steht oder gar mit Hilfe der von Austin als *performativ* bezeichneten Verben (z. B. fragen, auffordern o. ä.) expliziert wird (‚Hiermit frage ich dich, ob...‘)“. Für die sprachliche Notierung ergibt sich daraus:

„Der Darsteller könnte, um an seinen spielgestaltenden Untertext zu gelangen, den fertigen Dialog, von dem er ja auszugehen hat, im linguistischen Sinne präzisieren, d. h. er könnte den sprachlichen Äußerungen eine Gestalt geben, in welcher die illokutionäre Komponente eindeutiger hervortritt – sei es in grammatisch verdeutlichter (A), sei es in explizit performativer Form (B) [...].

A: I Violett soll deine Jacke sein?
II Ja, sie ist violett.
I Vielleicht ist sie doch eher heller, eher – lila.
II Nein, sie ist grün mit einem Stich blau.
I Also – sie ist lila.
II Na ja lila, aber fast violett.

B: I Ich möchte dich fragen, ob deine Jacke wirklich, wie diese Schlampe es eben gesagt hat, violett ist.
II Ich bestätige dir hiermit eindeutig, daß es so ist.
I Ich möchte doch einwenden, daß ich sie eher für lila halte.
II Das weise ich zurück. Sie ist grün mit einem Stich blau.
I So halte ich meine Auffassung eigentlich für bestätigt, daß die Jacke lila ist.
II Ich gestehe dir ja zu, daß sie lila ist, ich möchte allerdings einschränken: Sie ist fast violett.“[49]

Die beiden letzten Vorschläge laufen auf die *Konkretisation* des Textes hinaus. Der Leser erweitert den Text, formuliert Zusätze, äußert sich in der Rolle der dramatischen Figuren, nicht als Interpret. Unverkennbar ist allerdings, daß es sich dabei um die *zweite* Konkretisation handelt. Die Arbeit des Interpretierens ist geleistet, der Leser, der sich danach aufs neue in den Text hineinbegibt, tut es nicht mehr spontan, seine Konkretisation des Textes ist durch seine Interpretation vermittelt, ist reflektiert (s. S. 54). Müllers konkretisierende Fassungen des Untertextes setzen dessen Notierung in der Sprache der Interpretation voraus.

Die Frage ist, ob das so sein muß. Sie stellt sich auch dem, der den Schritt zur zweiten Konkretisation gutheißt und für ergiebig befindet, zumal dann, wenn der Leseprozeß auf eine Inszenierung zuläuft. Warum lassen Müllers Vorschläge trotzdem ein Unbehagen zurück? Es gründet sich darauf, daß er die Stufe der ersten Konkretisation ganz einfach überspringt. Von spontanen und intuitiven Zugriffen auf den Untertext will Müller nichts wissen, er hält die Vorstellung für abwegig, „es existiere im Bewußtsein des Darstellers unterhalb der Textebene ein konkret ausformulierter, abrufbarer Text, der kommunikative Absichten und Reaktionen zum Inhalt hat“[50]. Müller begründet seine Einschätzung mit Erfahrungen aus der Regiearbeit:

„Diese Vorstellung führt bei Darstellerübungen manchmal zu dem Versuch, vom Darsteller, nachdem man ihn im Spiel unterbrochen hat, seinen augenblicklichen Untertext zu erfahren. Was denkst du jetzt gerade? Die Antwort, sofern der Unterbrochene nicht allzu perplex ist und stumm bleibt, dürfte im allgemeinen eher den Rang eines nachträglichen Kommentars haben als tatsächlich eine mentale Unterströmung verbalisieren.“[51]

Dem läßt sich eine Sentenz aus berufenem Munde entgegenhalten: „In unserer Sprache gibt es immer einen Hintergedanken, einen verborgenen Un-

tertext." Der Satz stammt von L. S. Wygotski, dem Begründer der Theorie von der inneren Sprache. Wygotski versteht Stanislawskis Arbeit mit Untertexten als Versuch, „das hinter jeder Äußerung stehende Denken und Wollen aufzudecken"[52].
In einem Punkt freilich hat Müller recht: Der Untertext ist kein „konkret ausformulierter, abrufbarer Text". Für Wygotski hat die innere Sprache einen durchaus eigenständigen Charakter, es ist eine „Sprache für den Sprechenden selbst"[53], mit eigenem Wortschatz, eigener Syntax, für den Außenstehenden „unverständlich, bruchstückhaft und verkürzt"[54]. Das allein erklärt zur Genüge, daß die von Müller zitierte Frage „Was denkst du jetzt gerade?" den Befragten nicht selten fürs erste sprachlos macht. Daraus allerdings zu folgern, daß nicht ausformuliert werden darf, was von Haus aus nicht ausformuliert ist, wäre ein Trugschluß. Warum läßt man dem Angesprochenen nicht die Zeit, mit sich selbst ins reine zu kommen? Warum läßt man ihn nicht den Weg von der inneren zur äußeren Sprache gehen? Oder anders gefragt: Warum läßt man ihn nicht schreiben?
Wygotskis Konzept der inneren Sprache hat besonderen Widerhall in der sogenannten Schreibbewegung gefunden, die in den 80er Jahren aufkam. Sie ist auf der Suche nach Schreibformen, die „Kontakt zur inneren Sprache" halten[55]. Einer ihrer Vertreter, Wilhelm Gößmann, plädiert für „spontanes literarisches Schreiben". Dabei setze sich das „persönliche Ich" gegen das angepaßte „soziale Ich" durch[56], erhalte sich „eine große Nähe zur inneren Sprache"[57].

2.4.4 Der innere Monolog

G. Lange zählt zu den gesuchten Schreibformen auch den inneren Monolog[58], und der scheint in der Tat die Schreibform zu sein, die dem Untertext am nächsten kommt. Nach Stanislawski ist der Untertext etwas, was „unter den Worten des Textes strömt" (s. S. 78), sein Bild erinnert nicht von ungefähr an die Bewußtseinsstrom-Technik modernen Erzählens, die von Doris Stephan so beschrieben wird:

> „Das Fluktuieren des Bewußtseins wird zu einem Fluktuieren der Sprache. Es spiegelt sich in Sprachduktus, Wortschatz und Optik. Die logische Gliederung der Perioden wird überspült; Satzschlüsse und markante Pausen werden zur Seltenheit, denn der fast ausschließlich parataktische Stil läßt sich beliebig, ja endlos weiterspinnen. Dieser formalen Kontinuität steht inhaltlich eine Sprunghaftigkeit gegenüber, deren Ursache die assoziierende Gedankenbildung ist. So folgen zwar die Gedanken so gut wie ohne Unterbrechung aufeinander, sie strömen; ihr logisches Gefüge aber erscheint gelockert, und als syntaktisches Äquivalent bilden sich eine Reihe rhetorischer Figuren (Ellipse, Anapher, Parenthese, Anakoluth usw.), die unmittelbarer Ausdruck dieser gedanklichen ‚Brüchigkeit' sind."[59]

Bei alledem handelt es sich, wie gesagt, um eine *Technik* des Erzählens, mithin um etwas Analysierbares, Beschreibbares und schließlich auch Anwendbares, kurzum: etwas Erlernbares. Und es gibt den inneren Monolog in vielerlei Abstufungen, bald näher an der inneren, bald näher an der äußeren

Sprache, bald kunstvoll, bald kunstlos und für jedermann zu handhaben. In jedem Fall bietet der innere Monolog die Chance „intuitiven Schreibens“[60], der spontanen Konkretisation einer literarischen Figur.

Die Gesetze, denen der innere Monolog folgt, sind schnell gefunden. Ich greife, um diese Behauptung zu belegen, auf ein Unterrichtsbeispiel zurück, das ich bereits andernorts dargestellt habe.[61] Es ist von Klasse 9 an praktikabel und gibt den Schülern Gelegenheit, ihr Vorwissen über die Schreibform innerer Monolog in einer Eigenproduktion zu erkunden. Das Thema lautet: „Ein Familienvater liest beim Frühstück die Zeitung.“ Die inneren Monologe werden in Gruppen ausgearbeitet, jede Gruppe erhält ein Exemplar einer Lokalzeitung mit der ausdrücklichen Auflage, die Zeitung als Fundgrube für Zitate zu nutzen, die den Vorgang des Lesens spiegeln (so, wie der innere Monolog einer Dramenfigur den Gang eines Gesprächs spiegelt). Man soll dem inneren Monolog entnehmen können, wie der Mann seine Zeitung liest, ob er lediglich die Schlagzeilen überfliegt und bei sich kommentiert, ob er beim Sportteil anfängt oder gar zuerst die Todesanzeigen studiert.

Auf zwei Ebenen dringt Realität in das Bewußtsein des Zeitungslesers ein: die über das Medium Zeitung vermittelte Außenwelt und die um den Frühstückstisch versammelte familiäre Realität. Beides vermengt sich und führt zu Gedankensprüngen, Erinnerungen drängen sich dazwischen („Mit dem waren wir doch damals in Rimini.“). Es zeigt sich, daß die innere Sprache ihre eigenen Gesetze hat. Ein Satz wie „Meine Frau hat den Kaffee wieder einmal zu stark gemacht“ ist unzulässig, er wendet sich in informierender Absicht an einen Dritten. Es muß heißen: „Gerda hat den Kaffee zu stark gemacht“ oder, besser noch: „Sie hat den Kaffee zu stark gemacht“. Denn wer mit sich selbst redet, hat es nicht nötig, den Gegenstand, von dem er redet, ausdrücklich zu bezeichnen. Er kennt ihn ja und kann folglich das Subjekt seines Satzes auf ein Minimum zurückstutzen, das Pronomen. Die „Tendenz zum prädikativen Charakter“, die Wygotski der inneren Sprache nachsagt[62], macht sich also auch im inneren Monolog bemerkbar, wenigstens spurenweise. Das gilt übrigens auch für den Satz: „Meine Frau kann immer noch nicht kochen!“, der wie ein gewöhnlicher Satz der äußeren Sprache daherkommt, bestehend aus einem „Teil, mit dem zum Ausdruck gebracht wird, wovon die Rede ist“, und dem „Teil, mit dem darüber etwas gesagt wird“[63]. Im inneren Monolog wird der erste Teil überflüssig. Wenn er trotzdem stehen bleibt, bekommt er einen anderen Sinn, einen mit versteckt-prädikativem Charakter. Der zitierte Satz wäre dann etwa so zu verstehen: „Sie kann immer noch nicht kochen. Und das will meine Frau sein!“ Wie aber steht es mit dem Satz: „Meine Frau sieht eigentlich noch ganz gut aus“? Er ist denkbar, dient aber im inneren Monolog nicht der Information eines Dritten, sondern drückt einen Verfremdungseffekt aus – einen Augenblick lang sieht der Mann seine Frau mit den Augen des Dritten. Aufforderungen wie „Ach, halt doch den Mund!“ verändern im inneren Monolog ihre Funktion; an die Stelle des unterdrückten Appells tritt der Ausdruck, die Entlastung von Affekten. Zu allem hin ist die innere Sprache ungesittet, sie nimmt keinerlei Rücksicht. Der Mann nennt seine Frau ohne weiteres eine „blöde Ziege“, auch wenn ihm dieser Ausdruck im ehelichen Dialog nie über die Lippen kommen würde.

Die Schüler begreifen solche Gesetzmäßigkeiten rasch und handhaben sie mit Geschick und oft verblüffender Treffsicherheit. Es geht um die Darstellung spießiger Mentalität, und die ist den meisten vertraut. Zudem macht die Sache Spaß, es wird viel gelacht, bei der Arbeit, beim Vorlesen. Und wenn auch das, was dabei herauskommt, selten einmal „große Kunst“ ist, so ist doch der Beweis erbracht, daß die von der modernen Erzählkunst geschaffenen Techniken der Bewußtseinsdarstellung erlernbar sind.

Als Schreibform des Dramenunterrichts hat der innere Monolog einen unschätzbaren Vorzug; er verbindet Nähe zum Leser mit Nähe zum Text und verwirklicht damit wie keine andere Schreibform den Grundgedanken des leserorientierten Literaturunterrichts.

2.4.5 Auffinden oder Entwerfen?

Man erinnere sich: In der zitierten Methodik aus der DDR war vom „Auffinden des Untertextes“ die Rede (s. S. 79). Das ist eine erstaunliche Formulierung, sie unterstellt, daß der Untertext etwas ist, was dem Text von seinem Verfasser ein für allemal unterlegt worden ist, ein fester und unabänderlicher Bestandteil des Textes, dessen Existenz vom Leser unabhängig ist. Auch bei Stanislawski klingt diese Auffassung immer wieder an, er spricht davon, daß jeder dramatische Text „seinen“ Untertext habe: „Der Sinn eines Werkes liegt in seinem Untertext.“[64]

Inzwischen jedoch hat das Theater die Fremdheit zwischen Spieler und Rolle entdeckt, man hat gelernt, die unüberbrückbare Differenz zwischen Text und Leser zu veranschlagen. Der Glaube an den einen, ein für allemal gültigen Untertext ist dahin und mit ihm die Erwartung, dieser Text lasse sich „auffinden“. Ueli Bachmann formuliert es so:

> „Jedem Satz des zunächst immer fremden und historischen Textes muß ein ganz persönlicher und gegenwärtiger Subtext unterlegt werden. Sucht man für diesen Subtext dann einen prägnanten Ausdruck, orientiert man sich an den selbst erfahrenen Situationen, in denen solche Subtexte angesiedelt waren, und konfrontiert die so gefundenen Szenen wieder mit der literarischen Vorlage, dann wird diese bildhaft und erneut wahr“.[65]

Die Annäherung zwischen Spieler und Rolle vollzieht sich demnach in Entwürfen. Dabei bleibt bis zuletzt ein Rest von Fremdheit und Konfrontation bestehen; er ist es, der das Spiel „bildhaft“ und „wahr“ macht, ihm Lebensechtheit, Unverwechselbarkeit und einen individuellen Charakter gibt.

Eines muß man indes der traditionellen Auffassung zugute halten. Der Glaube an den auffindbaren Untertext entspricht und entspringt dem ureigenen Interesse des Theaters an einer für die Inszenierung verbindlichen Lesart. Nicht von ungefähr bevorzugt das Theater für den Untertext Notierungsformen, die interpretierenden Charakter haben oder der Phase der zweiten Konkretisation entstammen (vgl. die Vorschläge Frank Müllers).

Dahinter steckt, so darf man vermuten, eine Neigung, die der Inszenierung hinderlichen Unterschiede zwischen den spontanen Konkretisationen des Textes einzuebnen.
Wer den Untertext als Methode des Lesens einsetzt, ist von solchen Zwängen frei, die Vielfalt individueller Ausprägungen kann ihn nicht schrecken. Die Schreibform des inneren Monologs kommt dem entgegen; sie erlaubt emotionales und expressives Schreiben. Der innere Monolog kann spontan gehalten sein, muß es aber nicht. Je nach Temperament des Schreibers kann er auch ein hohes Maß an Überlegung in sich aufnehmen und auf diese Weise Züge der zweiten Konkretisation tragen. In jedem Fall wird er individuell ausfallen, kein Entwurf gleicht dem andern.
Auffinden oder Entwerfen? Die Frage scheint beantwortet. Bei näherem Hinsehen jedoch kommt neue Verunsicherung auf. Da stellt sich heraus, daß sich beispielsweise in Ueli Bachmanns Plädoyer für den „persönlichen und gegenwärtigen" Untertext der Begriff des „Findens" versteckt, die Rede ist von den in der Biographie des Schauspielers „gefundenen Szenen", die in den Untertext eingehen. Also doch Auffinden? Der Unterschied liegt auf der Hand: Fundort ist im einen Falle der Text, im andern das emotionale Gedächtnis des Lesers. So gewendet, besagt der Begriff des Auffindens, daß der Leser im Umgang mit dem Text zu sich selbst findet.

2.4.6 Untertexte im Text

Der innere Monolog als Schreibform des Dramenunterrichts verbindet Nähe zum Leser mit Nähe zum Text – das ist eine der Thesen dieses Kapitels. Für die Nähe zum Text steht der Nachweis noch aus. Ich will ihn führen, indem ich zunächst verfolge, wie die Erzählform innerer Monolog im Bereich der dramatischen Formensprache wurzelt. Daß dies so ist, darauf macht allein schon der Begriff Monolog aufmerksam. Aufzuzeigen ist, daß sich das Drama von zwei Seiten her dem inneren Monolog annähert: Es bildet *Vorformen* aus und eröffnet *Leerformen*, in denen der innere Monolog Platz hat.
Ich beginne mit einem Exkurs über den Monolog im Drama und diesen wiederum mit einem Gedankenexperiment. Man stelle sich im Publikum einer Aufführung von Goethes Schauspiel ‚Iphigenie auf Tauris' einen Zuschauer vor, der zwar hervorragend Deutsch versteht, aber aus einem anderen Kulturkreis kommt, zudem literarisch nicht gebildet ist und zum ersten Mal ein europäisches Drama erlebt. Man hat ihm zuvor erklärt, was ein Drama ist, er ist auf eine „bewußte Nachahmung menschlicher Interaktion" eingestellt (so die Definition des Dramas bei H. E. Renk[66]). Nun also sitzt er erwartungsvoll im Publikum, der Vorhang öffnet sich, Iphigenie tritt auf und spricht ihren Eingangsmonolog:

Heraus in eure Schatten, rege Wipfel
Des alten, heil'gen, dichtbelaubten Haines,
Wie in der Göttin stilles Heiligtum,
Tret' ich noch jetzt mit schauderndem Gefühl,
Als wenn ich sie zum erstenmal beträte ...[67]

Der Fremdling, so steht zu vermuten, käme aus dem Staunen nicht mehr heraus. Denn die junge Frau, die da auftritt, verhält sich reichlich merkwürdig. Sie teilt den Bäumen mit, daß sie jetzt in ihren Schatten trete, und wendet sich dabei, den Blick nach oben gerichtet, ganz speziell an die Wipfel. Ohne daß irgend jemand zugegen wäre, erzählt sie dann von ihrer Lebensgeschichte und fängt schließlich auch noch damit an, in der freien Natur laut zu beten. Unweigerlich würde der Besucher zu der Erkenntnis gelangen, daß hier offenbar eine hochgradig gestörte Person dargestellt werden soll, eine notorische Lautdenkerin mit seltsamen Allüren. Einem solchen Fremdling müßte sich, um M. Pfister zu zitieren, „die ganze illustre Gesellschaft klassischer Dramenhelden als eine Galerie pathologisch verhaltensgestörter Individuen darstellen“[68].

Man muß also, will man diesem Mißverständnis entgehen, einschlägig gebildet sein, muß wissen, daß es sich um einen Monolog handelt, noch dazu um einen klassischen. Und der klassische Monolog ist, wie Pfister es nennt, „konventionell“[69], er beruht auf einer stillen Übereinkunft zwischen Autor und Publikum. Man hat sich darauf verständigt, das laute Denken der Bühnenfiguren nicht als pathologische Erscheinung anzusehen, hat es in den Rang eines Normalfalls erhoben. Das Verrückte ist damit zurechtgerückt, man billigt der auf der Bühne dargestellten Realität ihre eigenen Gesetze zu.

Seit es das Drama gibt, gibt es solche Konventionen, sie haben ihren Ursprung in der Eigentümlichkeit der Gattung. Nach einer lapidaren Unterscheidung der Gattungen, die sich auf Plato beruft, spricht in der Lyrik „nur der Dichter selbst“, sprechen in der Epik „sowohl der Dichter wie auch die Figuren“, im Drama dagegen „nur die Figuren“[70]. Für den dramatischen Dichter gilt also eine Art Redeverbot, er darf sich nicht selbst äußern, darf seinem Publikum keine direkten Mitteilungen zukommen lassen. Das ist eine Beschränkung, die zuweilen wehtut, gleich zu Beginn beispielsweise, wenn das Stück losgehen soll. Wie kann ein Dichter, dem der Mund verschlossen ist, sein Publikum mit den Informationen versorgen, die es braucht? Zwei weitere Probleme gesellen sich im Laufe des Stücks dazu. Wie kann der Dramatiker, da er doch selbst nicht sprechen darf, dem Publikum seine Meinung über das Dargestellte kundtun? Und wie kann er zeigen, was seine Figuren denken und fühlen, aber nicht aussprechen?

Eine Antwort auf alle drei Fragen lautet: im Monolog. Der Monolog ist der Schleichweg, auf dem der Dramatiker das über ihn verhängte Redeverbot umgeht. Dieser Schleichweg führt durch das Revier des Epikers, in dem der Dramatiker ganz ungeniert wildert. Was er von dort mitnimmt, ist der Einblick und Überblick, der eigentlich dem Erzähler vorbehalten ist. Beides läßt sich dem Publikum über den Monolog vermitteln; den Überblick gibt der informierende, den Einblick der „bewußtseinserschließende“ Monolog[71].

Der Monolog ist eine heimliche Anleihe des Dramatikers beim Epiker, heimlich deswegen, weil die Adressierung an das Publikum, zumindest im klassischen Monolog, vertuscht wird. Für die aus dem Tempel hervortreten-

de Iphigenie ist das Publikum nicht vorhanden. Der Autor gibt seiner Figur auf dem Weg zur Bühne Botschaften mit, von denen sie nichts weiß.
Eine Nähe zum inneren Monolog besteht allerdings nur im Falle des bewußtseinserschließenden Monologs, der den Dramenfiguren Gelegenheit bietet, „ihr Innenleben zum Ausdruck zu bringen“[72]. Auch Iphigenies Eingangsmonolog weist solche Partien auf, sie geben wie der innere Monolog einen – fast – unverstellten Einblick in die Seele der Protagonistin, die für den dramatischen Dialog kennzeichnende Spannung zwischen dem Gesagten und dem Gemeinten scheint zu entfallen. Ich sage „fast“ und „scheint“, denn, bei Lichte besehen, ist es mit der „strategischen Unverzerrtheit“[73] dieser Monologe dann doch wieder nicht so weit her. Es kommt vor, daß der Monolog die Züge eines „inneren Dialogs“ annimmt[74] (diesen Begriff benützt übrigens auch Wygotski[75] für die innere Sprache) und sich dann beispielsweise durchaus auch eines diplomatischen Sprachgebrauchs bedient. Wenn Iphigenie sagt:

„Ich rechte mit den Göttern nicht; allein
Der Frauen Zustand ist beklagenswert“[76],

so widerlegt ihr zweiter Satz den ersten. Aber sie wagt es nicht, sich offen dazu zu bekennen, daß sie mit den Göttern hadert, nicht vor den Göttern, nicht vor sich selbst. Dennoch gilt, daß im Innenleben-Monolog wie im inneren Monolog die Spannung zwischen Gesagtem und Gemeintem auf das unerläßliche Minimum zusammenschrumpft; die Gedanken der Figur erscheinen „im Klartext“.
Dem Untertext-Monolog am nächsten kommt jene Spielart des dramatischen Monologs, die man „Binnenmonolog“ genannt hat[77]: monologische Einsprengsel in den Dialog, die der Verarbeitung und Vorbereitung dialogischer Repliken dienen. Als Pylades Iphigenie bei ihrer ersten Begegnung vom Schicksal der Eroberer Trojas erzählt, sagt diese:

„Er schweigt von meinem Vater, nennt ihn nicht
Mit den Erschlagnen. Ja! er lebt mir noch!
Ich werd ihn sehn. O hoffe, liebes Herz.“[78]

Ihre Worte sind nicht an Pylades gerichtet. Wären sie es, so müßte man die Sprecherin grober Unhöflichkeit bezichtigen. Sie macht ihren Gesprächspartner zum Gesprächsgegenstand, redet mit sich selbst, redet sich schließlich sogar selbst an („liebes Herz“), und das in einer Sprache, die für Pylades so unverständlich ist, wie es die Gefühle sind, die Iphigenie äußert (z. B. weiß Pylades nicht, von wem sie als „von meinem Vater“ spricht). Soll man sich diese Verse beiseite gesprochen denken? Auffallend ist jedenfalls, daß Pylades in seiner „Antwort“ nicht darauf eingeht, zumindest nicht direkt, denn dann müßte er nach Iphigenies Vater fragen. Pylades scheint Iphigenies Verse überhört zu haben, er fährt, syntaktisch an seine letzte Replik anknüpfend, in seiner Erzählung fort, als hätte sie nichts gesagt. Iphigenies Binnenmonolog ist demnach ein offengelegter Untertext, vernehmbar nur für das Pubikum, nicht für den Gesprächspartner. Seine sprachliche

Formung entspricht dem, sie ist emotional, expressiv und unverständlich. Die Vorform kommt in diesem Falle dem Untertext-Monolog so nahe, daß der verbleibende Rest-Unterschied zu vernachlässigen ist.
Den offengelegten Untertext gibt es in zwei Varianten. Das zitierte Beispiel ist ein *Zuhörer-Untertext*, er dient der Verarbeitung des Gehörten, nicht der Vorbereitung des Gesprochenen. Ein offengelegter *Sprecher-Untertext* findet sich beispielsweise in der entscheidenden Szene des Dramas, als Iphigenie sich dazu durchringt, dem König die Wahrheit zu offenbaren. Sie entscheidet sich in einem Binnenmonolog, den sie mit der Frage „Hat denn zur unerhörten Tat der Mann / Allein das Recht?“ beginnt und mit einem Gebet beschließt: „Allein euch leg ich's auf die Kniee! . . .“[79] Erst mit den Worten „Ja, vernimm, o König, . . .“ kehrt Iphigenie in den Dialog zurück.
Binnenmonologe sind für Iphigenie charakteristisch; ja, sie bilden geradezu ihr Markenzeichen (vgl. 867–869, 1039–1049, 1317–1331). Iphigenies Eigenart ist es, auch in Gesellschaft laut zu denken. Das mag eine Folge ihrer Introvertiertheit sein, sie ist als Priesterin gewohnt, mit den Göttern Umgang zu pflegen, und läßt auch im Gespräch nicht davon ab. Darüber hinaus enthüllt Iphigenie in ihren offengelegten Untertexten den Gesprächspartnern, was in ihrem Inneren vor sich geht, und bedeutet ihnen: Ich habe keine Geheimnisse vor euch.
Aber das Drama kennt nicht nur den offengelegten Untertext; es zeigt auch Untertexte an, ohne sie auszuführen. Das sprachliche Signal dafür sind Szenenanweisungen, die den Sprechern eine Pause vorschreiben. Solche Pausen sind in der Regel Leerstellen, die mit Untertexten zu füllen sind: vom Sprecher, vom Publikum, vom Leser. Auch sie sind ein Beleg dafür, wie sehr die Aufgabe, Untertexte zu formulieren, dem Drama gemäß ist. Die im dramatischen Text angezeigten Untertexte sind ein Fingerzeig darauf, wo der Leser mitgestalten soll; die offengelegten Untertexte zeigen, wie er es tun kann.
Beide Formen des dramatischen Untertextes, der offengelegte und der angezeigte, finden sich in der genannten Schlüsselszene der ‚Iphigenie auf Tauris‘ auf engstem Raume beieinander. Dem soeben zitierten Binnenmonolog Iphigenies geht die Szenenanweisung voraus: „nach einigem Stillschweigen“ (1891 f.).
Das Nebeneinander von angezeigtem und offengelegtem Untertext verleiht der ganzen Szene eine neue Dimension. Drei Textebenen heben sich darin voneinander ab:

- der Text, der in den Repliken des Dialogs erscheint;
- der offengelegte Untertext, greifbar in Iphigenies Binnenmonolog;
- ein verdeckter Untertext, annonciert durch Iphigenies „Stillschweigen“.

Auf Iphigenies Eigentümlichkeit des „lauten Denkens“, die dem Bedürfnis nach Offenlegung ihrer geheimsten Gedanken zu entspringen scheint, fällt plötzlich ein anderes Licht. Es gibt neben und hinter dem lauten Denken noch ein Reservat des Unausgesprochenen, d. h. aber auch einen Raum für Hintergedanken. Dem Leser ist es aufgetragen, diesen Raum zu vermessen.

2.4.7 Die Untertext-Methode, punktuell eingesetzt

Die Aufgabe, Iphigenies Stillschweigen in Form eines inneren Monologs zu konkretisieren, führt zu höchst aufschlußreichen Ergebnissen – sie enthüllt an einem einzigen Punkt das Gesamtverständnis des Dramas. Denn wie der Leser diese Leerstelle im Text auffüllt, hängt von seiner Auffassung Iphigenies ab. Meine Beispiele stammen aus einem Grundkurs der Jahrgangsstufe 12, sie umreißen den Gegensatz zweier Lesarten. Ihr Anknüpfungspunkt ist die Äußerung von Thoas, die dem Stillschweigen vorausgeht:

Landsleute sind es? und sie haben wohl
Der Rückkehr schönes Bild in dir erneut? (1890f.)

Iphigenies unausgesprochene Reaktion auf diese Frage wird von dem einen Schüler so gestaltet:

„Er hat recht. Ich habe das Bild meiner Heimat in mir wiederentdeckt. Aber kann er mir das verübeln? Ich habe ja schon gesagt, daß ich hier eine Fremde bin. Orest und Pylades haben mir wieder die Hoffnung gegeben, daß ich nach Griechenland zurückkehren kann. Und dieses Gefühl kann mir selbst Thoas nicht nehmen. Ich bin ein zartes Weib, auch ich habe meine Empfindungen. Aber dennoch kenne ich meine Verpflichtungen gegenüber Thoas. Er hat mir sehr viel gegeben. Es ist wohl besser, wenn ich ihm den ganzen Betrug verrate. Vielleicht läßt er uns dann frei gehen, denn Thoas ist ein Edelmann."

Zum Vergleich der Untertext-Entwurf einer Mitschülerin:

„Ja, da hat er recht. Mein größter Wunsch wäre es, endlich wieder zu Hause zu sein. Doch wie schaff ich es, von Thoas loszukommen? Mir ist jedes Mittel recht, ihn zu verlassen. Aber wie sage ich's ihm, ohne ihn wütend zu machen? Vielleicht sollte ich erst einmal versuchen, Thoas zum Nachdenken zu bringen und ihn zu überzeugen; schließlich ist er auch nur ein Mensch. Aber ich darf nicht weich werden, sondern muß meine Frau stellen. Hart bleiben heißt jetzt die Devise."

Auffallender noch als die inhaltlichen Unterschiede ist die Verschiedenheit des Stils. Im ersten Entwurf liegt der unausgesprochene Monolog etwa auf der Linie des ausgesprochenen, auch im Sprachgebrauch. Iphigenie könnte getrost äußern, was sie denkt, ohne damit den König zu verletzen. Es handelt sich um „Vorgedanken": Vorüberlegungen zum offengelegten Untertext; Iphigenie denkt zuerst „auf Konzept", was sie nachher „ins reine" sprechen wird.

Im zweiten Entwurf dagegen sind „Hintergedanken" formuliert, die nicht für Thoas Ohren bestimmt sind. Der unausgesprochene Monolog unterscheidet sich auch in der Wortwahl und im Sprachgebrauch vom ausgesprochenen, zwischen beiden verläuft ein Knick. Iphigenies vermeintlich „lautes Denken" erscheint als strategisch kalkuliert – die schöne Utopie der Wahrhaftigkeit, der sie nachzuleben scheint, bekommt einen häßlichen Kratzer ab.

Was der punktuelle Entwurf von Untertexten für das Textverständnis leistet, demonstriere ich an einem weiteren Beispiel.

In Schillers Drama ‚Die Piccolomini' gibt es eine Episode, in der das Wichtigste ungesagt bleibt und doch einige Augenblicke lang beklemmend gegenwärtig ist, Augenblicke der angespannten Stille. Der kaiserliche Rat Questenberg hat Wallenstein verschiedene Eigenmächtigkeiten vorgeworfen und ist im Begriffe, einige kaiserliche Weisungen vorzutragen, die auf eine schrittweise Entmachtung des Feldherrn hinauslaufen. Wallenstein hat zu diesem Gespräch einen ausgewählten Kreis von Generalen zugezogen. Für ihn hängt alles davon ab, wie sich seine hohen Offiziere im sich abzeichnenden Loyalitätskonflikt verhalten werden, allen voran Max Piccolomini, dem er eine Schlüsselrolle zugedacht hat. Questenberg bringt ein heikles Thema zur Sprache:

QUESTENBERG: Der Kaiser hat auch schon dem Oberst Suys
  Befehl geschickt, nach Bayern vorzurücken.
WALLENSTEIN: Was tat der Suys?
QUESTENBERG: Was er schuldig war.
  Er rückte vor.
WALLENSTEIN: Er rückte vor! Und ich,
  Sein Chef, gab ihm Befehl, ausdrücklichen,
  Nicht von dem Platz zu weichen! Steht es so
  Um mein Kommando? Das ist der Gehorsam,
  Den man mir schuldig, ohne den kein Kriegsstand
  Zu denken ist? Sie, meine Generale,
  Seien Richter! Was verdient der Offizier,
  Der eidvergessen seine Ordre bricht?
ILLO: Den Tod!
WALLENSTEIN *(da die übrigen bedenklich schweigen, mit erhöhter Stimme):*
  Graf Piccolomini, was hat er
  Verdient?
MAX *(nach einer langen Pause):* Nach des Gesetzes Wort – den Tod!
ISOLANI: Den Tod!
BUTTLER: Den Tod nach Kriegesrecht!
  (Questenberg steht auf. Wallenstein folgt, es erheben sich alle.)
WALLENSTEIN: Dazu verdammt ihn das Gesetz, nicht ich!
  Und wenn ich ihn begnadige, geschiehts
  Aus schuldger Achtung gegen meinen Kaiser.
QUESTENBERG: Wenns so steht, hab ich hier nichts mehr zu sagen.
WALLENSTEIN: Nur auf Bedingung nahm ich dies Kommando;
  Und gleich die erste war, daß mir zum Nachteil
  Kein Menschenkind, auch selbst der Kaiser nicht,
  Bei der Armee zu sagen haben sollte.[80]

Dem kurzen Wort Max Piccolominis geht eine „lange Pause" voraus. Ein Versuch, sie in Worte zu fassen, könnte ganz unterschiedlich ausfallen.

Zum Beispiel so:
Du willst mich auf die Probe stellen, mein General, ich kenne dich. Soll ich jetzt vielleicht, ohne mich auch nur ei-

Oder so:
Habe ich richtig gehört? Will er tatsächlich das Kriegsrecht gegen den Kaiser anwenden? Das gibt es doch nicht! Er

nen Augenblick zu besinnen, „Den Tod!" brüllen wie dieser Illo? Oh nein! Ich weiß, du willst keine Marionetten um dich herum haben, du brauchst Freunde, die dich verstehn. Natürlich wirst du den Suys nicht hinrichten lassen, das wäre ja der helle Wahnsinn, es wäre Rebellion. Aber man muß diesen Hofschranzen doch zeigen, was sie sich dir gegenüber herausnehmen. Wenn es nach Recht und Gesetz ginge, hätte der Suys sein Leben verspielt, und die in Wien hätten ihn auf dem Gewissen. Aber er hat Glück, er hat dich zum Feldherrn, und dein Wort steht über dem Gesetz.

weiß doch selbst, daß der Kaiser sein Dienstherr ist. Der Kaiser hat ihm das Kommando übertragen, das stimmt. Aber so war das doch nie und nimmer gemeint. Der General beruft sich auf den Wortlaut des Vertrags und des Kriegsrechts. Aber er muß doch wissen, daß er damit gegen den Geist des Gesetzes verstößt! Ich muß ihn warnen.

Man prüfe, wie sich die beiden Untertext-Entwürfe auf die nachfolgende Replik auswirken, und man wird zu dem Ergebnis kommen, daß sie den Akzent jeweils unterschiedlich festlegen. Im einen Fall sagt Max „Nach des *Gesetzes* Wort", im andern müßte er sagen „Nach des Gesetzes *Wort*". Und je nach Betonung erscheint Maxens Beziehung zu Wallenstein in einem anderen Licht. Das eine Mal sieht er ihn zwar im Recht, vertraut aber der Loyalität des Generals zum Kaiser; das andre Mal hat er das Gefühl, daß Wallenstein die Dinge auf die Spitze treibt und dabei ist, sich ins Unrecht zu setzen. Das Beispiel zeigt die Leistung von Untertexten. Der Untertext verringert die Ambivalenz des Textes, dem er zugesetzt wird, legt seine Bedeutung fest. Und er deutet den Text auf seine Weise: nicht durch begriffliche Interpretation, sondern dadurch, daß er ein Bild des Sprechers entwirft und Gefühle wie freundschaftliche Wärme oder kühle Distanz artikuliert.

Wie kann man im Unterricht mit solchen Untertext-Zusätzen umgehen? Im vorliegenden Fall liegt es nahe, die vorformulierten Varianten auszugeben, nach ihrer Auswirkung auf die Intonation und schließlich nach der „richtigen" Betonung zu fragen. Will man aber die Untertexte durch die Schüler entwerfen lassen, so empfiehlt es sich, die beiden Betonungsvarianten „Nach des *Gesetzes* Wort / Nach des Gesetzes *Wort*" vorzugeben. Indem die Schüler – arbeitsteilig – den zu jeder Variante passenden Untertext konstruieren, arbeiten sie den Bedeutungsunterschied heraus. Wenn sie, was auch denkbar wäre, den Untertext ohne lenkende Vorgabe formulieren, steht in diesem Fall zu erwarten, daß das Spektrum der Lösungen nicht so breit ausfällt, wie es der Text zuläßt.

Das Beispiel verkörpert den Sprecher-Untertext in seiner syntagmatischen Spielart, die Bedeutung des Textes ergibt sich aus dem Zusammenhang mit dem vorausgehenden Untertext. Anders dagegen sieht es bei der folgenden Textstelle aus Schillers ‚Maria Stuart' aus, die dem Streitgespräch der Königinnen vorausgeht. Elisabeth hat soeben den Park von Fotheringhay betreten und sagt, um zu erklären, warum sie „in diesem stillen Park" Zuflucht sucht:

Mein gutes Volk liebt mich zu sehr. Unmäßig,
Abgöttisch sind die Zeichen seiner Freude,
So ehrt man einen Gott, nicht einen Menschen.[81]

Der Replik geht eine Szenenanweisung voraus, die ihren Sinn verändert: „Sie fixiert mit den Augen die Maria, indem sie zu Paulet weiter spricht." Auch hier zeigt der Autor einen Untertext an, eine Leerstelle, die sich aus der Spannung zwischen Replik und Szenenanweisung ergibt. Haupttext und Nebentext fügen sich zu einem komplexen Zeichen (s. S. 28) zusammen, dessen Entschlüsselung dem Leser aufgetragen ist. Ich habe zu dieser Stelle in einer Klasse 10 einen Untertext in Form eines an Maria gerichteten inneren Monologs schreiben lassen und, um den Einstieg zu erleichtern, dessen Anfang vorgegeben: „Jetzt hör einmal genau zu, du da drüben ..."[82] Eine Schülerin fährt so fort:

„damit du's genau weißt, ich bin beliebt, du nicht. Mein ganzes Volk liebt mich. Wer liebt schon dich? Ich bin eben eine gute Königin zu meinem Volk. Als ob ich ein Gott wäre, ehren sie mich. Wurdest du etwa schon einmal so geehrt? Hier bin ich die Königin, du bist ein Nichts!"

Die Schreiberin hat begriffen, daß Elisabeth offenkundig etwas anderes meint, als sie sagt. Sie scheint das Volk seiner Maßlosigkeit wegen zu tadeln, und so soll es Paulet auch verstehen. In Wahrheit aber rühmt sie sich selbst gegenüber Maria, sie ruft in dem Augenblick, da sie sich mit Maria messen soll, – wie zu ihrem Beistand – jenen Gesichtspunkt auf, worin sie sich der gefürchteten Rivalin mit Sicherheit überlegen weiß.
Auch dieser Untertext legt die Bedeutung des Gesagten fest, aber er steht zum Text in einer Beziehung der Austauschbarkeit. Es ist ein paradigmatischer Untertext, sein Gegenstand sind die „Hintergedanken" der sprechenden Figur, nicht – wie im syntagmatischen Untertext – deren „Vorüberlegungen".
Mit meinem dritten Beispiel möchte ich zeigen, daß sich mit der punktuellen Anwendung der Untertext-Methode auch die Struktur eines dramatischen Dialogs erschließen läßt. Wiederum greife ich auf einen Text von Schiller zurück, diesmal aus ‚Don Carlos'; es ist die große Szene zwischen dem König und Marquis Posa (III,10)[83]. Die beiden Gesprächspartner gehen mit ganz unterschiedlichen Konzepten in diese Unterredung hinein, obwohl es so scheint, als hätten sie ein gemeinsames Anliegen. Beiden ist es um die „Wahrheit" zu tun: Der König sucht jemanden, der ihm die Wahrheit sagt (2820: „Ich brauche Wahrheit"), der Marquis ist entschlossen, „eine Feuerflocke Wahrheit" in „des Despoten Seele" zu werfen (2969f.). Und doch liegen die Motive der beiden weit auseinander. Der König leidet an Einsamkeit, sieht sich von Höflingen umgeben, die ihm nach dem Munde reden. Er sehnt sich nach einem unverstellten Menschen, nach Aussprache; der Begriff der Wahrheit verbindet sich für ihn mit dem Gedanken an Freundschaft. Für den Marquis dagegen ist dieser Begriff ein Instrument des politischen Kampfes, die „Feuerflocke", mit der sich vielleicht der reinigende

Brand entfachen läßt. Posas Interesse am Gespräch ist strategisch, das Interesse des Königs dagegen kommunikativ.
Man kann dieses Gespräch mit der Frage angehen, welche Rolle darin die Unterbrechungen des Dialog-Zusammenhanges spielen, die Pausen, das Beiseitesprechen. Dabei fällt auf, wie unterschiedlich sich im Laufe des Gesprächs die Pausen auf die Dialogpartner verteilen. Zuerst ist es der Marquis, der immer wieder stockend spricht und Pausen macht. Dann aber redet er sich in Feuer, und der König setzt dem Redefluß des Gegenübers seine Pausen entgegen.
Ich habe dazu Schülern der Jahrgangsstufe 12 die Aufgabe gestellt, sich eine dieser Pausen auszusuchen und in einen Untertext zu übersetzen, gesondert für den Marquis und den König. Der Vergleich der Entwürfe brachte ein überraschend klares Ergebnis: Die Untertexte des Marquis sind typische Sprecher-Untertexte, die des Königs dagegen ganz überwiegend Zuhörer-Untertexte. Ich erläutere den Unterschied an einigen Beispielen (ohne allerdings über die Schüler-Entwürfe zu verfügen). In der Frühphase des Gesprächs findet sich folgende Passage (3001–3008):

MARQUIS: (...) Ich fühle
Mit demutsvoller Dankbarkeit die Gnade,
Die Eure königliche Majestät
Durch diese stolze Meinung auf mich häufen;
Doch – (*Er hält inne*)
KÖNIG: Ihr bedenket Euch?
MARQUIS: Ich bin – ich muß
Gestehen, Sire, sogleich nicht vorbereitet,
Was ich als Bürger dieser Welt gedacht,
In Worte Ihres Untertans zu kleiden. –

Szenenanweisung, Satzbau und Gedankenstriche kennzeichnen die Redeweise des Marquis, seine Worte sind von Pausen durchsetzt. Warum er ins Stocken gerät, sagt er selbst. Die Avancen des Königs treffen ihn unvorbereitet, er fürchtet, nicht die richtigen Worte zu finden, und spielt auf Zeitgewinn. Einige Zeit später, nachdem er dem König vorsichtigen Einblick in seine Gedankenwelt gewährt hat, fragt der: „Bin ich der erste, / Der Euch von dieser Seite kennt?“ Und der Marquis antwortet: „Von dieser – / Ja!“ (3082–3084). Wiederum stockt er, der Gedankenstrich zeigt es an. Die Frage des Königs hat ihn in eine schwierige Lage gebracht. Er darf nicht zugeben, daß er sich längst schon dem Prinzen anvertraut hat. In Sekundenbruchteilen faßt er den Entschluß, den König zu belügen – vielleicht auch, weil er spürt, daß Philipp genau das, was er sagen wird, hören will und der Marquis sich folglich Vorteile davon erhoffen kann.
Die Pausen des Marquis sind, das zeigen die beiden Beispiele, Augenblicke des vorausschauenden Bedenkens, der Gesprächsplanung, es sind die Denkpausen des Strategen. Anders die Pausen des Königs, die ich gleichfalls mit zwei Beispielen vorstelle. Das erste ist die Reaktion des Königs auf Posas Forderung: „Geben Sie / Gedankenfreiheit – (*Sich ihm zu Füßen werfend*)

König *(überrascht, das Gesicht weggewandt und dann wieder auf den Marquis geheftet):*
Sonderbarer Schwärmer
Doch – stehet auf – ich –
Marquis: Sehen Sie sich um
In seiner herrlichen Natur! Auf Freiheit
Ist sie gegründet... (3215–3219)

Jetzt ist es der König, der stockt. Aber anders als dem Marquis geht es ihm nicht um Zeitgewinn. Es sind Gefühle von Betroffenheit, die sich in seinen Pausen Luft verschaffen. Verwunderung geht in Verwirrung über, und in einer jähen Aufwallung von Respekt erträgt er es nicht mehr, daß Posa vor ihm kniet. Wenig später hat er seine Fassung wiedergewonnen, die Nachdenklichkeit ist ihm geblieben. Auf die flammenden Appelle des Schwärmers antwortet der König „nach einem großen Stillschweigen":

Ich ließ Euch bis zu Ende reden – Anders,
Begreif ich wohl, als sonst in Menschenköpfen
Malt sich in diesem Kopf die Welt – auch will
Ich fremdem Maßstab Euch nicht unterwerfen.
Ich bin der erste, dem Ihr Euer Innerstes
Enthüllt. Ich glaub es, weil ich's weiß. (3253–3258)

Auch wenn er sich täuscht und täuschen läßt, Philipp vertraut dem Marquis. Das macht ihn ruhig, befreit ihn zum Nachdenken. Und er kommt im Laufe seines Stillschweigens dahin, daß er dem Marquis das Recht auf seine Denkweise zugesteht, obwohl er dieser Denkweise nicht recht gibt und als König auch nicht recht geben kann.
Die Untertexte des Königs offenbaren die Gedanken und Gefühle eines Zuhörenden. Sie gleichen darin seinen gelegentlichen Anmerkungen, die Schiller mit der Szenenanweisung „vor sich" kennzeichnet oder in Klammern setzt. Eine dieser Anmerkungen lautet: „Bei Gott / Er greift in meine Seele!" (3121 f.). Es ist ein offengelegter Untertext, er zeigt einen Erschütterten, einen, der bereit ist, sich ansprechen zu lassen.
Beim Vergleich der Untertexte schneidet der Marquis schlecht ab: ein Ergebnis, das in eigentümlichem Gegensatz zu anderen Aspekten des Gesprächs steht. Es rückt den Verfechter der Menschenrechte ins Zwielicht und adelt seinen Widerpart. Die Schüler stoßen darauf, indem sie arbeitsteilig einzelne Mosaiksteinchen formen und diese anschließend zu einem Gesamtbild zusammensetzen.

2.4.8 Der lineare Untertext

Wenn die Aufgabe, für eine Dramenfigur einen Untertext zu formulieren, sich auf eine längere Textpartie erstreckt, verändert sie ihren Charakter. Der Untertext übernimmt eine Fülle von Funktionen, läßt sich nicht mehr auf die Lösung eines bestimmten, klar umrissenen Problems ansetzen, nicht mehr auf ein eindeutiges Merkmal festlegen. Unberührt bleibt davon allerdings die Funktion, Zusammenhänge herzustellen. Der Untertext zieht – im

Sinne Stanislawskis – eine durchgehende Linie, wo der Text nur Gestricheltes anbietet. Gegenüber dem punktuellen Untertext hat der lineare den Vorzug, daß er dem Schreiber mehr Spielraum öffnet für Gestaltung und Entfaltung.

2.4.9 Die Textvorlage

Mein Beispiel für die Arbeit mit linearen Untertexten entstammt wiederum Brechts Szenenfolge über ‚Furcht und Elend des Dritten Reiches'. Textgrundlage ist Szene 16[84]:

Winterhilfe

Die Winterhelfer treten
Mit Fahnen und Trompeten
Auch in das ärmste Haus.
Sie schleppen stolz erpreßte
Lumpen und Speisereste
Für die armen Nachbarn heraus.

Die Hand, die ihren Bruder erschlagen
Reicht, daß sie sich nicht beklagen
Eine milde Gabe in Eil.
Es bleiben die Almosenwecken
Ihnen im Halse stecken
Und auch das Hitlerheil.

Karlsruhe, 1937. In die Wohnung einer alten Frau, die mit ihrer Tochter am Tisch steht, bringen zwei SA-Leute ein Paket der Winterhilfe.

DER ERSTE SA-MANN: So, Mutter, das schickt Ihnen der Führer.
DER ZWEITE SA-MANN: Damit Sie nicht sagen können, er sorgt nicht für Sie.
DIE ALTE FRAU: Danke schön, danke schön. Kartoffeln, Erna. Und ein Wolljumper. Und Äpfel.
DER ERSTE SA-MANN: Und ein Brief vom Führer mit was drinnen. Machen Sie mal auf!
DIE ALTE FRAU *öffnet den Brief:* Fünf Mark! Was sagst du jetzt, Erna?
DER ZWEITE SA-MANN: Winterhilfe!
DIE ALTE FRAU: Da müssen Sie aber auch ein Äpfelchen nehmen, junger Mann, und Sie auch. Weil Sie das gebracht haben und sind die Stiegen hochgeklettert. Andres hab ich ja nicht da. Und ich nehm auch gleich einen.
Sie beißt in einen Apfel. Alle essen Äpfel, außer der jungen Frau.
DIE ALTE FRAU: Nimm doch auch einen, Erna, steh nicht so rum! Jetzt siehst du doch, daß es nicht so ist, wie dein Mann sagt.
DER ERSTE SA-MANN: Wie sagt er denn?
DIE JUNGE FRAU: Gar nichts sagt er. Die Alte quatscht bloß.
DIE ALTE FRAU: Nein, das ist auch nur Gerede von ihm, nichts Schlimmes, wissen Sie, was eben alle so reden. Daß die Preise ein bißchen hochgegangen sind in der letzten Zeit. *Sie deutet mit dem Apfel auf ihre Tochter.* Und sie hat ja auch tatsächlich aus dem Haushaltungsbuch ausgerechnet, daß sie hundertdreiundzwanzig Mär-

ker mehr gebraucht hat für Essen in diesem Jahr als im vorigen. Nicht, Erna? *Sie sieht, daß die SA-Leute das anscheinend krumm genommen haben.* Aber das ist ja nur, weil so aufgerüstet wird, nicht? Was ist denn? Hab ich was gesagt?

DER ERSTE SA-MANN: Wo verwahren Sie denn das Haushaltungsbuch, junge Frau?

DER ZWEITE SA-MANN: Und wem zeigen Sie denn das Haushaltungsbuch alles?

DIE JUNGE FRAU: Es ist nur zu Hause. Ich zeig es niemand.

DIE ALTE FRAU: Das können Sie ihr doch nicht übelnehmen, daß sie ein Haushaltungsbuch führt, nicht?

DER ERSTE SA-MANN: Und daß sie Greuelmärchen verbreitet, das können wir wohl auch nicht übelnehmen, was?

DER ZWEITE SA-MANN: Und daß sie besonders laut Heil Hitler gerufen hätte bei unserm Eintritt, hab ich auch nicht gehört. Hast du?

DIE ALTE FRAU: Aber sie hat Heil Hitler gerufen, und ich sage es auch. Heil Hitler!

DER ZWEITE SA-MANN: Das ist ja ein nettes Marxistennest, wo wir da reingestochen haben, Albert. Das Haushaltungsbuch müssen wir mal näher bekieken, kommen Sie gleich mit uns, wo Sie wohnen.

Er packt die junge Frau am Arm.

DIE ALTE FRAU: Aber sie ist doch im dritten Monat! Sie können doch nicht ... das tun Sie doch nicht! Wo Sie doch das Paket gebracht haben und die Äpfel angenommen haben. Erna! Sie hat doch Heil Hitler gerufen, was soll ich nur machen. Heil Hitler! Heil Hitler!

Sie erbricht den Apfel. – Die SA-Leute führen ihre Tochter ab.

DIE ALTE FRAU *sich weiter erbrechend:* Heil Hitler!

Thema der Szene ist das Eindringen des totalitären Staates in die Privatsphäre: Zwei SA-Leute, kenntlich durch Uniformen, betreten „die Wohnung einer alten Frau“. Alles läßt sich harmlos an, der Staat präsentiert sich vorerst freundlich und wohltätig. Aber als sie sich gereizt fühlt, läßt die Staatsmacht plötzlich ihre Maske fallen und reißt die Familie auseinander. Am Ende der Szene ist der Unterschied zwischen privatem und öffentlichem Raum aufgehoben, wird die junge Frau für Äußerungen haftbar gemacht, die sie innerhalb ihrer Familie getan hat.

Aufgabe der Schüler ist es, für diese junge Frau einen durchgehenden Untertext zu entwerfen. Die Lösungsarbeit beginnt mit der eingehenden Befragung des Textes: Wer ist Erna? Was sagt sie? Was tut sie? Welche Rolle spielt sie im Gespräch?

Um mit dem letzteren anzufangen: Eine bewährte Methode zur Ermittlung der Struktur von „Mehrgesprächen“ (Dialogen, an denen mehr als zwei Figuren beteiligt sind) ist das Anrede-Soziogramm. Die Figuren werden schematisch dargestellt und durch Pfeile miteinander verbunden. Jede direkte Anrede einer Figur durch eine andere wird durch einen Strich auf dem Pfeil markiert, am Schluß wird zusammengezählt.

Die Aufgabe bringt einen bedeutsamen Zweifelsfall ans Licht. Direkte Anreden lassen sich im allgemeinen an zwei Merkmalen eindeutig festmachen, dem Gebrauch der grammatischen Personen und der Nennung von Namen. Darüber hinaus gibt es Repliken, denen man, ohne daß sie als direkte Anreden gekennzeichnet sind, dennoch die Ausrichtung auf einen ganz bestimmten Gesprächspartner anmerkt – der Charakter der Anrede ergibt sich aus dem Gesprächszusammenhang. Ein Problem wirft dagegen die nachstehende Sequenz von Repliken auf:

DIE ALTE FRAU: Erna, steh nicht so rum! Jetzt siehst du doch, daß es nicht so ist, wie dein Mann sagt.
DER ERSTE SA-MANN: Wie sagt er denn?
DIE JUNGE FRAU: Gar nichts sagt er. Die Alte quatscht bloß.

Zweifelsfrei ist, daß sich die alte Frau an ihre Tochter wendet, und auch die Antwort der jungen Frau ist eindeutig an den SA-Mann gerichtet. Wie aber steht es mit der Frage des SA-Mannes? Sie könnte ebensogut der Mutter wie der Tochter gestellt sein. Verhört der SA-Mann die junge Frau, oder sucht er die Gesprächsgemeinschaft mit der Mutter, auf deren Spitzeldienste hoffend? Im letzteren Fall wäre die schroffe Antwort der Tochter als Versuch zu verstehen, die Mutter aus der Gesprächsgemeinschaft mit dem Frager hinauszustoßen und die Frage auf sich zu ziehen.
Von allen Beteiligten ist die alte Frau die gesprächigste, sie wendet sich den andern ständig zu, fünfmal allein ihrer Tochter. Die junge Frau ist so frei, ihre Anreden nicht zu erwidern, ein Indiz dafür, daß es mit der Autorität der Mutter nicht mehr weit her ist: Die Tochter wahrt zu ihr offenbar eine ähnliche Distanz wie zu den SA-Leuten. Sie steht außerhalb des Gesprächs und verharrt dort trotz aller Versuche der Mutter, sie in die Gesprächsgemeinschaft hineinzuziehen. Als sie, mehrfach durch die SA-Leute angesprochen, endlich in das Gespräch eingreift, ist es bereits zu spät; sie hat keinen Einfluß mehr auf den weiteren Gang der Dinge. Die andern sprechen jetzt über sie, als stünde sie nicht dabei, und als der zweite SA-Mann schließlich zupackt, wird sie vollends zum Objekt – erst redet, dann verfügt man über sie. Der verzweifelte Anruf der Mutter („Erna!") scheint sie nicht mehr zu erreichen.
Ist Erna eine Widerstandskämpferin? Manche Schüler neigen dazu, sie so zu sehen, verführt durch die Rede des zweiten SA-Mannes vom „Marxistennest", auch durch Ernas betonte Distanz zu den ungerufenen Besuchern. Aber wenn das so wäre, dann müßte die junge Frau mit Blindheit geschlagen sein und mit Dummheit dazu. Der gänzliche Mangel an Vorsicht, der ihr Verhalten kennzeichnet und ihr schließlich zum Verhängnis wird, ist ein verläßliches Zeichen dafür, daß es nicht so sein kann. Da gibt es keinerlei Tarnung, weder gegenüber der Mutter noch gegenüber den SA-Leuten. Erna ist nicht unpolitisch, sie steht dem Nationalsozialismus reserviert gegenüber und macht keinen Hehl daraus. Aber sie ist nicht politisch genug, um sich politisch gewitzt zu verhalten, sie kennt das Risiko nicht, auf das sie sich einläßt. Alles spricht dafür, daß die Mutter mit ihrer Auskunft recht hat, Ernas Mann sage nur das, „was eben alle so reden". Erna und ihr Mann verkörpern demnach ein Stück Normalität; ihre Stimme ist die des „kleinen Mannes" unterm Hakenkreuz. Wer Erna als Widerstandskämpferin mißversteht, bringt die Szene um ihren inneren Widerspruch und ihren Leser um seine Herausforderung. Der Widersinn geht verloren, der darin liegt, daß es

genügt, normal zu sein, um sich verdächtig zu machen – der Text wird platt und eingängig.

2.4.10 Zwei Entwürfe im Vergleich

Ich komme zu meinen Beispielen. Für die äußere Anlage der Schüler-Entwürfe hat sich die Zweispaltigkeit bewährt. In einer schmalen linken Spalte werden in weiträumiger Anordnung Stichworte aus dem Text festgehalten, die Bezugspunkte für den Untertext, dem die breite rechte Spalte überlassen ist.
Hier ein Auszug aus der Arbeit einer Schülerin der Klasse 10:

Text	*Untertext*
Wie sagt er denn?	Zuerst geben sie einem die so gepriesene „Winterhilfe", und dann wollen sie langsam mehr über seine eigenen Gedanken wissen.
Gerede von ihm	Gerede. Für die ist doch Gerede nicht gleich Gerede, bei denen ist alles gegen Hitler gleich Hochverrat.
Haushaltungs-buch	Man hat ja nun mal seine Ordnung, sonst verliert man ja den Überblick, z. B. darüber, daß die Preise hochgehen, verdammt noch mal. Man sagt einfach zuviel, wenn man sich so freut, und wenn man dann auch noch merkt, daß man zuviel gesagt hat, dann sagt man meistens noch mehr.
wem zeigen Sie	Allen, die so denken, wie man nicht denken sollte.
Greuelmärchen	Es ist ein Greuel, aber kein Märchen. Man muß feine Unterschiede machen.
Heil Hitler	Wenn man nicht so denkt, wie man denken sollte, dann sagt man auch nicht so laut Heil Hitler.
Aber sie hat ...	Wenn man dann wirklich (...) zuviel gesagt hat, dann versucht man, das zuviel Gesagte durch noch mehr Gesagtes wieder gut zu machen, und das macht es dann meistens noch viel schlimmer.
Marxistennest	Völker, höret die Signale ...
dritten Monat	Ja, wenn man mitgenommen wird und auch noch schwanger ist, dann kann schon ein Kind weniger auf die Welt kommen, das nicht so denkt, wie es sollte.
erbricht	Zuerst bringen sie einem die so gepriesene Winterhilfe, und dann nehmen sie einen mit.
Heil Hitler	Heil Rosa Luxemburg!

Die Verfasserin macht Erna zur überzeugten Marxistin und damit ihren Fall zum Sonderfall. Das mag noch hingehen, es liegt immerhin im Bereich des Möglichen. Seltsam dagegen mutet die sprachliche Tonlage des Untertextes an. Ihr Markenzeichen ist das unpersönliche Pronom „man", ihr Grundzug eine geradezu exzessive Verallgemeinerung. Ob Erna an sich selbst denkt oder ihre Mutter, alles gerät ihr zur überpersönlichen Sentenz und kommt dazuhin vorzugsweise auf den Stelzen weitgespannter Wenn-dann-Konstruktionen daher. Dazu paßt, daß der Untertext als durchgehender Kommentar angelegt ist. Selbst als sie angepackt und abgeführt wird, steht Erna innerlich immer noch neben sich und kommentiert das Geschehen zwar mit bitterer Ironie, aber von höherer Warte. Der Untertext ist vom Text *abgehoben*.

Derlei Abgehobenheit verträgt sich nur ausnahmsweise mit dem Charakter des dramatischen Untertextes. In der Regel sind Text und Untertext so eng miteinander *verwoben*, daß sich manche ihrer Merkmale einander angleichen. Ich greife zwei Eigentümlichkeiten der dramatischen Figurenrede heraus, die dem zitierten Entwurf offensichtlich abgehen: Situationsgebundenheit und Richtungsvielfalt.

Die dramatische Figurenrede ist, von wenigen Ausnahmen abgesehen, in der konkreten Situation verankert, in der sie geäußert wird.[85] Sprachlicher Ausdruck dieser Verankerung sind die Zeigewörter, sprachgewordene Gesten, mit denen die Figuren sich selbst und ihren Standort in Raum und Zeit in ihre Rede einbeziehen, wenn sie z. B. „ich" und „du" sagen, „hier" und „dort", „jetzt" und „damals". Die Verschränkung von Wort und Welt erlaubt eine verkürzte Redeweise; was von den Sprechern wahrgenommen wird, muß nicht benannt werden, die Situation spricht für sich. Man erinnere sich an die letzten Sätze von Schillers Wallenstein-Trilogie. Gordon nimmt den Brief für Octavio mit den Worten entgegen: „Das ist das kaiserliche Siegel." Subjekt dieses Satzes ist ein Requisit, das mit dem Demonstrativpronomen „Das" zwar gezeigt, aber nicht benannt wird; nur ein Augenzeuge versteht, was gemeint ist. Der letzte Satz des Dramas ist, was die Syntax anbelangt, gar nur noch ein Bruchstück, ein isoliertes Dativ-Objekt: „Dem *Fürsten* Piccolomini." Trotzdem ist mit diesem Fragment alles gesagt, weil sich das übrige aus der Situation ergibt. Man hat beobachtet, daß die Sprache des Dramas arm an Adjektiven ist; Statistiker haben in Dramentexten durchschnittlich nur 11,2 Adjektive auf 100 Verben ausgemacht, in Romantexten sind es 35,2. Auch dieser Befund erklärt sich aus der Situationsgebundenheit dramatischer Sprache: „Das Wahrnehmbare bedarf keiner Beschreibung, wie sie Adjektive bieten."[86]

Die Tendenz zu situationsverschränkter und folglich restringierter Redeweise ist im Untertext womöglich noch ausgeprägter als im Dialog. Sprecher und Angesprochener sind eins, beide wissen, wovon die Rede ist; genaue Benennungen oder gar Beschreibungen sind nicht erforderlich. Die Situationsgebundenheit der Figurenrede wird verstärkt, sie vermengt sich mit dem prädikativen Charakter der inneren Sprache.

Auch das zweite Merkmal des linearen Untertextes, das ich herausstellen möchte, hängt damit zusammen, daß Text und Untertext miteinander verwoben sind. Der dramatische Dialog ist nach Mukařovsky „ein Sich-Durchdringen und Sich-Lösen von mehrerlei, wenigstens zweierlei Kontexten".[87] Für die einzelne Replik ist demnach eine mindestens „doppelte Rück-Sicht" kennzeichnend[88], der Sprecher setzt damit seine eigene Rede fort und greift zugleich die Reden der anderen auf. Und wie das so ist: „Gegenüber den Worten eines anderen sind der Assoziationsspielraum und der Anreiz, ihn zu nützen, allemal größer als in der eingeschlagenen Bahn eigenen Redens."[89]

Auch im Monolog macht sich das Zusammenwirken mehrerer Kontexte bemerkbar. Mukařovsky weist nach, „daß auch in der Rede einer einzelnen Figur sich mehrere Kontexte durchdringen und ablösen können“, es kommt dann zu „semantischen Richtungsänderungen“[90]. Für den inneren Monolog als Sprachform des Untertextes gilt das in ganz besonderem Maße. Zumindest soweit er linear angelegt ist, wird der Untertext vom Text laufend mit neuen Kontexten beliefert, muß laufend neue Kontexte aufnehmen und verarbeiten und darüber hinaus die Beiträge des Sprechers zum Dialog nach- und vorbereiten. Aus der Vielfalt der Aufgabenstellung ergibt sich für den Untertext das Merkmal der *Richtungsvielfalt.* Der lineare Untertext hat *rückwärtsgerichtete* Funktion, wenn er das Nach-Denken der Figur über vorausgegangene Äußerungen artikuliert, die eigenen und die fremden. Er ist *vorwärtsgerichtet*, wenn er das Künftige bedenkt, wenn es darum geht, was zu tun und was zu sagen ist. Er ist schließlich *partnergerichtet* und gegenwartsbezogen, wenn er sich zur unausgesprochenen Anrede eines Gegenübers wandelt (wobei sich der Sprecher auch selbst zum Gegenüber werden kann). Der Untertext übernimmt reflexive, expressive und (im Sinne von Selbstaufforderungen) appellative Funktionen, ist zugleich Sprecher- und Zuhörer-Untertext.

Daß Schüler sehr wohl imstande sind, diese Fülle von Aufgaben zu meistern, soll der nachstehende Entwurf dokumentieren. Er stammt von einer Schülerin der Jahrgangsstufe 12.

Text	*Untertext*
zwei SA-Leute	Nur nicht aufschauen. Erna, schau nicht auf! Mir wird übel, wenn ich die zwei da stehen sehe. Meine Knie zittern. Sie sind ekelhaft.
Damit sie nicht sagen können ...	Ja, ganz schnell eine „alte, dumme Mutter“ bestechen, daß sie die ganze Scheiße hier gut findet. Wer sorgt sich denn um sie? Dieser etwa? Alte Leute mit Kartoffeln und Äpfeln bestechen! Meine Mutter einfach „Mutter“ nennen, unverschämt, wie sie sind.
	Ich muß ja wohl kurz auf das Paket schauen, ihr zuliebe. Los schau, ihr zuliebe!
Fünf Mark!	Oh, Mama. Verstehst du denn gar nicht, was sie da mit dir machen? Bist du wirklich schon so alt, daß du diese Falschtuerei nicht merkst? Warum freust du dich denn über die lächerlichen fünf Mark? Bist du so naiv geworden? Bedenk doch, was er uns alles dafür angetan hat. Was ist mit deinem Sohn denn geschehen?
Winterhilfe!	Winterhilfe. Scheißhilfe. Im Sommer geht's auch nicht besser.
Alle essen	Da stehen sie jetzt alle und fressen auch noch ihre Äpfel weg. Ihre Hilfe, die fressen sie jetzt selber. Warum gibt sie auch noch von dem, was sie selber brauchen würde!
	Wenn sie mir jetzt auch noch einen anbietet ...
	Ich würde keinen 'runterkriegen. Keinen Bissen, er würde mir im Hals stecken bleiben. Ich würde dran ersticken.

Nimm doch auch einen ...	
... dein Mann ...	Das kann doch nicht wahr sein! Hat sie wirklich „dein Mann“ ...? Wie kann sie nur sowas jetzt sagen? Du kannst doch nicht Egon mit hereinziehen. Wieso hast du das gesagt? Jetzt ist es aus. Wie soll ich mich ...?
Die Alte ...	Mein Herz. Mir wird schlecht. „Die Alte“ hab ich gesagt. Mama, verzeih mir, das war nicht bös gemeint. Mutter, Mama, Mutter, Mama, nicht Alte, wirklich nicht, nicht Alte, ehrlich.
nur Gerede	Sag jetzt nichts Falsches mehr. Wenn du jetzt was Falsches sagst, dann ...
Märker	Nein, nein, jetzt ist es aus. Wie kann man nur so blöd sein? Verstehst du denn gar nichts? Wie kannst du nur über Geld reden? Wie kann ich mich da jemals rausreden? Es ist aus. Du hast zuviel gesagt, Mama, ich spür es. Du hast deine eigene Tochter ausgeliefert. Deine Tochter. Jetzt hast du gar niemanden mehr. Halt jetzt deine Klappe, es reicht, es ist aus.
nicht übelnehmen ...	Halt dich jetzt raus. Du machst alles nur noch schlimmer. Das Haushaltsbuch. Die wollen das sehen. Bestimmt wollen sie das. Wenn die das sehen. Aber ich hab es auch gar niemandem gezeigt, oder? Die Preise sind gestiegen, das weiß doch jeder. Ich brauch es gar niemand zu zeigen. Jeder weiß es. Am allerbesten ihr selber.
	Ich habe Angst.
Aber sie hat ...	Nein, Mama, hab ich nicht. Ich hab nicht, Mama, tut mir leid. Jetzt haben sie einen Grund. Jetzt bin ich verdächtig. Ich kann das Wort „Hitler“ nicht mehr hören, geschweige denn aussprechen. Ich kann nicht laut „Heil Hitler“ sagen. Ich kann nicht arschkriechen und mich ducken. Ich will es nicht. Ich habe vorhin nur leise „Guten Tag“ gesagt.
	Ich hätte es sagen sollen. Meinem Kleinen, im Bauch, wenigstens wegen ihm.
er packt ...	Ich wußte es. Sie brauchen das. Sie leben von dem, was sie jetzt mit mir machen. Sie brauchen Verdächtige. Mein Kind! Mein armes Kind.
im dritten Monat	Auf Wiedersehen, Mama. Ja, mein Kind –
	Mama, es nützt nichts mehr. Sei jetzt endlich ruhig. Schrei nicht mit „Heil Hitler“. Damit machst du alles noch schlimmer. Du hast mich verdächtig gemacht.
	Mama, ich verzeih dir. Es wird alles wieder gut werden. Hoffentlich.

In diesem Entwurf kommt alles vor: kritische Kommentare, Selbstaufforderungen, unausgesprochene Appelle, Entwürfe künftigen Handelns (wenn sich Erna ihre Argumente in Sachen Haushaltsbuch zurechtlegt). Ständig wechselt die Richtung der Aufmerksamkeit, der Blick geht zurück, geht nach vorne, haftet an einem Gesprächspartner. Der Untertext spiegelt Ernas innere Verfassung: ihre kritische Distanz, ihre zunehmende Erregung, ihre Ohnmacht, ihre Verzweiflung, ihre Hoffnung. Text und Untertext sind eng miteinander verwoben, auch sprachlich, wie das folgende Beispiel zeigt: Aber sie hat doch Heil Hitler gerufen. – Nein, Mama, hab ich nicht.

Drei Leistungen sind es, die den gelungenen Untertext auszeichnen, dreierlei Anforderungen sind zu erfüllen: die des Textes, der Figur und der Situation. Der Text bedarf der Verknüpfung, die Figur der Charakterisierung, die Situation der angemessenen sprachlichen Gestaltung. Der vorliegende Entwurf genügt allen drei Kriterien. Er trifft die Tonlage der inneren Sprache ebenso wie Ernas augenblickliche innere Verfassung. Er zeichnet ein plausibles Bild der jungen Frau, zeichnet ihre Abneigung gegen das braune Regime und ihre schwierige Beziehung zur Mutter. Er verknüpft einzelne Teile des Dialogs miteinander, indem er zurück- und vorausblickt. Kritisch wäre allerdings anzumerken, daß Ernas zweite Äußerung („Es ist nur zu Hause. Ich zeig es niemand.“) nicht in der Textspalte erscheint und die Partie des Untertextes, die vom Haushaltungsbuch handelt, zu spät kommt – sie müßte Ernas zweite Äußerung vorbereiten.

Eine abschließende Anmerkung zum Thema Verknüpfung. Kein Gesprächsteilnehmer kann alles aufnehmen und verarbeiten, was während des Gesprächs auf ihn eindringt; er ist ja schließlich auch Sprecher und muß seine eigenen Beiträge vor- und nachbereiten. Sofern er als Zuhörer am Gespräch teilnimmt, tut er es notgedrungen oft nur mit halbem Ohr. Deshalb wäre es ein Unding, einen Untertext als fortlaufenden und vollständigen Kommentar zu den Äußerungen der Gesprächspartner anzulegen. Wer sich anschickt, einen Untertext zu entwerfen, sollte damit beginnen, aus dem Text einzelne Bezugspunkte auszuwählen und die zu markieren. Der Aufgabe des Verknüpfens entsprechend lassen sich dabei *Ausgangspunkte* und *Zielpunkte* unterscheiden. Typische Ausgangspunkte für Ernas Untertext sind die Stellen, an denen sie direkt angeredet wird, aber auch die Szenenanweisung „Er packt die junge Frau am Arm“. Zielpunkte sind in diesem Fall Ernas eigene Äußerungen und die Szenenanweisung „Alle essen Äpfel, außer der jungen Frau“. An diesen Stellen fällt dem Untertext die Aufgabe zu, Ernas Verhalten vorbereitend zu motivieren.

Aus der Richtungsvielfalt der Schreibform Untertext ergeben sich, wie man sieht, Ansätze zu ihrer Methodisierung. Aber auch die Situationsgebundenheit dramatischer Rede bietet solche Ansätze. Die Produktion von Untertexten wird zum Praktikum in der Figurenrede und erweitert so die poetologische Kompetenz der Schreiber.

Ich bin damit an einem Punkt angelangt, an dem es geboten erscheint, die Einstufung des inneren Monologs als „Erzählform“ vorsichtig zu revidieren. Eingepaßt in den dramatischen Dialog, wird der innere Monolog zum Chamäleon und nimmt die Färbung seiner Umgebung an, er wandelt sich zum dramatischen Untertext. Der innere Monolog ist eine Schreibform, die auf der Kippe zwischen den Gattungen balanciert. Mit der Epik verbindet ihn die Innensicht der Figuren, mit dem Drama die unmittelbare Gegenwart des Unausgesprochenen.

2.5 Erzählungen

Auch wenn es zuweilen so scheinen mag, als sei die saubere Grenzziehung zwischen den Gattungen ein Ding der Unmöglichkeit – es gibt eine Hilfsvorstellung, die es erlaubt, die dramatische Spielart des inneren Monologs reinlich von der erzählenden zu unterscheiden. Man denke sich eine öffentliche Präsentation der Texte, und man wird dahinterkommen, daß sie ganz unterschiedlich ausfallen müßte. Der innere Monolog einer Erzählfigur wird vom Erzähler vorgetragen, während für den dramatischen Untertext eine andere Lösung gesucht werden muß, z. B. – wie im klassischen Drama – das Beiseitesprechen der dramatischen Figur. Der entscheidende Unterschied: Die dramatische Figur drückt sich im Untertext-Monolog unmittelbar aus, ihre Gedanken sind „vollkommen gegenwärtig". Der innere Monolog der Erzählfigur ist dagegen durch den Erzähler vermittelt, und der rückt ihn, indem er ihn vorträgt, auf Distanz; er vergegenwärtigt jetzt, zum Zeitpunkt des Erzählens, was seine Figur damals gedacht und gefühlt hat, zum Zeitpunkt des Erzählten. In der Zeitspanne zwischen Erzählgegenwart und Geschehenszeit liegt die verfremdende Kraft des Erzählens, die Brecht entdeckt hat. Sie läßt sich dienstbar machen, wenn es darauf ankommen soll, sich aus dem eigentümlichen Sog des Dramas zu befreien, aus Suggestion, Illusion und der Beschränkung des Horizonts. Deshalb tut auch die Schule gut daran, im Umgang mit dem Drama gelegentlich auf Erzählformen zurückzugreifen. Von ihnen handelt dieses Kapitel, ich unterscheide sie nach Er-Erzählungen und Ich-Erzählungen. Im übrigen verwende ich den Begriff des Erzählens in seiner weitgespannten poetologischen Bedeutung; auch berichtende Wiedergaben vergangenen Geschehens fallen darunter.

2.5.1 Er-Erzählungen

Zurück zu Brechts Szene ‚Winterhilfe'. Sie war in einer zehnten Klasse Gegenstand einer Umformungs-Aufgabe, die Schüler sollten daraus eine kleine Er-Erzählung machen. Ich stelle, um die Leistung der Aufgabe zu umreißen, den Anfang zweier Erzählungen vor:

1. Zwei großgewachsene junge Männer stapften, mit einem Paket beladen, durch den Schneematsch, einer immer einen Schritt hinterher. Sie verschwanden in einem verwahrlosten Hauseingang, stiegen die knarrenden Treppen hinauf und wurden von einem kleinen Weibchen in Kittelschürze empfangen.
2. Es war an einem Novembermorgen, der Wind pfiff unfreundlich um das etwas schiefe Mietshaus. Eine alte Frau saß mit ihrer Tochter um den Küchentisch. Poch, poch, ein lautes, dumpfes Klopfen. Die alte Frau mußte sich schon schwer anstrengen und brauchte viel Zeit, um ihren gebückten Körper zur Tür zu schleppen. Sie machte auf und sah sich zwei SA-Männern gegenüber, einer groß und breit, der andere klein und etwas unbeholfen. „So, Mutter, das schickt Ihnen der Führer", kam es vom Großen. „Damit Sie nicht sagen können, er sorgt nicht für Sie", fügte der Kleine hinzu. Die alte Frau dankte heftig und übertrieben, um die Angst in ihrer Stimme zu unterdrücken. Sie öffnete rasch, so rasch, wie es ihr möglich war mit ihren steifen Fingern, den Karton und freute sich wieder laut, mit ihrer übertrieben klingenden Stimme ...

Wie wirkt sich die Umformung aus? Die Erzählung *ebnet* den dramatischen Text *ein*, weil sie keine hierarchischen Textschichten kennt – die Unterscheidung zwischen Haupt- und Nebentext geht verloren. Das sieht aus wie eine Äußerlichkeit, greift aber tief in die Struktur des Textes ein, und zwar auf Kosten des Dialogs. Was ehedem Haupttext war, wird auf wenige Reste reduziert, wogegen der Nebentext von ehedem sich auswächst und die Vorherrschaft übernimmt. Die Aufgabe des Erzählens führt zur Konkretisation des Nebentextes und zur Abstraktion vom Haupttext.
Die Umformung wirkt *befreiend*, weil sich der Erzähler von den raumzeitlichen Fesseln löst, die den Dramatiker binden. Während der Dramatiker im Zuschauerraum festsitzt, ist der Erzähler so frei, seinen Standort zu wählen. Der unterschiedliche Eingang beider Erzählungen belegt diese Freiheit. Das eine Mal erleben wir aus der Perspektive der Besucher den Vorstoß der Staatsmacht, das andre Mal aus der Perspektive der Besuchten ihren Einbruch in die Privatsphäre. Dazu kommt die Freiheit des weiten Ausholens, die Einbeziehung der Vorgeschichte. Bedeutsamer noch ist, daß die Verpflichtung zur raumzeitlichen Kontinuität der Darstellung, mithin zur lückenlosen Wiedergabe des Dialogs entfällt. Der Erzähler kann den Dialog nach Wahl weglassen oder wiedergeben, und das letztere dazu noch in mancherlei Abstufungen, direkt oder indirekt. Im zweiten Text gibt der Erzähler eine Kostprobe dieser Freiheit. Er übernimmt die ersten beiden Repliken des Dialogs wörtlich und unterstreicht sie zusätzlich, indem er sie in einen inszenierenden Kontext einbettet. Die erste, ihrem Wortlaut nach freundlich gehaltene Replik („So, Mutter“) ist an einen „großen“ und „breiten“ Sprecher delegiert und auf diese Weise mit bedrohlichen Untertönen angereichert; die zweite, an sich schon bedrohlich klingende Äußerung („Damit Sie nicht sagen können . . .“) wird dagegen einem „kleinen“ und „unbeholfenen“ Sprecher in den Mund gelegt. Sie verrät, so inszeniert, den plumpen Übereifer des Subalternen, der, um seinem Vorgesetzten zu gefallen, deutlicher wird, als es eigentlich nötig wäre. Die Replik der alten Frau wird nur indirekt wiedergegeben, zunächst durch Angabe und Charakterisierung des Sprechakts (sie „dankte heftig und übertrieben“), danach, ein wenig tiefer gehend, durch die fast schon satirisch klingende Formulierung „und freute sich wieder laut, mit ihrer übertrieben klingenden Stimme“ – Inhalt und Ausdruck der Empfindung werden miteinander kontrastiert.
Die Beispiele zeigen, daß der Erzähler den dramatischen Dialog *modelliert*, er stellt die sinntragenden Bestandteile in direkter Rede heraus und gibt das Übrige, sofern er nicht ganz darauf verzichtet, indirekt und in all den Schattierungen wieder, die ihm dabei sprachlich zu Gebote stehen. Darüber hinaus kann er die Bedeutung des Gesprochenen durch inszenierende Zusätze zuspitzen oder gar verändern. Indem der Erzähler den Dialog modelliert, interpretiert er ihn, ob bewußt oder unbewußt. Für die Auswertung des Entwurfs im Unterricht ist, ausgehend von den wörtlich übernommenen Repliken, die Frage nach der in der Modellierung des Dialogs enthaltenen Textinterpretation fruchtbar.
Mit der befreienden Wirkung des Erzählens geht die *Versetzung* einher, eine

Versetzung, die den Leser oder Zuhörer nicht weniger betrifft als den Erzähler selbst. Indem der Erzähler den Schauplatz des erzählten Geschehens entwirft und einen Standpunkt wählt, weist er auch dem Leser einen Platz im fiktiven „Vorstellungsraum“ an, der die beiden vereint.[91] Die Versetzung führt zu einer Beschränkung des Horizonts, einer selbst auferlegten freilich, und ist insofern das Gegenstück zur Befreiung. Versetzung ist immer auch Festsetzung, frei gewählte Beschränkung. Und wenn sich der Erzähler zur Person verdichtet, hat auch sie ihren Anteil an dieser Beschränkung, ihr persönliches Temperament und Interesse bestimmen die Wahrnehmung der erzählten Welt. Darin liegt eine zusätzliche Chance für den Dramenunterricht, dann nämlich, wenn die Aufgabe, einen dramatischen Text in eine Erzählung umzuformen, an ein bestimmtes Interesse des Erzählers geknüpft wird. Ich nenne ein Beispiel: Die Schüler lesen Schillers Drama ‚Die Piccolomini‘ mit der Aufgabe, das Geheimdossier eines schwedischen Spions zu verfassen, der sich im Lager aufhält, um zu erkunden, wie sich Wallensteins Generale zu einem Frontwechsel ihres Feldherrn stellen würden. Die von den Schülern verfaßten Berichte weisen eine große Streubreite auf, nicht zuletzt deshalb, weil die Person des Berichterstatters unterschiedlich konzipiert wird. So rechnet der eine Spion den alten Piccolomini zu den treuesten Getreuen Wallensteins, der andere mißtraut ihm. Der eine Spion folgt dem Vorbild Wallensteins, der andere hält sich an die Wahrnehmungen Terzkys und Illos. Die Person des Beobachters wird zum Medium der Beobachtung, und was dabei herauskommt, charakterisiert den Beobachter nicht weniger als die Beobachteten.

2.5.2 Ich-Erzählungen

Der angenommene Spion in Wallensteins Lager mag sich zwar hin und wieder selbst erwähnen – ein Ich-Erzähler im strengen Sinne ist er nicht; er erzählt von anderen, nicht von sich selbst. Der Versuch, die Ich-Erzählung als Schreibform des Umgangs mit dramatischer Literatur zu definieren, könnte so ausfallen: Es ist die narrative Wiedergabe eines dramatischen Dialogs, bei der eine am Dialog beteiligte Dramenfigur die Rolle des Erzählers übernimmt.

So gefaßt, ist die Ich-Erzählung dem Drama keineswegs fremd, sie gehört zu seinem überlieferten Formenbestand. Ich zitiere als Beispiel eine Partie aus Goethes ‚Götz von Berlichingen‘, den Auszug aus einem Dialog zwischen Adelheid von Walldorf und dem Höfling Liebetraut, der gekommen ist, um den Vollzug des Auftrags zu melden, Weislingen zur Rückkehr nach Bamberg zu bewegen.[92]

ADELHEID: Wie habt Ihr's gemacht, ihn herzubringen?

LIEBETRAUT: Ihr wißt zu gut, wie man Schnepfen fängt; soll ich Euch meine Kunststückchen noch dazu lernen? – Erst tat ich, als wüßt ich nichts, verstünd nichts von seiner Aufführung, und setzt ihn dadurch in den Nachteil, die ganze Historie zu erzählen. Die sah ich nun gleich von einer ganz andern Seite an als er, konnte nicht finden – nicht einsehen – und so weiter. Dann redete ich von Bamberg allerlei durcheinander, Großes und Kleines, erweckte gewisse alte Erinnerungen, und wie ich seine Einbildungskraft beschäftigt hatte, knüpfte ich eine Menge Fädchen wieder an, die ich zerrissen fand. Er wußte nicht, wie ihm geschah, fühlte einen neuen Zug nach Bamberg, er wollte – ohne zu wollen. Wie er nun in sein Herz ging, und das zu entwickeln suchte, und viel zu sehr mit sich beschäftigt war, um auf sich achtzugeben, warf ich ihm ein Seil um den Hals, aus drei mächtigen Stricken, Weiber-, Fürstengunst und Schmeichelei, gedreht, und so hab ich ihn hergeschleppt.

ADELHEID: Was sagtet Ihr von mir?

LIEBETRAUT: Die lautre Wahrheit. Ihr hättet wegen Eurer Güter Verdrießlichkeiten – hättet gehofft, da er beim Kaiser so viel gelte, werde er das leicht enden können.

ADELHEID: Wohl.

Die Textpartie zeigt, wie sich der dramatische Dialog und die Ich-Erzählung wechselseitig durchdringen und Eigenschaften aneinander abgeben. Der Dialog gewinnt die Doppelschichtigkeit des Erzählens, die Erzählung fügt sich in die Situationsgebundenheit der dramatischen Rede.

Die erzählende Replik ist, wie es sich für eine Erzählung gehört, im Präteritum gehalten, aber sie wird im Präsens eingeleitet und im Perfekt ausgeleitet. Anfang und Schluß verweisen auf die Gegenwart des Erzählens, die abschließende Wendung „und so hab ich ihn hergebracht" verankert die Erzählung zudem am Ort des Erzählens. Dazwischen verwandelt sich die „vollkommene Gegenwart" des dramatischen Dialogs vorübergehend zur *Erzählgegenwart*, einer Gegenwart also, die sich von einer erzählten Vergangenheit abhebt. Und das Ich des Sprechers spaltet sich auf in ein *erzählendes* und ein *erzähltes Ich*. Das erzählende Ich stellt anfangs die Frage „soll ich Euch meine Kunststückchen [...] lehren?" und rühmt sich am Ende „so hab ich ihn hergebracht", über das erzählte Ich werden Aussagen gemacht wie „Dann redete ich von Bamberg allerlei durcheinander".

Den beiden Zeitebenen des Erzählens entsprechen zwei Ebenen der Handlung. Die Erzählung handelt nicht nur von einer Handlung, sie ist auch eine. Liebetraut erzählt zwar von Vergangenem, aber indem er erzählt, wirbt er, ganz gegenwärtig, für sich und um Adelheid. Er tut es in den Grenzen, die ihm gesetzt sind, und mit den subtilen Mitteln, auf die er verwiesen ist. Seine einleitende Bemerkung zeigt, daß er sich in der Rolle des Jägers und Menschenfängers mit seiner Zuhörerin eins fühlt und seine Erzählung auf den Nachweis dieser Gemeinsamkeit abstellt. Und wenn er, kaum verhalten, über Weislingen spottet, macht er Adelheid zu seiner heimlichen Bundesgenossin, und Adelheid schmeichelt ihm, indem sie es zuläßt.

Gegenstand einer Ich-Erzählung ist ein – echtes oder fiktives – *Erlebnis* des Erzählers. Nach Geißler stellt sich das Erlebnis „dar als eine geistige Einheit, die um einen Kern konzentriert ist"[93]. Die Erzählung formt das Vergangene zum Erlebnis, indem sie es auf einen sinngebenden Mittelpunkt ausrichtet: das *Thema*. In der Art, wie er seine Vergangenheit thematisiert und dadurch für sich und andere aufbereitet, spiegelt sich die Individualität des Erzählers. Das erzählende Ich modelliert das Geschehen so, daß es sein Bild von sich selbst zurückwirft; der Ich-Erzähler wird, wie Stanzel es nennt, zur „Reflektorfigur“[94]. So präsentiert sich Liebetraut in der Rolle des scharfsinnigen Psychologen und überlegenen Drahtziehers. Typisch für ihn ist, daß er die wörtliche Rede und das anschauliche Detail meldet – er stellt keine Nähe zu seinem Opfer her, läßt kein Mitgefühl aufkommen. Erzählend charakterisiert er sich selbst auf zweierlei Weise, gewollt und ungewollt, mit dem Bild, das er von sich entwirft, und dem andern Bild, das er abgibt. Das erzählte Ich erscheint als großer Stratege, das erzählende Ich wirkt eitel und selbstgefällig.

Am Beispiel des Themas läßt sich zeigen, wie stark der sie umgebende Dialog die Erzählung einbindet. Der Erzähler wählt sein Thema nicht frei, es wird ihm von Adelheid gestellt: Liebetraut soll darlegen, wie er Weislingens Sinneswandel bewirkt hat. Und weil die Zuhörerin in der Erzählung etwas vermißt, faßt sie mit einem zweiten Thema nach, einem Unterthema, und fordert Auskunft darüber, welche Rolle sie selbst in Liebetrauts Strategie gespielt habe. Die Erzählung ist funktional in den Dialog eingebettet, der Dialog setzt ihr einen Rahmen und diktiert ihr die Bedingungen, die eine Erzählsituation bestimmen: Anlaß, Absicht, Adressat. Zugleich weist er ihr einen Platz im inneren Kommunikationssystem des Dramas an, die Erzählung geht den Weg von einer Dramenfigur zur andern.

Ich habe bislang die Ich-Erzählung als eine im Drama gebräuchliche Form narrativer Handlungsdarbietung beschrieben, und mein Beispiel bezog sich auf eine Handlung, die im Drama selbst gar nicht vorkommt – die Szene, von der Liebetraut erzählt, ist ausgespart. Es wäre eine reizvolle Produktionsaufgabe, sie an Hand der Erzählung zu rekonstruieren. Doch davon soll nicht die Rede sein; es geht mir um den Nachweis, daß die Ich-Erzählung (im beschriebenen Sinne) dem Drama gemäß ist und folglich zur Schreibform des produktiven Umgangs mit dieser Gattung taugt. Der Weg des schreibenden Lesers führt dann allerdings nicht, wie von Goethe vorgezeichnet, von der Erzählung zur ausgesparten Szene; er kehrt sich um, führt jetzt von der gedruckten Szene zur noch ungeschriebenen Erzählung. Im Fall des ‚Götz von Berlichingen‘ liegt es nahe, die Probe aufs Exempel mit einer benachbarten und verwandten Szene zu machen. Denn kurz nach ihrem Gespräch mit Liebetraut empfängt Adelheid den zurückgekehrten Weislingen auf ihrem Zimmer und stimmt ihn, der gekommen ist, um Abschied zu nehmen, abermals um. Ihr Vorgehen steht dem Raffinement Liebetrauts in nichts nach, sie spielt mit Weislingen, läßt ihn abwechselnd Wärme und Kälte spüren. Anders jedoch als Liebetraut verliert sie in den ausgeführten Szenen des Dramas kein Wort über die Strategie, von der sie sich dabei leiten läßt. Für den Unterricht ergibt sich daraus eine Chance. Man kann die Schüler eine Szene entwerfen lassen, die in ihrer Struktur dem zitierten Dialog zwischen Adelheid und Liebetraut ähnelt: Adelheid erzählt dem Bischof, wie sie es fertiggebracht habe, Weislingen zum Bleiben zu bewegen.

Schüler, zumal jüngere, neigen dazu, Dramenszenen additiv wahrzunehmen, nicht als Handlung, sondern als Abfolge von Äußerungen (s. S. 44f.). Eine Leistung der genannten Aufgabe liegt darin, daß sich durch die Identifikation mit einer Reflektorfigur, verbunden mit der Vorgabe eines Themas, die Wahrnehmung der Szene verändert; sie erscheint in der Rückschau als ein Ganzes, zusammengehalten durch das Thema der Erzählung, und hat das Gesicht einer Handlung: Eine Frau bindet einen Mann an sich.

2.5.3 Ich-Erzählungen aus unterschiedlicher Perspektive

Als Schreibform des Umgangs mit dramatischen Texten erreicht die Ich-Erzählung den Gipfel ihrer Leistungsfähigkeit, wenn sie dazu genützt wird, eine Szene in unterschiedlichen Reflektoren zu spiegeln und auf diese Weise ihre Fülle zu entfalten. Mein Beispiel ist eine weitere Szene aus Brechts ‚Furcht und Elend des Dritten Reiches', Bild 20 mit dem Titel ‚Die Bergpredigt'. Der Text[95]:

Es müssen die Christen mit Schrecken
Ihre zehn Gebote verstecken
Sonst hagelt es Prügel und Spott.
Sie können nicht Christen bleiben.
Neue Götter vertreiben
Ihren jüdischen Friedensgott.

Lübeck, 1937, Wohnküche eines Fischers. Der Fischer liegt im Sterben. An seinem Lager seine Frau und, in SA-Uniform, sein Sohn. Der Pfarrer ist da.

DER STERBENDE: Sagen Sie, gibt es wirklich was danach?
DER PFARRER: Quälen Sie sich denn mit Zweifeln?
DIE FRAU: In den letzten Tagen hat er immer gesagt, es wird soviel geredet und versprochen, was soll man da glauben. Sie dürfen es ihm nicht übelnehmen, Herr Pfarrer.
DER PFARRER: Danach gibt es das ewige Leben.
DER STERBENDE: Und das ist besser?
DER PFARRER: Ja.
DER STERBENDE: Das muß es auch sein.
DIE FRAU: Er hat sich so gefrettet, wissen Sie.
DER PFARRER: Glauben Sie mir, Gott weiß das.
DER STERBENDE: Meinen Sie? *Nach einer Pause:* Da oben kann man dann vielleicht wieder das Maul aufmachen, wie?
DER PFARRER *etwas verwirrt:* Es steht geschrieben: Der Glaube versetzt Berge. Sie müssen glauben. Es wird Ihnen leichter dann.
DIE FRAU: Sie dürfen nicht meinen, Herr Pfarrer, daß es ihm am Glauben fehlt. Er hat immer das Abendmahl genommen. *Zu ihrem Mann, dringlich:* Der Pfarrer meint, du glaubst gar nicht. Aber du glaubst doch, nicht?
DER STERBENDE: Ja...
Stille.
DER STERBENDE: Da ist doch sonst nichts.
DER PFARRER: Was meinen Sie damit? Da ist doch sonst nichts?
DER STERBENDE: Na, da ist doch sonst nichts. Nicht? Ich meine, wenn es irgendwas gegeben hätte...
DER PFARRER: Aber was hätte es denn geben sollen?

Der Sterbende: Irgendwas.
Der Pfarrer: Aber Sie haben doch Ihre liebe Frau und Ihren Sohn gehabt.
Die Frau: Uns hast du doch gehabt, nicht?
Der Sterbende: Ja...
Stille.
Der Sterbende: Ich meine, wenn irgendwas los gewesen wäre im Leben...
Der Pfarrer: Ich verstehe Sie vielleicht nicht ganz. Sie meinen doch nicht, daß Sie nur glauben, weil Ihr Leben Mühsal und Arbeit gewesen ist?
Der Sterbende *blickt sich suchend um, bis er seinen Sohn sieht:* Und wird es jetzt besser für die?
Der Pfarrer: Sie meinen für die Jugend? Ja, das hoffen wir.
Der Sterbende: Wenn wir einen Motorkutter hätten...
Die Frau: Aber mach dir doch nicht noch Sorgen!
Der Pfarrer: Sie sollten jetzt nicht an solche Dinge denken.
Der Sterbende: Ich muß.
Die Frau: Wir kommen doch durch.
Der Sterbende: Aber vielleicht gibt's Krieg?
Die Frau: Red doch jetzt nicht davon. *Zum Pfarrer:* In der letzten Zeit hat er immer mit dem Jungen über den Krieg geredet. Sie sind aneinandergeraten darüber.
Der Pfarrer blickt auf den Sohn.
Der Sohn: Er glaubt nicht an den Aufstieg.
Der Sterbende: Sagen Sie, will der da oben denn, daß es Krieg gibt?
Der Pfarrer *zögernd:* Es heißt, selig sind die Friedfertigen.
Der Sterbende: Aber wenn es Krieg gibt...
Der Sohn: Der Führer will keinen Krieg!
Der Sterbende macht eine große Bewegung mit der Hand, die das wegschiebt.
Der Sterbende: Wenn es also Krieg gibt...
Der Sohn will etwas sagen.
Die Frau: Sei still jetzt.
Der Sterbende *zum Pfarrer, auf seinen Sohn zeigend:* Sagen Sie dem das von den Friedfertigen!
Der Pfarrer: Wir stehen alle in Gottes Hand, vergessen Sie das nicht.
Der Sterbende: Sagen Sie es ihm?
Die Frau: Aber der Herr Pfarrer kann doch nichts gegen den Krieg machen, sei doch vernünftig! Darüber soll man gar nicht reden in diesen Zeiten, nicht, Herr Pfarrer?
Der Sterbende: Sie wissen doch, es sind alles Schwindler. Ich kann für mein Boot keinen Motor kaufen. In ihre Flugzeuge bauen sie Motoren ein. Für den Krieg, für die Schlächterei. Und ich kann bei Unwetter nicht hereinkommen, weil ich keinen Motor habe. Diese Schwindler! Krieg machen sie! *Er sinkt erschöpft zurück.*
Die Frau *holt erschrocken eine Schüssel mit Wasser und wischt ihm mit einem Tuch den Schweiß ab:* Das müssen Sie nicht hören. Er weiß nicht mehr, was er sagt.
Der Pfarrer: Beruhigen Sie sich doch, Herr Claasen.
Der Sterbende: Sagen Sie ihm das von den Friedfertigen?
Der Pfarrer *nach einer Pause:* Er kann es selber lesen. Es steht in der Bergpredigt.
Der Sterbende: Er sagt, das ist alles von einem Juden und gilt nicht.
Die Frau: Fang doch nicht wieder damit an! Er meint es doch nicht so. Das hört er eben bei seinen Kameraden!
Der Sterbende: Ja. *Zum Pfarrer:* Gilt es nicht?

Die Frau *mit einem ängstlichen Blick auf ihren Sohn:* Bring den Herrn Pfarrer nicht ins Unglück, Hannes. Du sollst ihn das nicht fragen.

Der Sohn: Warum soll er ihn nicht fragen?

Der Sterbende: Gilt es oder nicht?

Der Pfarrer *nach einer langen Pause, gequält:* In der Schrift steht auch: Gebt Gott, was Gottes ist, und dem Kaiser, was des Kaisers ist.

Der Sterbende sinkt zurück. Die Frau legt ihm das nasse Tuch auf die Stirn.

Schüler der Jahrgangsstufe 12 hatten die Aufgabe, die Szene aus der Sicht der Beteiligten zu erzählen: des Sohnes, der Mutter, des Pfarrers. Anlaß, Adressat und Absicht der Erzählung waren nicht festgelegt, die Schüler sollten selbst darüber entscheiden.

Die Aufgabe fordert drei Leistungen, die des Situierens, Charakterisierens und Thematisierens. Der Begriff der *Situierung* meint mehr als nur den Entwurf einer Erzählsituation, es geht nicht nur darum, der Erzählung einen äußeren Rahmen zu setzen. Zur äußeren Situierung kommt die innere, die Einpassung der Erzählung in den vorgegebenen Rahmen, z. B. ihre Ausrichtung auf das Interesse und die Bedürfnisse des Adressaten.

Gegenstand der *Charakterisierung* ist ausschließlich die jeweilige Reflektorfigur. Es wäre unsinnig, einen Schreiber dafür zu tadeln, daß er den Sohn über seinen verstorbenen Vater Dinge sagen läßt, die nicht mit dem Text im Einklang stehen. Die entscheidende Frage ist, ob das falsche Bild vom Vater den Sohn zutreffend charakterisiert. Denn bei der Charakterisierung des Ich-Erzählers ist zweierlei zu leisten: Die für die Rolle des Reflektors vorgesehene Figur muß aus dem Text herausdestilliert und durch eigene Zusätze zur Person ausgestaltet werden. Das falsche Bild vom Vater könnte ein solcher Zusatz sein. Den Erzähler kennzeichnet, was er erzählt; aber auch wie er es erzählt, ist für ihn bezeichnend. Gewollte und ungewollte, direkte und indirekte, implizite und explizite Charakterisierung müssen zusammenkommen, wenn sich ein facettenreiches Bild des Reflektors ergeben soll.

Die dritte der geforderten Leistungen ist die *Thematisierung*. Die Erzählung muß, wenn sie ihren Namen verdienen soll, eine Mitte haben, einen Punkt, um den sich alles dreht. Dabei ist die Wahl des Themas keineswegs beliebig, denn das Thema übernimmt die Funktion eines Bindeglieds zwischen Situation und Charakter. Es charakterisiert den Erzähler und erfüllt, wenn es gut gewählt ist, zugleich die Anforderungen der Situation.

Nun aber zu meinen Beispielen. Eine Schülerin entwirft für den Sohn die folgende Szene:

Einen Tag später. Der Sohn zu einem Kumpel beim Kameradschaftsabend.

Sohn: Gestern ist mein Vater gestorben.

Pause

Kumpel: Hm. Herzliches Beileid.

Sohn: Ist nicht nötig.

Der Kumpel wirft ihm einen fragenden Blick zu.

Sohn: Wir hatten eh immer nur Streit miteinander. Und gegen Ende ist er auch noch gläubig geworden, ha. Ob es ein Leben danach gibt, wollte er wissen. Ein Leben danach, darum hatte er sich früher einen Dreck geschert. Er hat sich immer nur um sein Boot gekümmert. Selbst in seinen letzten Zügen hat er noch darüber gelästert, daß er keinen Motor für seinen Kutter bekam. Die Schuld dafür hat er sogar unserem Führer zugeschoben ... Dir kann ich's ja sagen, er sagte, der Führer wolle Krieg und benötige alle Motoren für Flugzeuge. Ich habe ihm schon tausendmal gesagt, der Führer wolle keinen Krieg, und er wisse ganz genau, was er tut, aber mein Vater war ein ganz sturer Bock. Er ließ sich nichts sagen. Wie oft habe ich mit ihm rumdiskutiert. Nichts ist dabei rausgekommen, gar nichts. Immer wußte er alles besser. Selbst dem Pfarrer gestern wollte er seine Meinung aufdrängen. Aber der Herr Pfarrer war ein ganz Gewitzter. Dauernd hatte er ein paar Bibelsprüche parat, mit denen er sich rausredete, ohne seine wahre Einstellung zu verraten. Ich glaube, den müssen wir noch im Auge behalten.

Das Thema der Erzählung ist der Konflikt zwischen Sohn und Vater, seine Wahl ist motiviert durch den Versuch des Sohnes, dem Kumpel zu erklären, warum er nicht um seinen Vater trauert. Die Art, wie der Sohn das Thema aufgreift und entfaltet, hängt damit zusammen, daß er zu einem Gesinnungsgenossen spricht, noch dazu am Kameradschaftsabend, den er – trotz des Todesfalls – nicht versäumt. Sie entspricht aber auch der in der Sterbeszene zur Schau gestellten Kälte des Sohnes gegenüber dem Vater, einer Kälte, die nach der Deutung der Verfasserin nicht aufgesetzt ist, sondern tief reicht, „bis ans Herz hinan". Auch sein Sprachgebrauch verrät, daß dieser junge Mann seinem Elternhaus unheilbar entfremdet ist; er nennt den Vater vor dem Kumpel ganz ungeniert einen „sturen Bock" und mißachtet die Mutter, indem er sie mit keinem Wort erwähnt.
Für die Erzählung ebendieser Mutter wählt dieselbe Verfasserin einen ganz anderen Rahmen:

Zehn Jahre später. Die Frau beim Kaffeeklatsch mit einer Freundin, die sie schon eine ziemliche Weile nicht mehr gesehen hat.

FREUNDIN: Und was macht dein Sohn gerade?

Sie nimmt die geblümte Kaffeetasse mit korrekt abgespreiztem kleinen Finger auf und nippt daran.

FRAU: Soviel ich weiß, arbeitet er jetzt in der Fabrik. Unser Verhältnis ist nicht mehr so gut. Seit dem Tod meines Mannes hat es sich ständig verschlechtert. Er ist ja so rechthaberisch. Ich sehe ihn noch genau vor mir, als mein Mann im Sterben lag. Er stand abseits vom Bett in seiner SA-Uniform. Der Tod meines lieben Albert hat ihn, glaube ich, gar nicht berührt. Er hat sogar noch mit ihm rumgestritten. Es gebe keinen Krieg, hat er gemeint. Tja (sie lacht bitter, ihre Augen glänzen feucht bei der Erinnerung an diesen Tag), da hat er sich wohl kräftig getäuscht, mein Herr Sohn. Aber das Schlimme ist, daß er auch noch Spaß am Krieg hatte. Er hatte keine eigene Meinung und folgte immer nur dem Führer und seinen Befehlen. Sogar dem Pfarrer hat er versucht auf den Zahn zu fühlen an jenem Abend. Er hat sich so um meinen Albert bemüht, unser Pfarrer. Hat ihm Mut gemacht, ihm das ewige Leben versprochen. Mein Mann hätte dann noch gewollt, daß der Pfarrer unserem Sohn die Augen öffnet, ihm von den Friedfertigen erzählt. Ich konnte das gerade noch verhindern, wo unser Sohn doch so genau die Befehle von oben befolgte und dazu auch das Denunzieren gehörte. Aber unser Herr Sohn war schon hellhörig geworden. „Warum soll er ihn nicht fragen?" sagte er. Zu gern hätte er gehabt, daß der Pfarrer etwas Falsches sagt. Aber Gott behütete ihn.

Es war so schrecklich. Die Atmosphäre war so gespannt. Nicht einmal in Ruhe entschlafen konnte mein Albert. Ja, seitdem höre ich nicht mehr so oft von unserem Herrn Sohn.

Pause.

FREUNDIN: So – möchtest du noch eine Tasse Kaffee?

Auch diese Erzählung ist unauffällig thematisiert, sie wird ausgelöst durch die Frage der Freundin nach dem Sohn und handelt von der Beziehung der Mutter zu diesem Sohn. Auch jetzt noch, nach zehn Jahren, fühlt sich die Mutter durch dessen damaliges Verhalten verletzt – das ist der rote Faden, der sich durch die Schilderung der Szene am Sterbebett zieht. Anders als in der Erzählung des Sohnes liegt die erzählte Vergangenheit weit hinter der Erzählgegenwart zurück. Mit dieser Prämisse stellt sich die Verfasserin die Aufgabe, die im Text angelegten Linien auszuziehen und die Handlung der Szene in die Zukunft fortzuschreiben. Dabei widersteht sie der Versuchung, die innere Spannung ihrer Vorlage in trivialer Manier aufzulösen und den Sohn in der Rolle des reuigen Sünders zu präsentieren. Sie bleibt ihrer Linie treu; für sie sind die Schäden, die das totalitäre Regime der Familie des Fischers zufügt, nicht reparabel. Schon der erste Satz der Erzählung enthüllt das ganze Ausmaß der inzwischen eingetretenen Entfremdung: „Soviel ich weiß, arbeitet er jetzt in der Fabrik."
Bleibt noch der Pfarrer. Die Verfasserin zeigt ihn im Gebet:

Noch in derselben Nacht, nachdem der Fischer gestorben ist, in einer kleinen Kapelle, die nur von flackerndem Kerzenlicht erfüllt ist. Der Pfarrer ist auf den Knien und befindet sich im Zwiegespräch mit Gott. Vor ihm auf dem Altar ist ein Kreuz mit Jesus, zu dem er ab und zu die Augen erhebt.

PFARRER: Nimm diesen guten Menschen zu dir auf und schenke ihm das ewige Leben. Du kennst ihn und alle seine Fehler. Aber du weißt auch, daß er sich im Sterben zu dir bekannt hat ... Nimm dich auch seiner Frau an, die es jetzt sehr schwer haben wird, ohne ihren Mann. Sie ist ihm in den letzten Atemzügen so tapfer beigestanden und hat auch mir bei den Anfechtungen geholfen, die der Sohn mir bereitet hat. Hilf aber auch diesem Sohn, daß er erkennt, daß er auf dem falschen Weg ist. Er gehorcht blindlings Hitler und vergöttert ihn. Er versuchte, mich zu verführen und mich zu einer Bemerkung zu bringen, die mich vielleicht das Leben gekostet hätte.

Ich danke dir, daß du mir die Bibel geschenkt hast, die Antworten auf alle Fragen gibt. Ich danke dir, daß du mir so aus dieser Situation herausgeholfen hast. Steh dieser auseinandergerissenen Familie bei und steh auch mir bei, daß ich die richtigen Antworten in diesen bewegten Zeiten finde. Hilf mir, nicht die Nerven zu verlieren, wenn Kinder mit ihren sterbenden Eltern sogar noch streiten, und hilf, diese vergiftete Atmosphäre auf dieser Welt zu beseitigen, die ich heute abend in dem Haus des Fischers so deutlich zu spüren bekam. Amen.

Die Fürbitten, mit denen der Pfarrer sein Gebet eröffnet, verschleiern zunächst dessen eigentliches Thema: die Rolle des Pfarrers am Sterbebett. Der Betende will keine Zweifel an sich selbst aufkommen lassen, will von Gott die Bestätigung, daß er sich nach dessen Willen verhalten habe. Die

Herausforderungen durch den Sohn nennt er „Anfechtungen", Versuche also, ihn vom rechten Weg abzubringen. Und er redet sich ein, Gott selbst habe ihm seine Ausflüchte eingegeben. Das ist, zumindest was das abschließende Bibelzitat anbetrifft, eine Ungeheuerlichkeit. Denn dieses Zitat wird zu einer Aussage über die Bergpredigt verfälscht und besagt im Zusammenhang des Gesprächs: Man muß dem Staat das Recht zubilligen, Gottes Wort außer Kraft zu setzen. Nicht genug, daß dieser Pfarrer seinen Herrn verleugnet hat; er beansprucht nachträglich dafür auch noch das Recht auf ein gutes Gewissen. Dazu paßt, daß er scheinbar vor Güte und Mitgefühl überfließt. Hier spricht einer, der unfähig ist, das eigene Versagen auch nur wahrzunehmen – ein unheilbar Selbstgerechter.

Man kann über diese Deutung des Pfarrers streiten, kann gegen sie die Szenenanweisung anführen, wonach ihm das letzte Bibelzitat „nach einer langen Pause, gequält" über die Lippen kommt. Trotzdem ist der Verfasserin mit ihrem Entwurf ein Wurf gelungen. Auslösend für ihre Konkretisation ist die Einsicht, daß es dem Pfarrer am Mut zum Bekenntnis mangelt. Seine im Text erkennbaren Skrupel sind nicht gänzlich getilgt, nicht zufällig treibt es diesen Pfarrer zum Gebet. Aber auch im Gebet fehlt ihm der Mut zum Bekenntnis. Zur Feigheit vor den andern kommt die Feigheit vor sich selbst und vor Gott.

Blickt man auf die drei Ich-Erzählungen aus einer Feder zurück, so ergibt sich ein Mosaik aus Sichtweisen und Themen, die sich trotz ihrer Unterschiedlichkeit widerspruchslos zusammenfügen. Durchgehend zeigt sich eine Neigung der Verfasserin, die Charaktere hart zu zeichnen, mit scharfen Konturen und eindeutigen Motiven. Ihre Leistung verdient besondere Anerkennung, ist aber keineswegs einzigartig. Wer einschlägige Erfahrungen gesammelt hat, wird mir diese Einschätzung bestätigen. Die Aufgabe ist zudem auf verschiedenem Niveau lösbar, sie überfordert keinen Schüler. Nichts spricht in meinen Augen dagegen, im Umgang mit Literatur das kreative Potential der Jugendlichen zu nützen. Wenn es um die Arbeit mit Ich-Erzählungen geht, liegt auch ein arbeitsteiliges Vorgehen nahe, eine Aufteilung der verschiedenen Reflektorfiguren auf die Klasse. Der Effekt ist oft verblüffend: Eine Viertelstunde Schreibzeit, und die Szene entfaltet sich in ihrer ganzen Fülle. Ansatzpunkte für das interpretierende Gespräch sind Themenwahl und Zeichnung der Charaktere.

Situieren, Charakterisieren, Thematisieren, das sind die drei Aufgaben, die sich bei der Umformung dramatischer Szenen zu Ich-Erzählungen stellen. Dabei sind die Schreiber in der Gestaltung der Erzählsituation frei, bleiben aber, was die Charaktere und die Thematik betrifft, an den Dramentext gebunden: Sie operieren mit vorgefundenen Figuren und vorgefundenen Themen. Trotzdem treffen sie eigene Entscheidungen, schreiben in ihrer eigenen Sprache, verarbeiten eigene Erfahrungen. Konkretisation und Interpretation durchdringen sich wechselseitig, ihre Kombination bietet die Gewähr für eindringliches Lesen.

Anmerkungen

Auf Anmerkungen im vorangehenden Kapitel wird folgendermaßen verwiesen: Anm. 1 [= Kapitel 1, S. 36f.], 17 [= Anm. 17].

1 Fritz, Angela / Suess, Alexandra: Lesen. Die Bedeutung der Kulturtechnik Lesen für den gesellschaftlichen Kommunikationsprozeß. Schriften der deutschen Gesellschaft für COMNET, Bd. 6. Konstanz 1986, S. 11–80, Zitate S. 28, 29, 31f.
2 Fritz / Suess, (Anm. 1), S. 13.
3 Fritz / Suess, (Anm. 1), S. 31.
4 Geißler, (s. Anm. 1,17), S. 362.
5 Schiller, Friedrich: Sämtliche Werke. Carl Hanser, München 1962, Bd. II, S. 403f.
6 Zitiert nach Asmuth, (s. Anm. 1,15), S. 6.
7 Lessing, Gotthold Ephraim: Das dichterische Werk, Bd. 2. dtv, München 1979, S. 208.
8 Meyer, Hilbert: Unterrichtsmethoden, I. Theorieband. Scriptor, Frankfurt a. M. 1988, S. 47f. (Anm. 2).
9 Vgl. dazu: Frommer, Harald: Erzählen, (s. Anm. 1,5), S. 148f.
10 Frisch, Max: Andorra. Stück in zwölf Bildern. Suhrkamp, Frankfurt a. M. 1961, S. 25–28.
11 Gumbrecht, Hans Ulrich: Erzählen in der Literatur – Erzählen im Alltag. In: Ehlich, Konrad (Hrsg.): Erzählen im Alltag. Suhrkamp, Frankfurt a. M. 1980, S. 403–419, Zitat S. 408.
12 Weber, Heinz-Dieter: Das Ärgernis der Interpretation. Rezeptionsästhetische Überlegungen zu einem didaktischen Zielkonflikt. In: DU 36 (1984), H. 2, S. 5–21, Zitat S. 13.
13 Fingerhut, (s. Anm. 1,31), S. 651.
14 Fingerhut, (s. Anm. 1,31), S. 651.
15 Fingerhut, (s. Anm. 1,31), S. 652.
16 Fingerhut, (s. Anm. 1,31), S. 651.
17 Fingerhut, (s. Anm. 1,31), S. 655.
18 Fingerhut, (s. Anm. 1,31), S. 652.
19 Fingerhut, (s. Anm. 1,31), S. 655.
20 Fingerhut, (s. Anm. 1,31), S. 655.
21 Fingerhut, (s. Anm. 1,31), S. 655.
22 Nach: Hegele, Wolfgang: Max Frisch – Andorra. In: DU 20 (1968), H. 3, S. 35–50.
23 Hussong, Martin / Schütt, Artur / Stuflesser, Brigitte: Textanalyse optisch. Textanalyse im Deutschunterricht mit gezeichneten Modellen. Schwann, Düsseldorf 1971, S. 14.
24 Hussong / Schütt / Stuflesser, (Anm. 23), S. 14.
25 Hussong / Schütt / Stuflesser, (Anm. 23), S. 113.
26 Stadtarchiv Zürich, Herr Max Schultheiss, Neumarkt 4, Zürich.
27 Litt, Theodor. Führen oder Wachsenlassen. Ernst Klett, Stuttgart 1967, S. 81f.
28 Zur Methode der Aussparungs-Analyse vgl. Frommer: Lesen, (s. Anm. 1,23), S. 76–79.

29 Hofmannsthal, Hugo von: Aufzeichnungen. S. Fischer, Frankfurt a. M. 1959, S. 328f.
30 Hamburger Käte: Die Logik der Dichtung. Ernst Klett, Stuttgart [2]1968, S. 158.
31 Brecht, Bertolt: Gesammelte Werke. werkausgabe edition suhrkamp, Frankfurt a. M. 1967, Band 3, S. 1078.
32 Vgl. Asmuth: Einführung, (s. Anm. 1,15), S. 104.
33 Vgl. Asmuth: Einführung, (s. Anm. 1,15), S. 109.
34 Iser: Akt, (s. Anm. 1,25), S. 285.
35 Brecht: Werke, (Anm. 31), Band 4, S. 1536.
36 Zur Unterscheidung der beiden Charakterisierungsverfahren vgl. Pfister: Drama, (s. Anm. 1,8), S. 250f.
37 Stanislawski, Konstantin S.: Stanislawski-Lesebuch, zusammengestellt und kommentiert von Peter Simhandl. Edition Sigma, Berlin 1990, S. 92.
38 Stanislawski, (Anm. 37), S. 78.
39 Stanislawski, (Anm. 37), S. 92.
40 Stanislawski, (Anm. 37), S. 123.
41 Stanislawski, (Anm. 37), S. 92.
42 Stanislawski, (Anm. 37), S. 94.
43 Renk: Dramatische Texte, (s. Anm. 1,29), S. 124.
44 Methodik Deutschunterricht Literatur, herausgegeben von der Akademie der Pädagogischen Wissenschaften der Deutschen Demokratischen Republik. Ausgearbeitet von einem Autorenkollektiv unter der Leitung von Wilfried Bütow. Volk und Wissen, Berlin 1979, S. 371.
45 Müller, Frank: Dialog zwischen Text und Untertext – Theaterspielen als Sprechhandeln. In: DD 126 (1992), S. 365–374, s. S. 366.
46 Walser, Martin: Wie und wovon handelt Literatur? In: Walser, M.: Heimatlob. Ein Bodensee-Buch. insel-taschenbuch 645, Frankfurt a. M. 1982, S. 34–37.
47 Aus: Botho Strauß: Kalldewey, Farce. Carl Hanser, München 1981. Zitiert nach Müller, (Anm. 45), S. 365.
48 Müller, (Anm. 45), S. 366.
49 Müller, (Anm. 45), S. 367.
50 Müller, (Anm. 45), S. 365f.
51 Müller, (Anm. 45), S. 366.
52 Wygotski, Lew Semjonowitsch: Denken und Sprechen. Aus dem Russischen übersetzt von Gerhard Sewekow. Fischer Taschenbuch, Frankfurt a. M. 1986, S. 352.
53 Wygotski, (Anm. 52), S. 313.
54 Wygotski, (Anm. 52), S. 329.
55 Lange, Günther: Deutschunterricht auf dem Weg zu einer neuen Schreibkultur. In: Kultureller Wandel und die Germanistik in der Bundesrepublik. Germanistentag 91, Augsburg 6.–9. Oktober. Die Beiträge aus den Arbeitskreisen. Herausgegeben von Georg Behütuns und Jürgen Wolff, Stuttgart 1992, S. 70–91, s. S. 72.
56 Gössmann, Wilhelm: Innere Sprache versus Sprachkonsum. Formen des spontanen Schreibens und literarischen Erzählens. In: Deutschunterricht im Umfeld seiner Herausforderer: Jugendkultur und Medien. Herausgegeben von Rainer Gerdzen und Jürgen Wolff, Stuttgart 1986, S. 733–767, s. S. 738f.
57 Gössmann, (Anm. 56), S. 744.
58 Lange, (Anm. 55), S. 82.

59 Stephan, Doris: Der Roman des Bewußtseinsstroms und seine Spielarten. In: DU 14 (1962), H. 1, S. 24–38, s. S. 26f.
60 Gössmann, (Anm. 56), S. 753.
61 Frommer: Erzählen, (s. Anm. 1,5), S. 134f.
62 Wygotski, (Anm. 52), S. 329.
63 Heringer, Hans Jürgen: Wort für Wort. Interpretation und Grammatik. Klett-Cotta, Stuttgart 1978, S. 45.
64 Stanislawski, (Anm. 37), S. 93.
65 Bachmann, (s. Anm. 1,36), S. 21.
66 Renk, (s. Anm. 1,29), S. 24.
67 Goethe, Johann Wolfgang von: Werke. Hamburger Ausgabe. Deutscher Taschenbuch Verlag, München 1982, Band 5, S. 7.
68 Pfister: Drama, (s. Anm. 1,8), S. 186.
69 Pfister: Drama, (s. Anm. 1,8), S. 185–188.
70 Zitiert nach: Gerth, Klaus: Lyrische Texte. In: PD 11 (1975), S. 13–16, s. S. 13.
71 Pfister: Drama, (s. Anm. 1,8), S. 187.
72 Asmuth: Einführung, (s. Anm. 1,15), S. 82.
73 Pfister: Drama, (s. Anm. 1,8), S. 186.
74 Pfister: Drama, (s. Anm. 1,8), S. 184.
75 Wygotski, (Anm. 52), S. 339.
76 Goethe: Werke, (Anm. 67), Band 5, S. 8, V. 23f.
77 Pfister: Drama, (s. Anm. 1,8), S. 186.
78 Goethe: Werke, (Anm. 67), Band 5, S. 30, V. 867–869.
79 Goethe: Werke, (Anm. 67), Band 5, S. 59f, V. 1892–1919.
80 Schiller: Werke, (Anm. 5), Band II, S. 354.
81 Schiller: Werke, (Anm. 5), Band II, S. 621.
82 Frommer, Harald: Lernziel Leserolle. Ein Annäherungsversuch an Schillers Königin Elisabeth in Klasse 10. In: DU 33 (1981), H. 2, S. 60–80, s. S. 76.
83 Schiller: Werke, (Anm. 5), Band II, S. 118–131.
84 Brecht: Werke, (Anm. 31), Band 3, S. 1159–1161.
85 Asmuth: Einführung, (s. Anm. 1,15), S. 63–66.
86 Asmuth: Einführung, (s. Anm. 1,15), S. 65.
87 Zitiert nach Asmuth: Einführung, (s. Anm. 1,15), S. 74.
88 Asmuth: Einführung, (s. Anm. 1,15), S. 74.
89 Asmuth: Einführung, (s. Anm. 1,15), S. 75.
90 Zitiert nach Pfister: Drama, (s. Anm. 1,8), S. 182.
91 Nach Rehbein, Jochen: Beschreiben, Berichten und Erzählen. In: Ehlich, Konrad (Hrsg.): Erzählen in der Schule. Günter Narr, Tübingen 1984, S. 67–125, s. S. 79f.
92 Goethe: Werke, (Anm. 67), Band 4, S. 108f.
93 Geißler, Rolf: Die Erlebniserzählung zum Beispiel: Versuch einer fachdidaktischen Erörterung. In: Die deutsche Schule 60 (1968), H. 2, S. 102–112, s. S. 107.
94 Stanzel: Theorie, (s. Anm. 1,3), S. 22.
95 Brecht: Werke, (Anm. 31), Band 3, S. 1170–1173.

3 Dramen inszenieren

Dieses Kapitel handelt nicht vom professionellen Theater. Inszenierung an der Schule, das ist Inszenierung mit pädagogischen Zielsetzungen, und allein schon deshalb verbieten sich professionelle Ansprüche. In der Schule Dramen inszenieren heißt Abstriche machen von der Idee der Perfektion. Das gilt für das Schultheater ebenso wie für die dramendidaktischen Konzepte, die sich dem Gedanken der Inszenierung verschreiben.
Ich werde in diesem Kapitel zwei Konzepte dieser Art aufgreifen. Das ältere steht im Zeichen des 1977 (s. S. 29) von Göbel für den Dramenunterricht geforderten Prinzips „simulierte Dramaturgie und Inszenierung", das neuere ist seit Beginn der 80er Jahre von Ingo Scheller entwickelt und beschrieben worden, er nennt es „szenische Interpretation"[1].
Der Begriff der Inszenierung ist ähnlich doppeldeutig wie das Wort „Werk", er bezeichnet zugleich einen Prozeß und ein Produkt, ein Tun und dessen Ergebnis. In einem neueren Theaterlexikon wird der Begriff so definiert:

> „Inszenierung [...] umfaßt zum einen die Einrichtung und Einstudierung eines Bühnenwerks während einer bestimmten Probenzeit, zum anderen das Endprodukt dieses Prozesses. Inszenierung sind dann alle Mittel, die zur Interpretation eines Stückes eingesetzt werden und die vor dem Publikum zur Aufführung kommen."[2]

Sinn und Zweck des Schultheaters ist die Aufführung; maßgeblich für die Inszenierung wird ihr Produkt-Charakter. Dagegen verharrt die szenische Interpretation in einem frühen Stadium des Inszenierens, sie betreibt die Inszenierung als einen nicht abzuschließenden Prozeß. Das Konzept der simulierten Inszenierung wiederum unterliegt keiner Beschränkung, es umgreift beides, die Inszenierung als Prozeß und als Produkt – Göbels Formulierung „Dramaturgie und Inszenierung" macht ausdrücklich darauf aufmerksam. Wie das im einzelnen aussieht, davon handelt das folgende Teilkapitel.

3.1 Simulierte Inszenierung

3.1.1 Was heißt simulierte Inszenierung?

„Lektüre ist immer ‚Inszenierung durch Vorstellung'."[3] So lapidar tritt Jutta Wermke 1977 der in Mode gekommenen Mißachtung des bloßen Lesens von Dramen entgegen. In der realen Inszenierung des Dramas sieht sie einen „weiteren Textverarbeitungsprozeß". Dennoch gibt es eine Zwischenstufe, die an der Eigenart beider Rezeptionsweisen teilhat: das von Rolf Geißler angeregte, von Klaus Göbel formulierte Prinzip „simulierte Dramaturgie und Inszenierung" (s. S. 29).
Damit die Vorstellung des Gelesenen zur Simulation wird, muß man ihr et-

was zusetzen, etwas, was auf den Prozeß der Inszenierung vorausweist. Die konkretisierende Phantasie geht Verpflichtungen ein, sie bindet sich an die Zeichensysteme und das Rollenrepertoire des Theaters. Man sagt der Bühne nach, sie sei aus Brettern gemacht, „die die Welt bedeuten“. Das nämliche gilt auch für die Zeichensysteme, die das Theater darauf versammelt. Sie wollen ein Stück Welt abbilden: Personen, Gegenstände, Räume. Simulierte Inszenierung besagt, daß die authentischen Zeichen des Theaters nur symbolisch repräsentiert sind. Sie werden durch andere Zeichen ersetzt, durch Worte und Bilder. An die Stelle der Bühne tritt z. B. ein gezeichneter Grundriß, an die Stelle der Darsteller und Gegenstände deren Beschreibung oder Abbildung. Die simulierte Inszenierung setzt Zeichen für Zeichen, sie arbeitet mit Meta-Zeichen.

Simulierte Inszenierung ist überdies stets in Rollen gefaßt, die Simulierenden „tun, als ob“. Im Wortpaar „als ob“ steckt das Kürzel für die Rollen, die sie annehmen: als ob sie z. B. Regisseur wären oder Maskenbildner. Die angenommenen Rollen liefern das Baugerüst für die luftige Konstruktion einer angenommenen Realität.

Vor langer Zeit schon hat Robert Ulshöfer in seiner Methodik des Deutschunterrichts gefordert, das Drama auf dem Wege der „dramatischen Handwerkslehre“ anzugehen; er empfiehlt dafür die Rollen des Dramatikers, des Spielleiters, des Schauspielers und des Dramaturgen.[4] Als wichtigstes Vehikel der simulierten Inszenierung erscheint mir indes die Rolle des *Zuschauers*, sie bildet das Gegengewicht, das die anderen Rollen aufwiegt. Für die daran Mitwirkenden wird die Inszenierung zum Prozeß, der Zuschauer erfährt sie als Produkt. Beides ist Gegenstand der simulierten Inszenierung, die simulierte Einrichtung und Einstudierung, die simulierte Wahrnehmung einer Aufführung.

3.1.2 Ein Notbehelf?

Es ist noch nicht lange her, da führte der Wehrbeauftragte des Deutschen Bundestags bittere Klage darüber, daß man, um Munition zu sparen, den Soldaten der Bundeswehr zumute, bei Schießübungen „Peng, peng!“ zu rufen, statt wirklich zu schießen. Ich versage es mir, diese herbe Kränkung zu kommentieren, und begnüge mich mit der Anmerkung, daß es wieder einmal die Not ist, die erfinderisch macht und sogar bei gestandenen Männern Tugenden freisetzt, die uns das spielende Kind jederzeit vorlebt: die Kompensation materieller Mängel durch die Phantasie.

Ist damit auch die Wurzel des Unterrichtsprinzips simulierte Inszenierung benannt? Fraglos ist ein Klassenzimmer keine Bühne und ein Klassenverband kein Ensemble, insofern trifft es zu, daß es der schulischen Inszenierung an Wesentlichem mangelt. Trotzdem hat das Tun als ob seine eigentümlichen Vorzüge. Die Inszenierung wird zum Gedankenexperiment, ihr wird die Freiheit der Gedanken zuteil, die leicht beieinander wohnen, die Freiheit des Hinzudenkens und Wegdenkens. Der Spielraum der Phantasie ist größer als die Bühne, der Spielraum des Theaters. Daß die Einbildungskraft dennoch in Pflicht genommen wird, ist der andere, entgegengesetzte

Vorzug der simulierten Inszenierung. Die Schüler lernen, wie J. Wermcke sagt, „die Bühne mitdenken“[5], ihre konkretisierende Phantasie unterwirft sich einer vorgegebenen Anschauungsform, beispielsweise indem sie das vorgestellte Geschehen nach Vordergrund und Hintergrund staffelt und dabei die engen Grenzen der Bühne respektiert. Wenn die simulierte Inszenierung bewirkt, daß die Schüler fortan Dramen mit „Zuschauerblick“ lesen können, ist viel gewonnen.

3.1.3 Materielle Vorgaben

Die Einrichtung des Textes für eine Aufführung, die Besetzung der Rollen, die Ausstattung und die Spielregie – das sind die Inszenierungsaufgaben, die sich für Gedankenexperimente besonders eignen. Dabei kann sich das leichte Beieinanderwohnen der Gedanken auf den Unterricht lähmend auswirken, dann nämlich, wenn die unterschiedlichen Ideen so vage bleiben, daß sie friedlich koexistieren, statt aneinanderzustoßen. Der Anstoß zum Gespräch, das zeigt die Erfahrung, ist dann am stärksten, wenn die konkretisierende Phantasie mit materiellen Vorgaben herausgefordert wird. Man kann bei der Behandlung von Schillers ‚Maria Stuart‘ die Klasse fragen, wie denn die Darstellerinnen der beiden Hauptrollen ihrer Meinung nach aussehen sollen, man kann aber auch ein Blatt mit Bildern von Schauspielerinnen vorlegen, die dafür in Frage kommen, und die Schüler auffordern, sich zu entscheiden. Das Gespräch wird, obwohl es beidesmal um das Gleiche geht, im zweiten Falle ungleich lebendiger ausfallen, und das nicht nur, weil die in Rede stehenden Alternativen konkret vorliegen und damit besser verfügbar sind. Ein anderes kommt dazu: Wer sein Bild aus einer Mehrzahl von Bildern auswählt, hat bereits einen individuellen Entscheidungsprozeß hinter sich, bevor er dessen Ergebnis öffentlich vertritt. Er hat im Laufe dieses Prozesses in der Regel Abstriche an der eigenen Wunschvorstellung gemacht, hat bei sich selbst nach Argumenten geforscht, die für die eine oder andere Variante sprechen, ist also innerlich bereits in den Diskurs über den Text eingetreten. Das Bildmaterial fordert seine Phantasie in doppelter Weise heraus; es bietet Anreiz und leistet Widerstand.

Die Arbeit mit materiellen Vorgaben rückt die simulierte Inszenierung näher an den Ernstfall heran und wirkt damit im Wortsinn „belebend“. Denn für die echte, im Leben angesiedelte Inszenierung ist es kennzeichnend, daß sie mit materiellen Rahmenbedingungen zurechtkommen muß. Kein Regisseur von ‚Maria Stuart‘ kann sich seine Hauptdarstellerin nach Wunsch backen, er wählt aus den vorhandenen Möglichkeiten aus, und nur wenn er Glück hat, findet er die Besetzung, die seinem Ideal nahekommt.

3.1.4 Proben mit dem Text

Auch die Aufgabe, den Text für eine gedachte Inszenierung einzurichten, läßt sich an materielle Vorgaben knüpfen. Ein Modell dafür findet sich in Ulshöfers Methodik, die Vorgabe lautet: „Für eine Schülerveranstaltung ist ein verkürzter Spieltext von ‚Götz von Berlichingen‘ anzufertigen; die Aufführung soll höchstens zwei Stunden in Anspruch nehmen.“[6] Die materielle

Vorgabe hat in diesem Fall die Form eines zeitlichen Rahmens und ist überdies mit den Bedingungen des Schultheaters einleuchtend begründet. Bei der Lösung der Kürzungsaufgabe ergibt sich wiederum das Wechselspiel von Anreiz und Widerstand: Einzelne Textpassagen locken den Rotstift an und wehren sich zugleich gegen ihn. Ich habe die Leistung dieser Aufgabe bereits an anderer Stelle beschrieben (s. S. 58), sie entspricht der strukturalistischen *Weglaßprobe* und führt zunächst einmal zur Scheidung der obligatorischen Bestandteile des Dramas von den fakultativen. Obligatorisch sind die Textpartien, in denen die Handlung fortschreitet (Handlungsszenen), strukturell entbehrlich erscheinen dagegen die Textpartien, die ausschließlich der Charakterisierung von Personen und Zuständen dienen (Demonstrierszenen). Aber auch solche Partien erfüllen, wie die fakultativen Satzglieder, jeweils ganz bestimmte Funktionen. Ob man darauf verzichten kann, ist von Fall zu Fall zu erörtern und zu entscheiden.
Nicht weniger fruchtbar ist das Verfahren der *Umstellprobe*. Ich erläutere es an zwei Beispielen. Das eine knüpft an die Besonderheiten von Schillers Wallenstein-Trilogie an. Schiller bedient sich dort einer kunstvollen Überlappungstechnik. Weite Partien des Dramas, die auf der Bühne nacheinander erscheinen, sind vom Publikum gleichzeitig zu denken. Während z. B. die beiden Piccolomini über die Einschätzung Wallensteins streiten (Die Piccolomini, V. Akt), entscheidet sich Wallenstein für den Abfall vom Kaiser (Wallensteins Tod, I. Akt), während Wallenstein seine Entscheidung in Aktionen umsetzt (II, 1–3), laufen bereits Octavios Gegenaktionen (II, 4–7). Für die lesenden Schüler sind derlei Überlappungen nicht weniger verwirrend als für das Theaterpublikum. Die Spielzeit (und mit ihr die erlebte Zeit) übersteigt das Maß der gespielten Zeit; der daraus entstehende Effekt der Zeitdehnung führt dazu, daß die tatsächliche Dauer der Handlung für gewöhnlich weit überschätzt wird. Als hilfreich erweist sich wiederum ein Gedankenexperiment: Wir tun so, als stünde uns eine Simultanbühne mit zwei voneinander getrennten Spielräumen zur Verfügung. Natürlich kann man nicht in beiden Räumen gleichzeitig spielen, damit wäre das Publikum überfordert. Aber es gibt die Möglichkeit, die eine Handlung zeitweilig „einzufrieren" und in der gewonnenen Zeitspanne die Aufmerksamkeit auf die andere, parallel laufende Handlung zu lenken. Für die Textbearbeitung stellt sich damit die Aufgabe des Schneidens und Montierens, die herausgeschnittenen Textpartien müssen umgestellt und so aneinandergereiht werden, daß die Aufmerksamkeit des Publikums ständig zwischen beiden Spielräumen hin- und herpendelt. Ob und wie das funktioniert, zeigt sich bei der szenischen Lesung der neuen Textfassung. Das Verfahren bringt übrigens die tragische Ironie des Dramas zum Vorschein, etwa, wenn Max sich für Wallensteins Kaisertreue genau zu dem Zeitpunkt verbürgt, an dem Wallenstein sich ein für allemal dafür entscheidet, vom Kaiser abzufallen.
In seiner berühmt gewordenen Kölner Inszenierung der Wallenstein-Trilogie (1969) hat Hansgünther Heyme, ausgehend von der zeitlichen Überlappung der Handlungen von ‚Wallensteins Lager' und ‚Die Piccolomini', ein-

drücklich demonstriert, was ein Regisseur mit Schnitten und Simultan-Montagen bewirken kann. Jutta Wermcke beschreibt Heymes Vorgehen so:

„Das Lager erscheint nicht mehr als Vorspiel, sondern wird in 8 Blöcke aufgeteilt, mit denen die Haupthandlung durchschossen wird. Heyme erreicht dadurch, daß einerseits die Basis des Machtkampfes (‚sein Lager nur erkläret sein Verbrechen') dem Zuschauer stets präsent bleibt und andererseits die Folgen des Krieges, das maßlose Elend der Verstümmelten, Geplünderten, Vergewaltigten – Verblendeten [...] Denn verblendet sind sie: nicht nur die Soldaten, auch Max und Thekla, der eine durch seinen Glauben an den Führer, die andere durch ihre klösterliche Erziehung. Nicht als Repräsentanten eines idealen Menschentums stehen sie da [...], sondern als Opfer eines (politischen) Spiels, das sie nicht durchschauen."[7]

Heymes Ansatz öffnet ein weites Feld, auch für experimentelle Textmontagen im Unterricht.
Mein zweites Beispiel für die Ergiebigkeit von Umstellproben ist Georg Büchners ‚Woyzeck'. Im Falle dieses Dramas ist es der Autor selbst, der die materielle Vorgabe macht. „Büchner", so sagt Ingo Scheller, „hat eine szenische Materialsammlung geliefert, hat verschiedene Erfahrungen und Vorstellungen in Szenen umgesetzt, die unterschiedlich kombiniert werden können – vom Interpreten, vom Regisseur und nicht zuletzt vom Publikum."[8] Die gedruckten Fassungen des Dramas bieten ein trügerisches Bild, sie schreiben hypothetische Entscheidungen fest und gaukeln dem Leser eine Ordnung vor, die dem authentischen Text abgeht. Wer solche Ordnungen auf die Probe stellt, ist durch die Überlieferung des Textes legitimiert und darf es folglich mit dem besten Gewissen tun. Er befreit sich damit von der Vormundschaft der Textbearbeiter, setzt den mündigen Leser in seine Rechte ein.
Umstell-Experimente mit dem Text des ‚Woyzeck' sind aber nicht nur legitim, sie sind auch lohnend; sie verstricken die Textbearbeiter in wesentliche Fragen der Interpretation. Woyzecks Mord an Marie erscheint in einem anderen Licht, je nachdem, wie man die Szenen arrangiert, die ihm vorausgehen. Nehmen wir die beiden Szenen ‚Kramladen' und ‚Caserne', handelnd von Woyzecks Messerkauf und davon, wie er von Andres Abschied nimmt und seine Habseligkeiten vermacht. Plaziert man (wie es Noelte in seinem Woyzeck-Film tut) den Abschied vor den Messerkauf, so ergibt sich das Bild eines planmäßigen Vorgehens, Schritt für Schritt. Wenn Woyzeck dagegen erst das Messer kauft und dann Abschied nimmt, dann erscheint er als einer, dem die Konsequenzen seines Tuns erst nach und nach klarwerden. Und welche Szene soll dem Mordplan unmittelbar voranstehen, soll der Tropfen sein, der das Faß zum Überlaufen bringt? Die Szene im Wirtshaus kommt dafür in Frage, in der Woyzeck dem Tambourmajor im öffentlich ausgetragenen Hahnenkampf unterliegt, aber auch das Vieraugengespräch zwischen Woyzeck und Marie, der offene Ausbruch von Woyzecks Eifersucht. Im einen Fall ist es die Demütigung vor den anderen, die den Mordplan auslöst, ein gesellschaftlicher Rollenzwang: Woyzeck fühlt sich als Mann erniedrigt. Im andern Fall erwächst der Mordvorsatz aus den Gefühlen Woyzecks ge-

genüber Marie, wird das Persönliche und Private seiner Motive herausgestellt. Die Umstellproben offenbaren die schwankende Bedeutung der einzelnen Szenen, sie ändert sich je nach dem Zusammenhang.
Ich halte an dieser Stelle inne, um den Querverbindungen zum Theater nachzugehen, die im Begriff der „Probe“ stecken. Im Sprachgebrauch des Theaters ist damit zweierlei gemeint, das Erproben des Neuen und das Einüben des Erprobten. In der ersten Bedeutung berührt sich die Theaterprobe eng mit der zuletzt beschriebenen Umstellprobe: sie kombiniert spielerisch die Zeichen, mit denen sie zu tun hat, zu komplexen Einheiten und ist dabei auf der Suche nach neuen, zugleich überraschenden und einleuchtenden Bedeutungen. Und weil die Experimente auf der Ebene der Zeichen stattfinden, ist das, was dabei an neuen Bedeutungen herauskommt, von vornherein in Zeichen gefaßt, konkrekt und griffig, keine abstrakte Grübelei über den Text. Das ist bei der Umstellprobe nicht anders. Auch sie führt zu neuen Zeichenkombinationen, die Probenden machen etwas mit dem Text und aus dem Text. Was sie machen, hat wenig mit Philologie zu tun (es geht nicht um eine mögliche Rekonstruktion des Originals), aber viel mit dem Theater.
Es gibt noch andere Probe-Verfahren im Umgang mit dramatischen Texten. Ich komme dazu noch einmal auf die materiellen Rahmenbedingungen des Schultheaters zurück, sie sind eine Fundgrube für inszenatorische „Denksport“-Aufgaben. Denn im Schultheater kehrt sich das Verhältnis der Zeichensysteme um. Gesucht wird nicht das zum Text passende Ensemble, sondern der zum Ensemble passende Text. Dabei ist Phantasie gefragt, eine kecke Phantasie, die vor Eingriffen in den Text nicht haltmacht. Als Muster für derlei Denksport mag die folgende Aufgabe gelten: Eine Theatergruppe, bestehend aus drei Mädchen und drei Jungen, denkt daran, Kleists Lustspiel ‚Der zerbrochne Krug‘ aufzuführen. Zu prüfen sind die Fragen, ob Doppelbesetzungen möglich sind, ob sich der Personenbestand verringern läßt, ob man das Geschlecht der einen oder anderen Figur ändern kann.
A propos: Wie soll das Schultheater mit dem kulturgeschichtlich aufschlußreichen Phänomen zurechtkommen, daß im überlieferten Text-Angebot für das Theater die Männer-Rollen überwiegen, in den schulischen Theatergruppen dagegen in der Regel die Mädchen in der Überzahl sind? Gewiß, man kann den biederen Ausweg wählen und die Mädchen kurzerhand zu Männern deklarieren, werktreu und auf peinliche Weise behelfsmäßig. Reizvoller aber ist es, auf die Herausforderung schöpferisch zu antworten und den Text daraufhin zu befragen, ob er Geschlechts-Umwandlungen zuläßt; angesagt ist, um die Reihe der Proben um einen weiteren Begriff zu verlängern, das Verfahren der *Ersatzprobe*. Ich erinnere mich an eine höchst vergnügliche Aufführung der Theater-AG des Albertus-Magnus-Gymnasiums in Rottweil, man gab Shakespeares ‚Der Widerspenstigen Zähmung‘. Um den vielen Mädchen Frauenrollen zu verschaffen, hatte man die Geschlechter der Werbenden und der Umworbenen einfach vertauscht. Das Ganze geriet zu einer glücklichen, dazuhin zeitgemäßen Verfremdung des Dramas und trug, in Anspielung auf die Musical-Version ‚Kiss me, Kate‘, den hübschen Titel: ‚Küß mich, Kater!‘.

Das professionelle Theater hat mit Geschlechts-Umwandlungen keine Probleme. Von einer Inszenierung des ,Guten Menschen von Sezuan' durch das Tübinger Landestheater war unlängst zu lesen, zwei der drei Götter seien weiblichen Geschlechts, also Göttinnen gewesen. Warum sollte sich die Schule derlei Unbefangenheit nicht zum Vorbild nehmen? Die Frage, welcher Gott sich denn nun besonders für eine Geschlechtsumwandlung eigne, ist bei der Behandlung des ,Guten Menschen' eine den Scharfsinn herausfordernde und überdies pikante Denksport-Aufgabe, pikant deshalb, weil sie mit dem Textverständnis auch Vorurteile über die Geschlechterrollen auf den Prüfstand bringt. Darf man den dritten Gott, das gefühlvolle Dummchen unter den Dreien, guten Gewissens zur Göttin machen?
Das Gegenstück zu Brechts Göttern sind die beiden Brandstifter aus Frischs ,Biedermann'. Denn auf die Frage, in welchem von beiden sich eine Frau verbergen könnte, gibt es nur eine Antwort, und die fällt für das weibliche Geschlecht eher schmeichelhaft aus: Der grobschlächtige Tölpel Sepp Schmitz, ein vor Körperkraft strotzender ehemaliger Ringer von gutmütiger Brutalität, scheidet aus. Sein kultivierter Kumpan Wilhelm Eisenring dagegen, der mit den feinen Manieren und dem kühlen Intellekt, entpuppt sich, auf die Probe gestellt, als eine Frauengestalt von ganz und gar eigentümlichem Zuschnitt, zugleich vollendete Dame und eiskalte Terroristin. Und es zeigt sich, daß der Text nur weniger Änderungen bedarf. Natürlich trägt Wilhelmine Eisenring, genannt Minnie, keinen Frack wie ihr männliches Pendant – ein rotes Kostüm steht ihr besser zu Gesicht, es paart sich mit der Angabe, sie sei „von der Feuerversicherung"[9] und verleiht Minnie die Züge eines weiblichen Feuerteufels. Das gewandelte Zeichen lädt den Text mit neuen Bedeutungen auf. Die beiden Brandstifter sind nunmehr ein Pärchen. Den Willy hat Sepp Schmitz bewundert, die Minnie himmelt er an, in keuscher Einfalt, und schlüpft in die Rolle eines tapsigen Pantoffelhelden. Und wenn Biedermann in der zweiten Dachbodenszene um die Gunst Eisenrings buhlt, so gerät das jetzt ganz von selbst zur unverhohlenen „Anmache" – die Zigarre, mit der er dabei hantiert, verwandelt sich unversehens in ein Phallus-Symbol.
Ich komme zur Weglaßprobe zurück. Es gibt sie auch in einer eher deduktiven Variante, ausgehend von Hypothesen über den Text. Die Weglaßprobe wird zur Probe aufs Exempel, sie entscheidet über die Tauglichkeit der Hypothesen. In meinem konkreten Beispiel geht es darum, zwei alternative Regiekonzepte zu prüfen. Das Meßinstrument sind die Strichfassungen, die den Konzepten jeweils entsprechen. Gegenstand der Probe ist die große Szene III,4 aus Schillers ,Maria Stuart', die Begegnung der Königinnen.[10] Die Schüler (einer Klasse 10) lernen zunächst zwei Regiekonzeptionen kennen. Die eine entstammt der Dortmunder Inszenierung von 1973 (Regie: Peter Dieter Schnitzler)[11]. Nach Schnitzlers Konzeption ist Elisabeth

„nicht eine kleinliche, schwache, angstvolle Frau [. . .], sondern eine von machtpolitischen Überlegungen eingeengte Herrscherin. [. . .] Auch Maria bekommt starke politische Bedeutung, durch ihre Bemühung, Leicester für sich zu gewinnen sowie

Elisabeth zu sehen und umzustimmen, durch Mortimers Befreiungspläne, die von Frankreich und den katholischen Mächten beeinflußt sind. Nach solcher Konzeption kann das Treffen im Park des Schlosses Fotheringhay nicht als Streit zweier königlicher ‚Huren' gelten, wie Goethe meinte, auch nicht als das Gezänk zweier Geschlechtsgenossinnen, die ‚in blindem Henneneifer, der vor dem Gockel Leicester siegen will' (Rischbieter S. 56 [...]) aufeinander losgehen, sondern als Zusammenprall gegensätzlicher weltanschaulicher, religiöser und politischer Mächte."

Das entsprechende Szenenfoto[12] zeigt Elisabeth in der Mitte der Bühne, auf einem Teppich stehend, der die Form einer Landkarte von England hat. Die Herausforderin steht rechts im Vordergrund, außerhalb der Landkarte, an den Rand gedrängt, in die Enge getrieben. Die drei übrigen Personen gruppieren sich im Halbkreis um Elisabeth. Leicester versteckt sich hinter der Königin, die Kennedy wartet im Hintergrund ab, Talbot steht da, als wollte er zwischen die beiden Frauen treten, fände aber nicht den Mut dazu.
Eine alternative Konzeption findet sich in der Bremer Inszenierung von Nicolas Brieger (1978). Benjamin Henrichs beschreibt den dortigen Ablauf der Begegnungsszene so:[13]

„Langsam, wie in Trance, schreiten die beiden Königinnen zur Rampe, keine wagt es, zur Seite zu blicken, die andere anzuschauen. Dann ein zögerndes, angstvolles Umwenden, ein endloses Anstarren, ein gelähmtes Schweigen. Dann, als seien sie Wesen von zwei verschiedenen Sternen, fassen die beiden einander ungläubig an, wie fassungslos jede, daß auch die andere ein Mensch ist aus Fleisch. Einen Moment lang scheinen sich Haß und Angst zu lösen, entsteht eine seltsame, schöne Schwesterlichkeit zwischen den beiden Frauen – die dann abrupt in Jähzorn wieder umschlägt: Elisabeth schleift die Stuart wie eine große Puppe über den Bühnenboden, schmiert ihr Lippenstift ins Gesicht, reißt ihr, höhnisch keifend, das Kleid von den Schultern. Dabei gelingt es Brieger tatsächlich, beide Seiten der Affäre zu beschreiben, die erhabene und die lächerliche: den Endkampf zweier Königinnen, das Gezänk zweier Dirnen."

Das dem Bericht beigefügte Szenenfoto zeigt beide Frauen an der Rampe, beide im Profil, völlig einander zugewandt, sich nicht aus den Augen lassend. Die Plazierung auch der Elisabeth an der Rampe hebt die dem Text innewohnende Perspektive auf, macht die Auseinandersetzung zu einem hautnahen Vorgang von beklemmender Intimität. Hier werden persönliche Konflikte ausgetragen, fast unter Ausschluß der Öffentlichkeit. Das Politische tritt in den Hintergrund, in dem sich die anderen Figuren klein und schemenhaft verlieren.
Die Schüler erhalten die Aufgabe, zu jeder der beiden Regiekonzeptionen eine Strichfassung herzustellen, eine politische und eine persönliche. Es wird arbeitsteilig in Gruppen gearbeitet, der Text soll etwas auf die Hälfte gekürzt werden. Je eine Gruppe trägt ihren Vorschlag vor, die andern, die

das gleiche Konzept bearbeitet haben, sind zu Kritik und Ergänzung aufgefordert.
Nicht nur als Kostprobe der süßen Freiheit des Regisseurs gegenüber dem Text ist diese Aufgabe sinnvoll, sie legt auch die beiden Stränge der Handlung frei und gliedert den Text nach Schwerpunkten. Dabei merken die Bearbeiter der politischen Version selbstkritisch an, daß ihrer Fassung der Höhepunkt fehlt – die eigentliche Zuspitzung des Gesprächs fällt in den persönlichen Bereich. Die Weglaßprobe spricht für die persönliche Version.
Simulierte Inszenierung als Unterrichtsprinzip, das haben die Beispiele hoffentlich gezeigt, besagt: Nicht die Verfahren der Literaturwissenschaft bestimmen den Umgang mit dramatischen Texten, sondern das Vorbild des Theaters in all seinen Spielarten. Das Theater gibt den Schülern den Spielraum, den ihnen die Wissenschaft vorenthält, notwendigerweise.

3.1.5 Gedachte Räume

Dramentexte mit „Zuschauerblick" wahrnehmen, „die Bühne mitdenken" (Wermcke, s. S. 119), sich „zu jeder Äußerung" einen „Bühnenort" vorzustellen (Haas/Willenberg, s. S. 29) – das sind Formulierungen, die darauf aufmerksam machen, was die simulierte Inszenierung für den Leser dramatischer Texte leistet: Sie gibt seiner konkretisierenden Phantasie eine Anschauungsform. Der Leser lernt, Dramenszenen in seiner Vorstellung perspektivisch auszurichten, gestaffelt nach Vordergrund und Hintergrund, und mit konkretem Raum zu umgeben, in den Maßen der Bühne gehalten.
Ich beginne mit der *perspektivischen Ausrichtung* und bleibe mit meinem Beispiel bei der Begegnung der Königinnen aus ‚Maria Stuart'. Die Schüler sollen einen Vorschlag für die Anordnung der Figuren zu Beginn der Szene erarbeiten (den „Beginn" grenzen wir etwa mit Vers 2280 ab). Es ist eine Art Stellprobe mit graphischen Hilfsmitteln: Grundriß der Bühne, Kreissymbole für die Figuren, Pfeile für ihre Bewegungen und Zuwendungen. Mehrere Schülervorschläge werden vorgestellt und diskutiert. Dabei gibt es zweierlei zu entdecken: eine im Text indirekt enthaltene Anweisung und mehrere offene Fragen. Die erstere bezieht sich auf die Besetzung des Vordergrunds. Die Entwürfe aus der Klasse stimmen darin überein, daß Maria im Vordergrund zu plazieren sei. Merkwürdigerweise tun sich die Schüler aber schwer damit, diese offenbar als selbstverständlich erachtete Anordnung zwingend aus dem Text zu begründen. Erst eine Rückverweisung an den Text ergibt: Maria tut mehrere Äußerungen (z. B. 2232 „O Gott, aus diesen Zügen spricht kein Herz!", vgl. auch 2244–2249), deren Reichweite so bemessen ist, daß sie zwar für das Publikum, nicht aber für Elisabeth und ihre Begleiter hörbar sind – es sind „private" Äußerungen. Sie rücken Maria in die nächste Nähe des Publikums, schaffen eine gemeinsame Distanz zu Elisabeth. Daß Schiller das Zusammentreffen der beiden Gegenspielerinnen in dieser Weise perspektivisch arrangiert, ist kein Zufall; es ist die in der Gesamtanlage des Dramas vorherrschende Perspektive – Maria steht dem Dichter und dem Publikum näher als Elisabeth. Wer als Regisseur versucht, sich dieser im Text enthaltenen Anordnung zu widersetzen, muß die ge-

nannten Äußerungen Marias entweder herausstreichen oder mit einem neuen, provokativen Sinn belegen: Die Feindin soll ruhig mithören.
Offene Fragen ergeben sich vor allem bei den Standortentscheidungen für Leicester und Talbot. Geht man davon aus, daß sich Maria und Elisabeth in einer diagonalen Linie gegenüberstehen (Maria im Vordergrund, Elisabeth in der Mitte oder im Hintergrund), so ist vor allem die Frage nach dem Standort Leicesters reizvoll. Steht er zu Maria? Ist vielleicht sogar eine Konstellation denkbar, die ihn zum Mithörer von Marias „privaten" Äußerungen macht und damit jetzt schon bei Elisabeth die Ahnung aufsteigen läßt, von den beiden betrogen zu werden? Oder hält er sich hinter der Königin bedeckt? Versucht er vielleicht, hinter Elisabeths Rücken mit Maria in Augenkontakt zu treten? Stellt er sich zwischen beide Frauen, um seine Vermittlerrolle zu betonen? Und wo steht Talbot, an der Seite Elisabeths, Marias oder zwischen beiden? Das Arrangement der Figuren setzt Antworten auf diese Fragen voraus, es enthält eine versteckte Textinterpretation, auf die sich die Inszenierenden verständigen müssen. Ein Vorzug der simulierten Inszenierung liegt darin, daß sie solche Fragen offen halten und damit die Freiheit bewahren kann, die das Lesen vor dem Inszenieren auszeichnet.
Neben seiner perspektivischen Ausrichtung zählt auch die *Ausgestaltung des Raumes* zu den möglichen Aufgaben des simulierten Inszenierens. Sie setzt bei den Szenenanweisungen an, ist deren Fortschreibung. Wer sich anschickt, in Gedanken einen Szenenraum auszustatten, braucht einen Blick dafür, was die Ortsangaben in den Szenenanweisungen besagen. Der Ort, an dem Schillers Drama ‚Die Piccolomini' einsetzt, ist: „Ein alter gotischer Saal auf dem Rathause zu Pilsen, mit Fahnen und anderm Kriegsgeräte dekoriert." Es ist ein öffentlicher, ein politischer Ort, ein Ort der Zusammenkünfte und Verhandlungen. Seine Ausstattung verweist darauf, wie hoch hierorts die Tradition gehalten wird; der Raum ist vollgestopft mit dem „würdig alten Hausrat" des „aus Gemeinem" gemachten Menschen, dem „teure(n) Erbstück seiner Ahnen", an dem Wallenstein in seinem großen Monolog zornigen Anstoß nehmen wird (Wallensteins Tod, 210ff.). Ausgerechnet in diesem Raum gehen Wallensteins Gefolgsleute ihren umstürzlerischen Plänen nach und begegnen Questenberg, dem Sendboten des Hofes und der hergebrachten Ordnung, mit unverhohlener Feindseligkeit. Wallenstein selbst wählt dagegen den Ort für seine Begegnung mit Questenberg wohlüberlegt, es ist der „Saal beim Herzog von Friedland", in dem der Astrolog Seni über die Anzahl der Stühle wacht. Der Friedländer drückt dem Ort der Verhandlung seinen persönlichen Stempel auf, er betreibt das politische Geschäft mit Questenberg als „Heimspiel" vor eigenem Publikum. Danach wechselt die Szene, Ort der Handlung ist „Ein Zimmer", das Gegenstück zum „Saal", dem Raum öffentlicher Politik. Das Zimmer ist der abgeschirmte Raum der politischen Intrige, der feinen Einfädelungen; Illo, Terzky und die Gräfin sind die Akteure, Max und Thekla ihre Opfer (Die Piccolomini, III,9).
Auch für den weiteren Gang der Handlung ist der Gegensatz von Saal und Zimmer maßgeblich. Die beiden Piccolomini ziehen sich aus dem „großen,

festlich erleuchteten Saal", in dem das Bankett der Offiziere stattfindet, in die Abgeschiedenheit eines „Zimmer(s) in Piccolominis Wohnung" zurück. Der Ort, an dem ungefähr zur gleichen Zeit Wallensteins Entscheidung fällt, ist „Ein Zimmer, zu astrologischen Arbeiten eingerichtet und mit Sphären, Quadranten und anderm astronomischen Geräte versehen" (Wallensteins Tod, I, 1), ein Ort, der ein bezeichnendes Licht auf Wallensteins Entscheidung wirft. Es ist ein ganz persönlicher Ort, für Wallensteins Teilhabe am göttlichen Wissen bestimmt, und eigentlich ein Ort der Einsamkeit; nicht zufällig spricht Wallenstein seinen großen Monolog im astrologischen Zimmer. Aber an diesem verhängnisvollen Morgen dringt der Unglücksbote Terzky in das Zimmer ein und mit ihm das politische Tagesgeschäft – die Entscheidung wird unausweichlich. Wallenstein ist genötigt, sie blindlings zu treffen, in groteskem Kontrast zu all den Geräten, die ihn umstellen und ihm Allwissenheit verheißen. Einer, der darauf aus ist, das Getriebe der Welt zu durchschauen, erweist sich selbst als Getriebener.

Die politischen Aktionen, die sich an Wallensteins Entscheidung anschließen, finden, voneinander getrennt, in verschiedenen Zimmern statt. Es ist Geheimpolitik, man ist geneigt, sich das typische „Hinterzimmer" als Ort der Handlung vorzustellen, entlegen, kleinräumig und karg möbliert, vor allem bei den Gesprächen Octavios. Nach Abschluß der Geheimpolitik kehrt die Handlung in den „Saal" zurück, und ein neuer Gegensatz der Räume gibt ihr ein neues Gesicht. Auch der dritte Akt von ‚Wallensteins Tod' ist wie der zweite räumlich zweigeteilt, aber jetzt steht dem „Saal bei der Herzogin von Friedland" (III, 1–12) „Ein großer Saal beim Herzog von Friedland" gegenüber (III, 13–23). Die Aufgabe, eine Ausstattung für beide Säle zu entwerfen, gibt den Schlüssel ab für die Deutung des Unterschieds.

Im Saal der Herzogin ist man, wie die Szenenanweisung zu III, 1 vorschreibt, „mit weiblichen Arbeiten beschäftigt". Man könnte bei seiner Ausstattung an eine anmutige Sitzgruppe um einen Teetisch denken, an Blumenvasen, zierliche Schränke mit feinem Geschirr und an heitere Bilder an den Wänden – es ist ein Ort der Geselligkeit, dazu bestimmt, die Menschen zu verbinden. Der Saal des Herzogs dagegen ist ein Ort der Politik, vielleicht gibt ihm ein langer Tisch das Gepräge, mit klobigen Stühlen umstellt, im Hintergrund schwere Aktenschränke, an den Wänden martialische Bilder. Hier wird verhandelt, hier setzt man Interessen durch. Die beiden Säle, das ergibt sich aus dem Gedankenexperiment ihrer Möblierung, verkörpern den Gegensatz zwischen kommunikativem und strategischem Handeln. Wallenstein selbst ist sich dieses Gegensatzes bewußt, er betritt den Saal der Herzogin, weil er, wie er sagt, „einmal von Geschäften ruhn" und „eine heitere Stunde im lieben Kreis der Meinen" verleben will (1462 ff.). Wallenstein sucht einen von strategischen Handlungszwängen freien Raum, doch es zeigt sich, daß sich die Politik an seine Fersen geheftet hat und ihn nicht mehr losläßt. Durch den Raum, der seiner Bestimmung nach die Menschen verbinden soll, laufen plötzlich Risse, das Trennende der Politik ist eingedrungen. Nachweisbar ist es z. B. in Bemerkungen, die der Herzog „beiseite, zur Gräfin" macht (1466), sie sind nicht für das Ohr der Herzogin bestimmt (1466: „Kann sie's vernehmen? Ist sie vorbereitet?", 1538: „Hast du ihr angekündigt, welchen Wohnsitz / Ich ihr bestimm?"). Man kann zu solchen Textstellen jeweils das räumliche Arrangement der Figuren in einen vorgegebenen Bühnengrundriß eintragen lassen und so die Trennungslinien im Szenenraum sichtbar machen.

Genug der Beispiele. Sie sollten demonstrieren, was es heißt, sich im Gedankenexperiment Szenenräume und den Ort der auftretenden Figuren vorzustellen. Hilfreich für die Ausgestaltung des Raumes ist es, wenn Begriffe verfügbar sind, mit denen sich Szenenräume klassifizieren lassen, z. B. privat – öffentlich, geschlossen – offen, strategisch – kommunikativ. Man kann, um die Raumwahrnehmung des Dramenlesers zu schulen, eine ungeordnete Liste von Szenenräumen (Straße, Saal, Platz, Kammer, Zimmer, Garten, Kerker, freies Feld) ordnen lassen, z. B. nach ihrem Öffentlichkeitsgrad, und wird auf ergiebige Streit- und Zweifelsfälle stoßen. Wie etwa hat man sich die „Gerichtsstube" vorzustellen, die den Ort für Kleists Lustspiel ‚Der zerbrochne Krug' abgibt? Privates und Öffentliches vermischt sich in diesem Begriff zu einem seltsamen Zwitter, und es erscheint reizvoll, den Szenenraum in Gedanken so auszustatten, wie es einer Gerichtsstube zukommt.

3.1.6 Die Schreibform gestischer Bericht

Ausgehend von der Einsicht, „daß jede neue Inszenierung im Grunde nichts anderes ist als eine neue ins Gegenständliche gehobene Textlektüre"[14], fordert Arno Paul 1977 für das Drama eine besondere Leseweise. Er spricht von „gestischer Lektüre" und ordnet dieser Lektüre eine Schreibform zu, den „gestischen Bericht". Vorbilder dafür findet er „vor allem bei Brecht, der zu fast allen seiner Stücke und Bearbeitungen gestische Beschreibungen, Nacherzählungen und/oder Erläuterungen geliefert hat". Und er charakterisiert diese Schreibform so:

> „Derartige gestische Beschreibungen sind [...] immer zugleich interpretatorische Leistungen, und sie sollten aufgrund der intendierten Genauigkeit, Plastizität und inneren Dynamik als das Kernstück einer unterrichtsgemäßen Dramenanalyse verstanden werden. Statt den Tonfall des Autors nachzuahmen, sollten die Schüler ihren gestischen Bericht ganz in der ihnen gemäßen Diktion verfassen ..."[15].

Ziel der gestischen Lektüre ist es u. a., „die Schüler in der eigenständigen Produktion und Aneignung literarisch vermittelter Sinnlichkeit zu üben"[16]. Gestische Berichte können im Anschluß an den Besuch einer Aufführung entstehen, aber auch im Rahmen der Textlektüre – sie sind dann fiktiv, eine Umsetzung des Prinzips der simulierten Inszenierung.

Fußend auf dessen Forderung nach „Plastizität" und „Genauigkeit", fasse ich den Begriff gestischer Bericht ein wenig enger als Paul und bestimme ihn als die Schreibform, die sich aus der Aufgabe ergibt, für eine Textpartie eine durchgehende Regieanweisung zu entwerfen, anknüpfend an die im Text enthaltenen punktuellen Anweisungen – wieder einmal geht es um die Fortschreibung des Nebentextes. Was dabei zu leisten ist, geht aus den folgenden Beispielen hervor. Ihre Textgrundlage ist ein Ausschnitt aus ‚Die jüdische Frau', einer weiteren Szene aus Brechts ‚Furcht und Elend des Dritten Reiches'. Brecht führt darin das Schicksal einer deutschen Jüdin vor Augen, die mit einem „arischen" Arzt verheiratet ist. Sie packt an einem Abend des Jahres 1935 ihre Koffer, entschlossen, nach Holland zu emigrieren. In mehreren Anläufen probt sie den Abschied von ihrem Mann und spricht dabei immer schonungsloser aus, was sie wirklich denkt:

Und du sollst auch nicht tun, als wäre es nur für vier Wochen. Das hier dauert nicht nur vier Wochen. Du weißt es, und ich weiß es auch. Sage also nicht: es sind schließlich nur ein paar Wochen, während du mir den Pelzmantel gibst, den ich doch erst im Winter brauchen werde. Und reden wir nicht von Unglück. Reden wir von Schande. O Fritz!

Es folgt der Schlußteil der Szene, eingeleitet durch die Rückkehr des Mannes.

Sie hält inne. Eine Tür geht. Sie macht sich hastig zurecht. Ihr Mann tritt ein.
DER MANN: Was machst du denn? Räumst du?
DIE FRAU: Nein.
DER MANN: Warum packen?
DIE FRAU: Ich möchte weg.
DER MANN: Was heißt das?
DIE FRAU: Wir haben doch gesprochen, gelegentlich, daß ich für einige Zeit weggehe. Es ist doch nicht mehr sehr schön hier.
DER MANN: Das ist doch Unsinn.
DIE FRAU: Soll ich denn bleiben?
DER MANN: Wohin willst du denn?
DIE FRAU: Nach Amsterdam. Eben weg.
DER MANN: Aber dort hast du doch niemanden.
DIE FRAU: Nein.
DER MANN: Warum willst du denn nicht hierbleiben? Meinetwegen mußt du bestimmt nicht gehen.
DIE FRAU: Nein.
DER MANN: Du weißt, daß ich unverändert bin, weißt du das, Judith?
DIE FRAU: Ja.
Er umarmt sie. Sie stehen stumm zwischen den Koffern.
DER MANN: Und es ist nichts sonst, was dich weggehen macht?
DIE FRAU: Das weißt du.
DER MANN: Vielleicht ist es nicht so dumm. Du brauchst ein Aufschnaufen. Hier erstickt man. Ich hole dich. Wenn ich nur zwei Tage jenseits der Grenze bin, wird mir schon besser sein.
DIE FRAU: Ja, das solltest du.
DER MANN: Allzulang geht das hier überhaupt nicht mehr. Von irgendwoher kommt der Umschwung. Das klingt alles wieder ab wie eine Entzündung. – Es ist wirklich ein Unglück.
DIE FRAU: Sicher. Hast du Schöck getroffen?
DER MANN: Ja, das heißt, nur auf der Treppe. Ich glaube, er bedauert schon wieder, daß sie uns geschnitten haben. Er war direkt verlegen. Auf die Dauer können sie

uns Intellektbestien doch nicht so ganz niederhalten. Mit völlig rückgratlosen Wracks können sie auch nicht Krieg führen. Die Leute sind nicht mal so ablehnend, wenn man ihnen fest gegenübertritt. Wann willst du denn fahren?

DIE FRAU: Neun Uhr fünfzehn.

DER MANN: Und wohin soll ich das Geld schicken?

DIE FRAU: Vielleicht hauptpostlagernd Amsterdam.

DER MANN: Ich werde mir eine Sondererlaubnis geben lassen. Zum Teufel, ich kann doch nicht meine Frau mit zehn Mark im Monat wegschicken! Schweinerei, das Ganze. Mir ist scheußlich zumute.

DIE FRAU: Wenn du mich abholen kommst, das wird dir guttun.

DER MANN: Einmal eine Zeitung lesen, wo was drin steht.

DIE FRAU: Gertrud habe ich angerufen. Sie wird nach dir sehen.

DER MANN: Höchst überflüssig. Wegen der paar Wochen.

DIE FRAU *die wieder zu packen begonnen hat:* Jetzt gib mir den Pelzmantel herüber, willst du?

DER MANN *gibt ihn ihr:* Schließlich sind es nur ein paar Wochen.[17]

Bei dieser Szene handelt es sich um eine kunstvoll gearbeitete und psychologisch außerordentlich subtile Studie. Sie zeigt, wie der Rassenwahn die zwischenmenschlichen Beziehungen auch in den Kreisen zerstört, die scheinbar dagegen gefeit sind. Im Verlauf der Szene stürzt die äußere Fassade einer Ehe zusammen, die innerlich bereits ausgehöhlt ist. Schon zu Beginn entscheidet sich die Frau dafür, das Bild ihres Mannes nicht mitzunehmen. Aber als der Mann nach Hause kommt, nimmt die Szene eine überraschende Wende. Die Frau hat nicht den Mut, die Wahrheit auszusprechen, und der Mann beteiligt sich feige an ihrer Verschleierung. Am Ende der Szene ist die zuvor eingestürzte Fassade wieder aufgerichtet. Eine für die Deutung und Inszenierung interessante Frage ist, ob auch die Umarmung der Eheleute, ihr stummes Zwischen-den-Koffern-Stehen, unehrlich ist oder einen Kontrapunkt zur Verlogenheit der verbalen Kommunikation der beiden Eheleute bildet.

Hier nun zwei gestische Berichte zum Schlußteil der Szene, verfaßt von Schülern der Jahrgangsstufe 12. Ich stelle sie der besseren Vergleichbarkeit wegen nebeneinander.

A

Sie hält inne. Sie macht sich hastig zurecht. Ihr Mann tritt ein. Der Mann schaut verwundert im Zimmer umher. Sie schaut ihn nicht an, packt geschäftig weiter. Beim Satz „Soll ich denn bleiben?“ dreht sie sich um und schaut ihn verzweifelt an. Er schaut sie kurze Zeit an, dann aber auf den Boden (vor: „Wohin willst du denn?“). Sie packt weiter. Er schaut ihr beim Packen zu („Warum willst du denn nicht hierbleiben?“). Sie schaut ihn kurz an: „Nein.“ Er hält sie

B

Sie hält inne. Sie macht sich hastig zurecht. Ihr Mann tritt ein. Er bleibt verwundert in der Tür stehen. Sie packt, sieht ihn nicht an. Er: „Das ist doch Unsinn.“ Er geht auf sie zu, die Hände wie fröstelnd halb erhoben. „Soll ich denn bleiben?“ Sie richtet sich auf, dreht sich zu ihm um und sieht ihn resigniert an. Sie: „Nein.“ Sie dreht sich wieder um und packt weiter. Er steckt die Hände in die Manteltasche und senkt den Kopf. Er sieht sie an: „Du weißt, daß ich unam Arm und dreht sie so, daß er der Frau in die Augen sehen kann („Du weißt ...“). Sie schaut ihm in die Augen, bei „ja“ jedoch sieht sie auf den Boden. Er umarmt sie und starrt ins Leere. Sie stehen stumm zwischen den Koffern. Dann redet der Mann. Beim Stichwort „Vielleicht ist es nicht so dumm“ schaut er sie plötzlich wieder an, löst die Umarmung, hält aber ihre Arme noch in den Händen. Sie steht da wie versteinert. Der Mann lächelt aufmunternd bei dem Satz „Das klingt alles wieder ab“. Er schüttelt betroffen den Kopf: „Es ist wirklich ein Unglück.“ Die Frau löst sich von ihm und fängt wieder an zu packen. Er geht zu seinem Stuhl, setzt sich und schaut noch etwas gedankenverloren („Ja, das heißt ...“) Die Frau hält inne und schaut ihren Mann entsetzt an, sagt, nach einer Pause: „Vielleicht hauptpostlagernd Amsterdam.“ Der Mann legt die Stirn in die Hand (vor „Mir ist scheußlich zumute“). Die beiden stehen mit dem Rücken zueinander, reden und starren ins Leere. Die Frau, die wieder zu packen begonnen hat: „Jetzt gib mir den Pelzmantel ...“ Der Mann gibt ihn ihr: „Schließlich sind es nur ein paar Wochen“. Das Licht geht aus, die beiden bleiben unbeweglich stehen.

verändert bin ...“ Sie dreht sich wieder um, streicht sich die Haarsträhne aus der Stirn.

Er umarmt sie. Sie stehen stumm zwischen den Koffern. Er hält sie in den Armen. Er sieht sie an, sie weicht ab und zu seinem Blick aus.
Sie löst sich aus seiner Umarmung, wendet den Kopf, senkt den Blick, um ihm nicht in die Augen sehen zu müssen: „Sicher. Hast du Schöck getroffen?“ Er steckt die Hände wieder in die Manteltaschen und seufzt. Mit resigniertem Gesichtsausdruck sieht er sich im Zimmer um. Sie packt hastig weiter. Als er „Schweinerei, das Ganze“ sagt, hebt er den Blick nach oben und seufzt. Er nimmt seine Hände aus den Taschen und verkrampft sie ineinander. Sie richtet sich auf und sieht ihn an. Sie atmet schwer, angestrengt vom Packen. Sie streicht sich die Haarsträhne aus der Stirn. Dann dreht sie sich wieder um und packt weiter. Beiläufig zeigt sie hinter sich auf den Schrank, wo der Pelzmantel hängt, ohne ihren Mann dabei anzusehen. Er gibt ihr den Mantel langsam und mutlos.

Man erinnere sich an die beiden Spielweisen, die ich einander gegenübergestellt habe, als es darum ging, das Verhältnis von Text und Spiel zu bestimmen: das *textverhaftete* Spiel, gekennzeichnet durch die Suche nach der zur einzelnen Äußerung passenden Geste, Mimik, Bewegung, die punktuelle Übersetzung von Text in Spiel (s. S. 25), und das *vom Text abgelöste* Spiel, bei dem eine Geste aus der anderen herauswächst (s. S. 26f.). Der Vergleich der beiden gestischen Berichte offenbart, daß es den entsprechenden Unterschied auch bei der simulierten Inszenierung gibt, als Gegensatz zweier Denkweisen.
Zunächst scheinen sich die beiden Berichte stark zu ähneln, sie sind darauf abgestellt, daß die beiden sich abwechselnd ansehen und nicht anzusehen wagen. Dann aber reißt in der *Fassung A* der Faden, z. B. wenn der Mann von einem Augenblick zum andern aufmunternd lächelt und betroffen den Kopf schüttelt. Die beiden Äußerungen, die er dabei fast in einem Atemzug tut („Das klingt alles wieder ab“ / „Es ist wirklich ein Unglück“), stehen bei

dieser Art von Inszenierung gänzlich unverbunden nebeneinander, zwischen sie schiebt sich die für das textverhaftete Spiel typische „Umschaltpause" (s. S. 25). Der Verfasser der *Fassung B* dagegen entwickelt für den Mann ein gestisches Konzept, demonstriert seine Hilflosigkeit am Spiel seiner Hände, die sich „wie fröstelnd" halb erheben, sich in den Manteltaschen verstecken, wieder herauskommen und sich verkrampfen. In *Fassung A* zeigt und verbirgt die Frau abwechselnd ihre Gefühle, je nachdem, wie es der Text nahezulegen scheint; ihr Verhalten weist Brüche auf. In *Fassung B* ist die Frau einheitlich konzipiert, sie begegnet ihrem Mann mit kühler Distanz. Zweimal streicht sie sich die Haarsträhne aus der Stirn, eine Geste, die ihre Entschlossenheit anzeigt, sich fortan um sich selbst zu kümmern. Die Schreiberin der *Fassung A* denkt im Textzusammenhang, sie geht den Weg vom Text zur Figur. Der Verfasser von *B* hat eine Person vor Augen und kommt von der Figur zum Text, er denkt im Spielzusammenhang.
Auch unter den von Paul genannten Kriterien der Genauigkeit, Plastizität und inneren Dynamik schneidet der *Bericht B* besser ab, nicht zuletzt dank seiner zusätzlichen Details (Haarsträhne, Manteltasche). Eine Schwäche der *Fassung A* ist ihre Vorliebe für die abstrakte Bezeichnung von Stimmungen („verzweifelt", „entsetzt"). Dem Anweisungscharakter des gestischen Berichts ist die Angabe konkreter Verhaltensweisen gemäßer. Statt „entsetzt" könnte es z. B. heißen „mit weit aufgerissenen Augen". Damit wäre auch dem Anspruch A. Pauls auf „literarische Sinnlichkeit" Genüge getan.
Die Fähigkeit, gestische Berichte abzufassen, läßt sich schulen. Zu vermitteln sind die genannten Kriterien, aber auch Arbeitstechniken. Die Beschäftigung mit dem Text sollte in zwei Schritten erfolgen. Der erste führt vom Text zur Figur, von der Figur zur Person; es geht darum, Bilder aus dem Text zu destillieren, mit denen die konkretisierende Phantasie anschließend umgehen kann. Der zweite Schritt führt von den Personen-Entwürfen wieder zurück zum Text, es ist die Einarbeitung des Textes in den Entwurf. Wenn es ihr gelingt, sich zeitweilig vom Text zu lösen, nähert sich die simulierte Inszenierung der realen an.

3.2 Szenische Interpretation

„Er geht auf sie zu, die Hände wie fröstelnd halb erhoben." „Er steckt die Hand in die Manteltasche und senkt den Kopf." „Er nimmt seine Hände aus der Tasche und verkrampft sie ineinander."
Diese Sätze aus dem zuvor zitierten gestischen Bericht sind – im Rahmen einer Klausur – von einem Sitzenden geschrieben worden, der sich zu allem hin beobachtet fühlen mußte. Trotzdem hat sie der Verfasser vermutlich mit vibrierenden Fingerspitzen niedergeschrieben, vielleicht mußte er sogar an sich halten, um nicht aufzuspringen und die Gesten zu erproben, die er beschrieb.
Der gestische Bericht antwortet auf die Fragen „Wie fühlt sich der Mann?" und „Wie drückt er seine Gefühle aus?" Doch während der Schreiber nach

Antworten sucht, mischt sich sein eigener Körper ein und will mitreden. Denn unabweisbar stellt sich dem Schreiber die Frage: „Wie fühle ich mich selbst bei den beschriebenen Gesten?“

Wenn der Schreiber, um dieser Frage nachzugehen, aufsteht und in den Dialog mit dem eigenen Körper eintritt, tut er den Schritt zur „Probe“, er wird zum Vermittler zwischen der Sprache des Textes und seiner eigenen Körpersprache. Es ist der Schritt zur Polarisierung der Zeichensysteme (s. S. 24, 28f.).

Die Polarisierung der Zeichen verstärkt sich, wenn der Schreiber die einzelnen Anweisungen nicht selbst erprobt, sondern seinen gestischen Bericht abschnittweise durch Mitschüler darstellen läßt. Jetzt redet nicht nur der *eigene* Körper mit bei der Zeichensetzung, auch *fremde* Körper sind daran beteiligt und wollen befragt sein. Und zur Innenwahrnehmung kommt die Außenwahrnehmung, zur Frage „Wie fühlst du dich?“ die Frage „Wie sieht das aus?“.

Die Polarisierung der Zeichensysteme soll als Merkmal der *szenischen Interpretation* gelten. Anders als die simulierte Inszenierung arbeitet die szenische Interpretation mit den authentischen Zeichen des Theaters: den Körpern der Darsteller, den Requisiten, dem Raum. Stühle und Tische, die sich die simulierte Inszenierung leichthin dazudenkt, stehen plötzlich hart im Raum, leisten Widerstand, fordern Anpassung und Einpassung. Die szenische Interpretation hält doppelte Zwiesprache: mit dem Text, mit dem „Material“ der Zeichensetzung. Nach Ingo Scheller orientiert sich die szenische Interpretation am Modell der Theaterprobe, allerdings mit einem bezeichnenden Unterschied: „Im Gegensatz zur Theaterprobe, die immer die fertige Aufführung im Blick hat, richtet sich das Interesse bei der szenischen Interpretation auch auf das, was die Teilnehmenden bei der Auseinandersetzung mit dem Text über sich in Erfahrung bringen können.“[18]

Leitlinie für das folgende Kapitel ist der Weg vom Spiel zum Text. Ich beginne es mit einem Abschnitt über die Stegreif-Inszenierung, die den Text in ein freies Spiel übersetzt, und beschließe es mit dem Thema Szenische Lesung, mit dem das Spiel eng in die Pflicht des Textes genommen wird.

3.2.1 Stegreif-Inszenierungen

Mit dem Begriff der Stegreif-Inszenierung bezeichne ich das improvisierende Spiel in den Rollen, die der dramatische Text anbietet. Die Szenen, die dabei herauskommen, sind gespielte Zusätze zur – nicht realisierten – Textinszenierung: Szenen aus der Vorgeschichte der Figuren, im Text ausgesparte Szenen, Szenen aus einem fiktiven Nachspiel. Das rollengebundene Stegreifspiel erweitert die gedachte Inszenierung des Textes in ähnlicher Weise, wie der konkretisierende Leser den Text durch eigenes Zutun erweitert.

Die beiden Bestandteile des Begriffs Stegreif-Inszenierung stehen in Spannung zueinander, sie verheißen Freiheit vom Text (Stegreif) und fordern zugleich Bindung an den Text (Inszenierung). Für die Spieler heißt das: Sie brauchen den Text zwar nicht zu lernen, müssen ihn aber kennen. Damit ist auch der didaktische Ort der Stegreif-Inszenierung umrissen. Sie ist der Lektüre nachgeordnet und bedarf, zumindest in ihren komplexen Formen, der gründlichen Vorbereitung. Als Muster einer solchen Stegreif-Inszenierung stelle ich den Vorschlag vor, den Reinhard Lindenhahn für die Behandlung von Büchners ‚Woyzeck' gemacht hat[19], und beschreibe ihn in einer Variante, die ich selbst in einem Grundkurs der Jahrgangsstufe 12 erprobt habe. Ihr Kernstück ist eine gespielte Gerichtsverhandlung gegen Woyzeck, bei der die meisten Figuren des Dramas als Zeugen auftreten, bis auf die ermordete Marie natürlich.

Die äußere Form der Gerichtsverhandlung setzt dem Stegreifspiel einen Rahmen und gibt der Improvisation eine äußere und innere Struktur. Zwei Vorgänge bestimmen ihren Ablauf, die Ermittlung und die Urteilsfindung. Befragen und Beraten sind die beiden beherrschenden Handlungsaufgaben, vor die sich die Spieler gestellt sehen.

Zweierlei Rollen sind dabei zu unterscheiden. Da sind zum einen die Figuren, die dem Text selbst entnommen sind: der Angeklagte, die Zeugen. Zum andern aber werden Figuren gebraucht, die im Text so nicht vorkommen: Ankläger, Verteidiger, Richter, Gutachter. Auch sie sind im Text enthalten, auf andere Weise allerdings als die handelnden Figuren. Sie verkörpern die in den Text eingezeichnete Leserrolle, sind Sachwalter des „impliziten Lesers"[20], stellen dessen Fragen, formulieren dessen Urteil. Das Gerichtsspiel ist, so besehen, ein Dialog zwischen Text und Leser.

Und so sieht der Vorlauf zur Gerichtsverhandlung aus: Nach der Lektüre des Textes übernehmen die Schüler zunächst die Rollen von Gerichtsreportern, sie sind gehalten, sich den Ablauf der kommenden Verhandlung in allen Einzelheiten vorzustellen. Damit die Schüler mit dieser sehr komplexen Aufgabe zurechtkommen, wird sie zunächst für die Gestalt des Tambourmajors gemeinsam gelöst. Die Klasse geht die Szenen durch, die, direkt oder indirekt, etwas über diese Figur besagen, und notiert mögliche Fragen der Ermittler an den genannten Zeugen, Fragen des Richters, des Anklägers, des Verteidigers, des Gutachters. In die Besprechung dieser Fragen werden mögliche Antworten des Tambourmajors einbezogen. Zum Abschluß formulieren die Schüler den Abschnitt aus einer fiktiven Gerichtsreportage, der vom Auftritt des Tambourmajors vor Gericht handelt. Dabei sollen Aussehen, Sprechweise und Auftreten des Zeugen zur Sprache kommen und mindestens ein wörtliches Zitat aus dem Text eingearbeitet werden. Der Leser soll erfahren, welches Bild der Tambourmajor von Woyzeck entwirft und welche Absichten er mit seiner Aussage verfolgt.

Die Aufgabe verlangt zugleich Einfühlung und Distanz, inneren Nachvollzug und Beobachtung von außen, Ausfüllung der Figurenrolle und der Leserrolle. Sie bereitet die Schüler auf das Gerichtsspiel vor, ohne ihre Rollenwahl vorwegzunehmen. In der sich anschließenden Gruppenarbeit verfassen die Schüler entsprechende Reportagen-Auszüge für die anderen Zeugen, und zwar arbeitsteilig. Leitender Gesichtspunkt für die Auswertungsgespräche ist die Frage, ob Woyzeck durch den Auftritt des jeweiligen Zeugen belastet wird oder entlastet. Bleibt noch die Figur des Angeklagten. Die

Fragen, die an ihn zu richten sind, und die Antworten, die er darauf geben könnte, sind für die Verhandlung so bedeutsam, daß alle Schüler aufgefordert werden, sich damit zu befassen. Sie entwerfen – in Einzelarbeit – eine beliebige Passage aus dem Verhör Woyzecks. Sie soll etwa fünf Fragen und ebensoviele Antworten umfassen, unter den letzteren mindestens *ein* wörtliches Zitat aus dem Text. Auch wenn diese Zitate im Spiel selbst nicht mehr vorkommen, innerhalb der Vorbereitung haben sie ihren guten Sinn. Sie verankern das Spiel im Text, verhindern, daß es abdriftet.
Bei der Zuteilung der Rollen wird jeder Schüler bedacht; die Anzahl der Rollen läßt sich durch Nebenrollen (Gerichtsdiener, Beisitzer) und Doppelbesetzungen aufstocken. Den Spielern, die mit der Urteilsfindung befaßt sind, geht der Text der Paragraphen 20 und 21 aus dem allgemeinen Teil des Strafgesetzes zu:

§ 20: Schuldunfähigkeit wegen seelischer Störungen
Ohne Schuld handelt, wer bei Begehung der Tat wegen einer krankhaften seelischen Störung, wegen einer tiefgreifenden Bewußtseinsstörung oder wegen Schwachsinns oder wegen einer schweren anderen seelischen Abartigkeit unfähig ist, das Unrecht der Tat einzusehen oder nach dieser Einsicht zu handeln.

§ 21: Verminderte Schuldfähigkeit
Ist die Fähigkeit des Täters, das Unrecht der Tat einzusehen oder nach dieser Einsicht zu handeln, aus einem der in § 20 bezeichneten Gründe bei Begehung der Tat erheblich vermindert, so kann die Strafe nach § 49 Abs. 1 gemildert werden.

Daß damit ein historisch weit zurückliegender Rechtsfall nach heutigen Maßstäben beurteilt wird, stört nicht im mindesten. Als Leser von heute haben die Schüler das Recht, zu ihren eigenen Bedingungen in den Dialog mit dem Text einzutreten. Ein anderes ist es, wenn die Schüler die Normen des Strafgesetzbuches an ihrem eigenen Rechtsempfinden messen – wenn sich Gelegenheit zur Diskussion ergibt, sollte man sie nützen.
Die Gerichtsverhandlung, in der die beschriebene Unterrichtseinheit gipfelt, erstreckt sich über mehr als drei Schulstunden und steht – trotz einiger eher pittoresker Kontrapunkte – ganz im Zeichen der Darstellerin, die den Part des Woyzeck übernommen hat. Dem tiefen und gesammelten Ernst, mit dem sie ihre Rolle anlegt, vermag sich keiner der Mitspieler zu entziehen. In sich zusammengekauert, dumpf vor sich hinbrütend, sitzt Woyzeck auf der Anklagebank und hat sichtlich Mühe, dem Gang der Verhandlung zu folgen. Wenn er aufgefordert wird, sich zu äußern, tut er es leise und stockend.
Ein Detail aus der Verhandlung möchte ich herausgreifen, es scheint mir bemerkenswert. Der Verteidiger, bemüht, Woyzeck als Opfer der Gesellschaft herauszustellen, fragt ihn, ob er sich durch Hauptmann und Doktor gedemütigt fühle. Woyzeck blickt auf, sieht den Verteidiger einen Augenblick lang verwundert an und sagt kurz und bestimmt: „Nein." Die Antwort löst allgemeine Verblüffung aus, der Ankläger quittiert sie mit hämischem Grinsen.

Man muß dazusagen, daß im vorbereitenden Unterrichtsgespräch eingehend von Woyzecks Demütigungen die Rede war. Die überraschende Auskunft vor Gericht entspringt offenbar einer spontanen Eingebung der Darstellerin. Es ist ein Gefühl von Woyzeck, das sich darin artikuliert, aber auch ein Gefühl von sich selbst: die Antwort, die sie selbst an Woyzecks Stelle gegeben hätte. Und das Überraschendste an der Überraschung ist: Die Antwort „stimmt", sie fügt sich widerspruchslos in das Bild des ganz und gar gebrochenen Menschen, den die Schülerin darstellt. Die Selbsterkundung im darstellenden Spiel wandelt sich zur Textinterpretation, eine Wirkung, die letztlich auf die Polarisierung der Zeichensysteme zurückgeht.
Was ich als Stegreif-Inszenierung beschrieben habe, nennt Ingo Scheller übrigens „Rollengespräche", er definiert sie als „Gespräche, die aus der Rolle heraus geführt werden, ohne daß dabei der vorgegebene Dramentext gesprochen wird", und unterscheidet Rollengespräche „zwischen verschiedenen Figuren" von Gesprächen, die ein Außenstehender (der Spielleiter) mit einzelnen Figuren führt.[21] Mit dem Begriff Stegreif-Inszenierung möchte ich darauf abheben, daß es den Rollengesprächen guttut, wenn sie in einen größeren Spiel- und Handlungszusammenhang eingebettet sind, z. B. durch die Vorgabe eines situativen Rahmens, der den Spielern die Einfühlung in ihre Rolle erleichtert. Das muß nicht immer eine komplette Gerichtsverhandlung sein. Gute Erfahrungen habe ich auch mit Rollengesprächen in Form bloßer Zeugenbefragungen gemacht, z. B. bei der Behandlung von Frischs ‚Andorra' oder Dürrenmatts ‚Besuch der alten Dame'. Das Spiel hat äußerlich die Form einer Konfrontation. Die Spieler, die eine Figurenrolle übernommen haben, sitzen vor der Klasse und stellen sich den Fragen ihrer Mitschüler, denen die Rolle von Untersuchungsrichtern zufällt. Auch dieses Spiel läuft auf eine Mischung von Figurenrollen und Leserrollen hinaus und wird zum Dialog zwischen Text und Leser.

3.2.2 Kurzfassungen

Das Gegenstück zur Stegreif-Inszenierung, die den Text erweitert, ist die Aufgabe, den Text auf eine Kurzfassung zurückzuführen, eine gespielte, versteht sich. Im einen Fall dient das Spiel der Ausgestaltung des Textes, seiner Konkretisation also, im andern Falle geht es um Verdichtung, mithin um Interpretation.
Die Herstellung von Kurzfassungen beginnt mit der Reduktion des Textes, und die hat zunächst einmal einen ganz simplen praktischen Grund. Vom Text darf nämlich nur gerade so viel bleiben, wie das Darsteller-Gedächtnis auf Anhieb zu speichern vermag: eine Replik, ein Satz, ein Wort. Doch der Zwang zur Reduktion erweist sich als fruchtbarer Impuls, er öffnet die Augen für die Bestandteile des Textes, denen die Qualität von *Formeln* zukommt, Formeln für den Zustand einer Figur, für ihre Absichten, für die Beziehungen der Figuren untereinander. Nehmen wir den 6. Auftritt aus Kleists Lustspiel ‚Der zerbrochne Krug', den Einzug der Parteien in die vom Dorfrichter Adam verlassene Gerichtsstube. Vier Figuren sind am Dialog beteiligt, die Spieler haben sich auf die folgende Kurzfassung verständigt:

Frau Marthe: Ihr krugzertrümmerndes Gesindel, ihr! Ihr sollt mir büßen, ihr! (414f.)
Veit: Sei Sie nur ruhig. (414)
Ruprecht: Verflucht bin ich, wenn ich die Metze nehme. (444)
Eve: Liebster Ruprecht! (453)

Marthes Beitrag zum Dialog ist auf eine Beschimpfung und eine Drohung verkürzt, beides an Vater und Sohn Tümpel gerichtet. Veit ist durch seinen Kurztext auf die Rolle des Vermittlers und Beschwichtigers festgelegt, er versucht, Frau Marthes Zorn zu besänftigen. Ruprecht verkündet, daß er mit Eve gebrochen hat; er weigert sich, mit ihr zu sprechen. Sein Satz ist, hinausgeschrien, eine öffentliche Verdammung Eves; er zeugt von finsterer Entschlossenheit, wenn Ruprecht ihn leise vor sich hinsagt. Eves Replik besteht nur aus einer Anrede, sie ist Ausdruck ihrer Sprachlosigkeit. Sie versichert Ruprecht ihrer Liebe, aber sie kann und darf ihm nicht sagen, was eigentlich zu sagen wäre.
Die Rollenverteilung für die Spiel-Improvisation ist damit vorgezeichnet. Jede Figur bestreitet das Spiel mit ihrem Kurztext, wiederholt ihn beliebig oft, variiert Tonfall und Lautstärke, Mimik und Gestik nach den sich ändernden Gegebenheiten. Dabei stellt sich der auf S. 31ff. beschriebene Effekt der *Kombinationsprobe* ein. Sprache und Körpersprache schießen immer wieder zu komplexen Zeichen von überraschender Bedeutsamkeit zusammen.
Das Grundmuster des Dialogs ist bereits an der Formation ablesbar, in der die vier Figuren die Gerichtsstube betreten. Frau Marthe, die Entschlossene, vorneweg; Ruprecht, der Nachzügler, hält sich abseits. Die andern beiden stehen dazwischen, Eve nähert sich Ruprecht, flehentlich. Veit stellt sich tapfer dem Zorn der Frau Marthe.
Das Spiel, das sich entwickelt, ist angelegt auf die Suche nach dem, was Brecht „Gestus" genannt hat. Er versteht darunter „einen ganzen Komplex einzelner Gesten der verschiedensten Art zusammen mit Äußerungen". Der Gestus ist der ins darstellende Spiel gefaßte Grundzug einer Handlung, einer Figur, einer Szene; er zeichnet in jedem Fall „die Beziehungen von Menschen zueinander"[22]. In unserer Szene trifft der Gestus des Drohens auf den des Beschwichtigens, der Gestus des Verdammens auf den der liebenden Sprachlosigkeit. Wenn es halbwegs gelingt, macht das Spiel beide Vorgänge auffällig.
Die Suche nach dem Gestus fällt ungleich schwieriger aus, wenn die Aufgabe des Kurzfassens auf das ganze Stück ausgedehnt wird. Ich bleibe beim ‚Zerbrochnen Krug' und berichte davon, wie eine Gruppe von Deutschlehrern im Rahmen einer Fortbildungstagung zum Thema ‚Szenische Interpretation'[23] die Aufgabe gelöst hat, das Lustspiel in einer Zeitspanne von zehn Minuten darzubieten. Die Vorbereitungszeit war auf eine Stunde befristet, ein ausufernder fachlicher Disput über Interpretationsfragen verbot sich damit von selbst. Es galt in aller Eile den Grundvorgang (Gestus) des Stücks zu finden. Man verständigte sich auf die 7. Szene, in der Adam gegen seinen

Willen auf den Stuhl des Richters genötigt wird. Die Szene zeigt Adams Verstrickung in den Fall. Mehrfach wendet er sich an Eve und handelt sich dadurch Walters Rüge ein: „Sprecht nicht mit den Partein." Dann wieder versucht er im halblauten Gespräch mit Licht, das Richteramt von sich abzuwälzen. Der Raum der Szene ist deutlich zweigeteilt. Im Vordergrund spielen sich Dialoge von geringer Reichweite ab, Tuschel- und Flüsterreden, dazu kleine Monologe Adams („Die werden mich doch nicht bei mir verklagen?", 500). Der Vordergrund ist der Privatbereich, der Ort der Vertraulichkeiten, der Nähe zum Publikum. Im Hintergrund dagegen wartet der Richterstuhl und das öffentliche Interesse, verkörpert in der Person des Gerichtsrats. Adam bewegt sich zunächst im Privatbereich, unstet, nach Ausflüchten suchend, hakenschlagend wie ein Hase, hinter dem die Hunde her sind. Walters Gebot „Hier ist der Platz, der Eurem Amt gebührt" (543) zieht ihn schließlich nach hinten. Als er auf dem Richterstuhl sitzt, um, wie von Walter gefordert, „öffentlich Verhör" (544) zu führen, sitzt er fest, gefangen in der Falle. Wenn er die Verhandlung mit den Worten „So nimm, Gerechtigkeit, denn deinen Lauf!" (573) eröffnet, so klingt das, als hätte sich Adam in sein Schicksal ergeben.

Das Arrangement der Figuren für diese Szene ist rasch gefunden. Mitte und Fluchtpunkt des Szenenraums ist der Richterstuhl, hinter ihm steht, hochaufgerichtet, Walter als Wächter des öffentlichen Interesses. Im Vordergrund sitzen die Parteien auf zwei flankierenden Stuhlreihen einander gegenüber, dazwischen beugt sich der Schreiber Licht über sein imaginäres Stehpult. Es ist das Eingangstableau der Kurzfassung. Noch hat Adam die Gerichtsstube nicht betreten. Er ist zunächst im Vordergrund zu sehen, noch vor dem eigentlichen Szenenraum, am Boden liegend und im Schlaf von schweren Alpträumen gepeinigt, man hört ihn stöhnen:

Mir träumt, es hätt ein Kläger mich ergriffen,
Und schleppte vor den Richterstuhl mich; und ich,
Ich säße gleichwohl auf dem Richterstuhl dort. (260ff.)

Während Adam schläft und im Schlafe prophetisch die Formel für sein kommendes Mißgeschick findet, treten die übrigen Figuren der Reihe nach aus dem Szenenraum an die Rampe und stellen sich dem Publikum vor. Die Zuschauer erfahren dabei das Notwendigste über die Vorgeschichte, z. B. daß Eve von Adam erpreßt wird. Die Vorstellung mündet in einen Reigen der Figuren um den Schlafenden, einen Reigen von fleischgewordenen Alpträumen. Die eigentliche Spielhandlung beginnt mit der Kurzfassung von Szene 6 (s. o.), erst dann tritt Adam auf und geht seinen gewundenen Weg in die Falle.

Der weitere Gang der Handlung ist rasch skizziert, er wird in wenige Zeichen gefaßt. Dreimal springt Adam vom Richterstuhl auf und weist auf einen angeblich Schuldigen, dreimal drückt ihn der Gerichtsrat auf den Stuhl zurück und verlangt Beweise. Zuletzt kommt, von Licht beigebracht und in einen Schnüffelhund verwandelt, die Muhme Brigitte mit dem entscheidenden Beweisstück, der Perücke. Walter setzt Adam die Perücke auf, sie paßt.

Das Schlußtableau sieht so aus: Adam ist auf dem Richterstuhl in sich zusammengesunken, verbirgt sein Gesicht in den Händen. Die Figuren haben einen Halbkreis um ihn gebildet und zeigen mit den Fingern auf ihn. Nur Walter breitet, wie ein Schutzengel hinterm Richterstuhl stehend, abwehrend die Hände aus über dem Gestrauchelten.
Die Kurzfassung ist, das hat sich gezeigt, nur mit den Mitteln des illusionsbrechenden Theaters zu leisten. Das beginnt mit der Exposition. Für eine schrittweise und kaum merkliche Enthüllung der Vorgeschichte, die klassische Form der Exposition also, fehlt die Zeit. Ersatz bietet der Griff zu den Mitteln des epischen Theaters, zur direkten Publikumsansprache. Aber auch die zeitraffende Wiedergabe des Geschehens läßt kein Illusionstheater zu. Gefordert ist eine expressiv gesteigerte und stilisierte Spielweise, die das Geschehen zu symbolischen Handlungen verdichtet. Nur wenn der Text selbst solche symbolischen Handlungen hergibt, den unfreiwilligen Gang Adams zum Richterstuhl beispielsweise, wahrt das Spiel den Charakter der unmittelbaren Text-Inszenierung. Wenn aber Walter den Dorfrichter auf den Stuhl niederdrückt, so ist das ein von den Spielern erfundenes Symbol, das durch den Text nicht gedeckt ist. Es steht vielmehr für die Interpretation des Textes, auf die sich die Aufführenden verständigt haben. So besehen, wird die Kurzfassung eines ganzen Stücks zum Grenzfall der szenischen Interpretation, sie ist in Szene gesetzte Interpretation. Die Inszenierung ist nicht mehr Suche nach Interpretation, sie stellt eine bereits gefundene Interpretation dar. Der Charakter der „Probe" geht verloren, die eigentümliche Verbindung von Textinterpretation und Selbsterforschung, die sonst das szenische Interpretieren kennzeichnet, reißt ab.

3.2.3 Standbilder und stummes Spiel

Man denke sich eine Inszenierung von Max Frischs ‚Andorra' im Fernsehen und einen Tonausfall dazu. Von Bild 7, dem ersten Gespräch Andris mit dem Pater, bekäme der Zuschauer dann etwa folgendes zu sehen: Zu Beginn des Gesprächs sitzt der Pater und lacht, Andri steht dabei und bleibt stehen, obwohl ihm der Pater mehrfach einen Stuhl anbietet. Der Pater erhebt sich schließlich, nähert sich dem Stehenden, legt ihm die Hand auf die Schulter. Andri starrt ihm, halb abgewandt, ins Gesicht und entzieht sich wenig später seinem Zugriff. Auf einmal wendet er sich vollends ab, sinkt auf einen Stuhl und schluchzt, das Gesicht in seinen Händen verbergend. Als er wieder aufblickt und vor sich hinstarrt, tritt der Kirchendiener mit einem Meßgewand ein und beginnt damit, den Pater zur Messe einzukleiden. Andri hat sich inzwischen erhoben und ist auf dem Weg zur Tür, bei seinen letzten Äußerungen hält er bereits den Türgriff in der Hand.
Der Tonausfall hätte sein Gutes. Der Zuschauer wäre ganz auf die sichtbaren Zeichen des Theaters verwiesen, wäre vielleicht erstaunt darüber, was alles sich auf diese Weise anzeigt: äußere und innere Vorgänge, Gefühle, Haltungen, soziale Rangordnungen, Beziehungen. Erkennbar wird, was der Pater mit Andri vorhat. Er will ihm einen Platz anweisen, es geht ihm darum, daß Andri etwas „annimmt". Andri aber verweigert die Annahme, will

den Platz nicht einnehmen, nicht diesen Platz. Nur in einem Augenblick der Schwäche läßt er sich darauf fallen, bevor er sich endgültig entzieht. Erkennbar wird aber auch, daß der Pater, was die soziale Rangordnung betrifft, Andri „von oben herab" begegnet, auch wenn es zunächst so aussieht, als schaue er zu ihm auf. Der Pater ist so frei, sich zu setzen, während Andri steht. Er mutet seinem Gast zu, das Gespräch fortzusetzen, während er sich einkleiden läßt, und gibt ihm damit zu verstehen, daß er, der Vielbeschäftigte, eigentlich gar keine Zeit für dieses Gespräch hat. Auf der anderen Seite gibt der Pater auch Zeichen seines guten Willens. Er ist bemüht, zwischen sich und seinem Gesprächspartner eine äußerliche Symmetrie herzustellen, will, daß auch Andri sich setzt, und erhebt sich schließlich wieder, als der sich nicht darauf einläßt. Das alles wird dem Zuschauer ohne Worte mitgeteilt, in Bildern zugleich verschlüsselt und verdichtet.
Den Gehalt einer Szene zu sichtbaren Zeichen zu verdichten, darauf sind auch die beiden Methoden des schulischen Umgangs mit dem Drama abgestellt, von denen nunmehr die Rede sein soll, die Arbeit mit Standbildern und das stumme Spiel.
Ingo Scheller beschreibt die Arbeit mit Standbildern so:

„In Standbildern können – fotografischen Momentaufnahmen gleich – Szenen und Handlungsverläufe fixiert und Zustände, Haltungen und Beziehungen ausgestellt und gedeutet werden. Interpretiert wird dabei das szenische Geschehen nicht nur durch den gewählten Ausschnitt, das bildliche Arrangement und den Standpunkt, von dem aus es gesehen wird, sondern auch durch die Bedeutung, die dem Bild, und die Gedanken und Gefühle, die den Figuren in diesem zugeschrieben werden."[24]

Im Fall der Andorra-Szene erhalten die Schüler die Aufgabe, zwei Momentaufnahmen aus dem Gespräch in Standbildern zu fixieren. Sie arbeiten in Vierergruppen, zwei Teilnehmer übernehmen die Rolle der „Bildhauer", die andern beiden sind ihr „Material". Man stellt sie auf „und formt sie mit den Händen so lange, bis Haltungen und Personenkonstellationen dem Bild entsprechen, das man zeigen will".[25] Die Mimik wird den Darstellern vorgemacht.
Die Möglichkeiten der Auswertung sind vielfältig. Man kann die Klasse die dazugehörigen Textstellen suchen lassen, kann das Standbild durch Händeklatschen in stummes Spiel auflösen und wieder fixieren, kann die Darsteller nach ihren Empfindungen befragen. Die Fixierung schafft Raum für die begleitende Reflexion, auch für die Selbstreflexion der Darsteller. Ihr Körper ist zwar zum Zeichen für den Text geworden, aber die Frage, was er ausdrückt, richtet sich zugleich an den Darsteller und an den Text. Und das heißt: Der darstellende Körper ist mehr als nur ein Zeichen für den Text, er ist darüber hinaus ein Fühler, den der Spieler nach dem Text ausstreckt.
Die Aufgabe, das Gespräch im stummen Spiel vorzuführen, leistet anderes; sie macht den Gesamtablauf der Szene sichtbar. Sie erweist sich als besonders ergiebig, wenn man das zweite Gespräch zwischen Andri und dem Pater (in Bild 9) miteinbezieht. Dabei zeigt es sich nämlich, daß die beiden

Szenen in mancher Hinsicht spiegelbildlich angelegt sind. Die Rolle des überlegenen Partners fällt im zweiten Gespräch Andri zu. Er ist es jetzt, der lacht, er ist so frei, sich nach eigenem Gutdünken zu setzen und aufzuspringen, der Pater paßt sich seinem Verhalten an. Am Ende der Szene steht Andri einem „hilflos"[26] dasitzenden Gesprächspartner gegenüber.

3.2.4 Szenische Demonstrationen

Die Darbietungsform szenischen Interpretierens, die Scheller „szenische Demonstration" nennt, weist Züge der Standbild-Methode und des stummen Spiels auf. Der eigentliche Spieltext bleibt unausgesprochen oder schrumpft auf ein Minimum zusammen, das den Darstellern zudem auch noch vorgesagt wird. Und wie sich die Gruppe, die an Standbildern arbeitet, in Formende und Geformte aufspaltet, so lösen sich bei der szenischen Demonstration die Demonstrierenden von den Demonstrierten – selbst dann, wenn es sich um ein und dieselbe Person handelt. Zur szenischen Demonstration gehört, wie Scheller sagt, ein „Standpunkt außerhalb des Geschehens"[27]. Er kann vom Spieler selbst eingenommen werden, aber auch von Dritten, die das Vorgeführte von außen kommentieren. In jedem Fall ist die szenische Demonstration mit laufenden Unterbrechungen des Spiels verknüpft und erinnert nicht von ungefähr an Brechts episches Theater: Der Standpunkt außerhalb des Geschehens fällt dem „Erzähler" zu. Wenn die szenische Demonstration in der Gruppe vorbereitet wird, kann die Gruppe eines ihrer Mitglieder mit der Aufgabe betrauen, die Vorführung zu erläutern. Die Zuschauer erfahren auf diese Weise, auf welche Textstellen sich das Spiel jeweils bezieht, vielleicht auch etwas über die zuvor in der Gruppe vereinbarte Gestaltungsabsicht, und sie haben Gelegenheit, das Spiel daran zu messen. Im Extremfall wird das Spiel zur fortlaufenden Umsetzung parallel gesprochener Regieanweisungen. Man kann noch einen Schritt weiter gehen und den Sprecher der Gruppe mit den Rechten eines Regisseurs ausstatten, der ins Spiel eingreift und notfalls Korrekturen vornimmt. Wichtig ist wiederum die Zweiteilung der Rollen, die gleichzeitige Wahrnehmung des Spiels von innen („Wie fühlst du dich?") und von außen („Wie sieht es aus?").

Eine Szene, die sich für die szenische Demonstration besonders eignet, findet sich am Ende des 4. Aktes von ‚Wallensteins Tod' (IV,9). Es ist die Szene, in der sich Thekla mit dem Wunsch durchsetzt, den schwedischen Hauptmann persönlich zu sprechen, der mit der Botschaft vom Tode Max Piccolominis gekommen ist. Die Szene steckt voller Hinweise auf die sich wandelnden Beziehungskonstellationen zwischen den beteiligten Figuren. Das stumme Spiel macht diesen Wandel sichtbar, die begleitenden Erläuterungen machen ihn erkennbar.

Den Schülern wird aufgetragen, mit ihren Vorführungen zu zeigen, wer jeweils mit wem über wen spricht. Sie sollen lernen, die grammatischen Personen der Redebeiträge als Indikatoren für Vorgänge auf der Beziehungsebene wahrzunehmen. Sie sollen den Gesprächsverlauf als kompliziertes Wechselspiel von Miteinander- und Übereinandersprechen ins Bild setzen und

kenntlich machen.
Die Besonderheiten des Gesprächs ergeben sich aus der Sonderrolle Theklas. Für ihre Familie ist sie ein Gegenstand der Sorge, mithin ein Gesprächsgegenstand – sie ist das „Kind“, über dessen Kopf hinweg die Erwachsenen ihre Gespräche führen. Sie selbst aber fühlt sich nicht so, sie fühlt sich erwachsen und beansprucht ihren eigenen Freiraum.
Im folgenden Textauszug sind einige Einschnitte im Gesprächsverhalten der Figuren markiert, es ergeben sich sieben Gesprächsphasen.

Neunter Auftritt

Ein Zimmer bei der Herzogin.

Thekla in einem Sessel, bleich, mit geschloßnen Augen. Herzogin und Fräulein von Neubrunn um sie beschäftigt.
Wallenstein und die Gräfin im Gespräch.

Wallenstein Wie wußte sie es denn so schnell?
Gräfin: Sie scheint
Unglück geahnt zu haben. Das Gerücht
Von einer Schlacht erschreckte sie, worin
Der kaiserliche Oberst sei gefallen. **I**
Ich sah es gleich. Sie flog dem schwedischen
Kurier entgegen und entriß ihm schnell
Durch Fragen das unglückliche Geheimnis.
Zu spät vermißten wir sie, eilten nach,
Ohnmächtig lag sie schon in seinen Armen.
Wallenstein: So unbereitet mußte dieser Schlag
Sie treffen! Armes Kind! – Wie ist's? Erholt sie sich?
(Indem er sich zur Herzogin wendet.)
Herzogin: Sie schlägt die Augen auf.
Gräfin: Sie lebt!

Thekla *(sich umschauend):* Wo bin ich?
Wallenstein *(tritt zu ihr, sie mit seinen Armen aufrichtend):*
Komm zu dir, Thekla. Sei mein starkes Mädchen!
Sieh deiner Mutter liebende Gestalt
Und deines Vaters Arme, die dich halten. **II**
Thekla *(richtet sich auf):*
Wo ist er? Ist er nicht mehr hier?
Herzogin: Wer, meine Tochter?
Thekla: Der dieses Unglückswort aussprach –
Herzogin: O denke nicht daran, mein Kind! Hinweg
Von diesem Bilde wende die Gedanken.

Wallenstein:
Laßt ihren Kummer reden! Laßt sie klagen!
Mischt eure Tränen mit den ihrigen.
Denn einen großen Schmerz hat sie erfahren;

Doch wird sie's überstehn, denn meine Thekla
Hat ihres Vaters unbezwungnes Herz. **III**

THEKLA: Ich bin nicht krank. Ich habe Kraft, zu stehn.
Was weint die Mutter? Hab ich sie erschreckt? **IV**
Es ist vorüber, ich besinne mich wieder.

(Sie ist aufgestanden und sucht mit den Augen im Zimmer.)
Wo ist er? Man verberge mir ihn nicht.
Ich habe Stärke gnug, ich will ihn hören. **V**
HERZOGIN: Nein, Thekla! Dieser Unglücksbote soll
Nie wieder unter deine Augen treten.

THEKLA: Mein Vater –
WALLENSTEIN: Liebes Kind!
THEKLA: Ich bin nicht schwach,
Ich werde mich auch bald noch mehr erholen.
Gewähren Sie mir eine Bitte.
WALLENSTEIN: Sprich!
THEKLA: Erlauben Sie, daß dieser fremde Mann
Gerufen werde! daß ich ihn allein
Vernehme und befrage.
HERZOGIN: Nimmermehr! **VI**
GRÄFIN: Nein! Das ist nicht zu raten! Gib's nicht zu!
WALLENSTEIN:
Warum willst du ihn sprechen, meine Tochter?
THEKLA: Ich bin gefaßter, wenn ich alles weiß.
Ich will nicht hintergangen sein. Die Mutter
Will mich nur schonen. Ich will nicht geschont sein.
Das Schrecklichste ist ja gesagt, ich kann
Nichts Schrecklichers mehr hören.
GRÄFIN UND HERZOGIN *(zu Wallenstein):* Tu es nicht!
THEKLA: Ich wurde überrascht von meinem Schrecken,
Mein Herz verriet mich bei dem fremden Mann,
Er war ein Zeuge meiner Schwachheit, ja,
Ich sank in seine Arme – das beschämt mich.
Herstellen muß ich mich in seiner Achtung,
Und sprechen muß ich ihn, notwendig, daß
Der fremde Mann nicht ungleich von mir denke.

WALLENSTEIN: Ich finde, sie hat recht – und bin geneigt,
Ihr diese Bitte zu gewähren. Ruft ihn.
(Fräulein Neubrunn geht hinaus.)
HERZOGIN: Ich, deine Mutter, aber will dabei sein. **VII**
THEKLA: Am liebsten spräch' ich ihn allein. Ich werde
Alsdann um so gefaßter mich betragen.
WALLENSTEIN *(zur Herzogin):*
Laß es geschehn. Laß sie's mit ihm allein

Ausmachen. Es gibt Schmerzen, wo der Mensch
Sich selbst nur helfen kann, ein starkes Herz
Will sich auf seine Stärke nur verlassen.
In *ihrer*, nicht an fremder Brust muß sie
Kraft schöpfen, diesen Schlag zu überstehn.
Es ist mein starkes Mädchen; nicht als Weib,
Als Heldin will ich sie behandelt sehn. *(Er will gehen.)*

Der Einteilung in sieben Abschnitte folgend, versuche ich nunmehr, den Gang eines Spiels nachzuzeichnen und im Sinne der szenischen Demonstration zu erläutern. Der Beginn folgt der Regieanweisung. Die Frauen bilden eine Art Halbrund um Theklas Sessel. Die Gräfin ist dem eintretenden Wallenstein entgegengegangen, die beiden sprechen mit gedämpfter Stimme über Thekla. Die Herzogin ist nicht von Theklas Seite gewichen. Indem Wallenstein sich „zur Herzogin wendet" (2925), nähert er sich auch seiner Tochter.

Als Thekla die Augen öffnet und „Wo bin ich?" fragt (2927, Beginn der zweiten Phase), blickt sie suchend umher, keinem Mitspieler zugewandt, am ehesten noch dem Publikum. Es ist eine „ungezielte" Frage. Dann aber tritt Wallenstein in Theklas Gesichtskreis und versucht, ihre Aufmerksamkeit auf sich zu ziehen.

Kniet Wallenstein vor seiner Tochter? Die Gruppe, die das so vorführt, erntet Widerspruch – das sehe ganz und gar nicht nach Wallenstein aus. Man einigt sich auf eine eher zurückhaltende Berührung ihres Unterarms. Weit kann es mit der Nähe zwischen Vater und Tochter noch nicht her sein, denn Thekla erwidert die Zuwendung ihres Vaters nicht, sie „richtet sich auf" (2930) und richtet ihre weiteren Fragen wiederum an alle Anwesenden. Sie läßt sich also nicht auf den Blickkontakt mit Wallenstein ein, ihre Blicke irren nach wie vor durch den Raum. Jetzt sieht die Herzogin, die bis dahin die Annäherung des Vaters an die Tochter eifersüchtig überwacht hat, ihre Chance gekommen, sie drängt sich in Theklas Blickfeld und bietet sich mit ihrer Gegenfrage „Wer, meine Tochter?" (2930) als Gesprächspartnerin an. Für einen Augenblick wendet sich Thekla ihr zu und handelt sich prompt eine mütterliche Ermahnung ein („O denke nicht daran, mein Kind!").

An dieser Stelle greift Wallenstein ein und nimmt die Herzogin beiseite, das Gespräch wandelt sich zur Auseinandersetzung der Eltern über Erziehungsfragen (Phase III). Wallenstein führt sie mit dem Hochmut des Patriarchen, nennt die gemeinsame Tochter „meine Thekla" (2937) und bedeutet der Herzogin damit, daß sie nicht mitzureden habe. Die so Desavouierte wagt keinen Widerspruch, sie beginnt zu weinen (vgl. 2940).

Mit einer leichten Körperdrehung wendet sich Thekla jetzt erstmals an ihren Vater (Phase IV). Mehr noch: Sie sucht die Gemeinschaft mit ihm, indem sie ihn bestätigt und beweist, daß sie in der Tat „ihres Vaters unbezwungnes Herz" (2938) hat. Auch sprachlich schließt sie die Mutter aus der Gemeinschaft von Vater und Tochter aus, ihre Frage „Was weint die Mutter?" (2940) zielt an der Herzogin vorbei und trifft sie gerade deshalb um so schmerzlicher. Das Arrangement der Figuren an dieser Stelle zeigt an, daß Wallenstein und Thekla einander nahegekommen sind und die Herzogin abseits steht.

Thekla ist inzwischen aufgestanden (2941). Auch das kommt nicht von ungefähr, sie demonstriert damit (zu Beginn von Phase V) ihre „Selbständigkeit", übrigens auch mit Worten („Ich habe Stärke gnug", 2943). Zugleich sucht sie „mit den Augen im Zimmer" (2941), hat sich also aus der Einheit mit Wallenstein gelöst und wieder in die größere Gesprächsgemeinschaft eingegliedert. Und sofort ist auch die Herzogin wieder da und beansprucht die Aufmerksamkeit ihrer Tochter für ihr mütterliches Verbot: „Nein, Thekla!" (2944).

Aber Thekla straft ihre Mutter mit Mißachtung. Sie nimmt ihr Dialogangebot nicht an, blickt an ihr vorbei auf Wallenstein, geht auf Wallenstein zu (Phase VI, beginnend mit „Mein Vater", 2946). Es kommt zu einem Dialog zwischen Tochter und Vater, in den sich zweimal die Frauen einmischen, als „Seiteneinsteigerinnen" sozusagen (2951f., 2958). Das erste Mal intervenieren sie nacheinander, das zweite Mal gleichzeitig und im Chor sprechend („Tu es nicht!"), es ist eine „Zangenbewegung". Für Wallenstein stellt sich in dieser Phase die Aufgabe, den Kommunikationskanal zur Tochter freizuhalten. Er tut es mit abwehrenden Gesten, wie der Schwimmer, der mit den Armen das Wasser zerteilt, durch das er sich seinen Weg bahnt.

Eine neue Lage ergibt sich mit Beginn von Phase VII, als Wallenstein den Frauen seine Entscheidung mitteilt: „Ich finde, sie hat recht" (2966). Es ist eine Rückkehr zur Konstellation des Anfangs, zum Gespräch der „Erwachsenen" über Thekla. Aber dieses Gespräch hat einen neuen Sinn angenommen. Indem Wallenstein verfügt, daß über Thekla nicht mehr verfügt werde, entläßt er sie aus der Rolle des Objekts, und Theklas Ort außerhalb der Gesprächsgemeinschaft wandelt sich zum Freiraum. Die Herzogin allerdings mag sich damit noch nicht abfinden. Noch einmal erkämpft sie sich den direkten Gesprächskontakt mit Thekla („Ich, deine Mutter ...", 2968). Theklas abwehrende Bitte („Am liebsten spräch ich ihn allein", 2969) ist offenbar an den Vater gerichtet – zumindest ist er es, der sich angesprochen fühlt und in Theklas Sinne entscheidet. Mit seinem Machtwort („Laß es geschehn", 2971) setzt Wallenstein wieder die Konstellation in Kraft, die das Gespräch nach seinem Willen beschließen soll.

Die szenische Demonstration macht den Vorgang bildhaft und einsichtig, der den Kern dieser Szene ausmacht. Eine junge Frau befreit sich aus den Fesseln der mütterlichen Obhut. Sie sucht dazu das Bündnis mit dem Vater, baut auf dessen inzwischen geläuterte Menschlichkeit. Dabei begegnet sie ihrer Mutter mit einer Schroffheit, die ihr, der bis dahin überaus liebevollen Tochter, eigentlich fremd ist. Bemerkenswert ist, daß die schroffe Wirkung weniger von Theklas Worten herrührt als von den körpersprachlichen Mitteilungen, die darin vorgezeichnet sind. Thekla wendet sich ganz einfach von ihrer Mutter ab, und damit ist alles gesagt.

Die Darsteller, die den Figuren bei der szenischen Demonstration ihre eigenen Körper leihen, übersetzen deren Worte in die Sprache dieser Körper und erfahren so ihren Sinn an sich selbst – es ist ein Selbstversuch mit dem Text.

3.2.5 Szenische Lesungen

Von der szenischen Demonstration ist es nur noch ein kleiner Schritt zur szenischen Lesung. Und die ist zwar die am wenigsten spektakuläre, am wenigsten aufwendige Form szenischen Interpretierens, aber gerade darum für den Unterrichtsalltag die wichtigste. Sie reduziert das Inszenatorische auf ein Minimum, zumindest dann, wenn man davon ausgeht, daß die Mehrzahl der Schüler durch die bloße Tätigkeit des Lesens so stark beansprucht ist, daß alles übrige davon aufgezehrt wird. Die gestische und mimische Umsetzung des Textes bleibt auf der Strecke, die Zeichenfülle des Theaters schrumpft in aller Regel auf dessen räumliches Zeichensystem zusammen. Die szenische Lesung macht die räumliche Dimension des Inszenierens sichtbar, das Arrangement der Figuren und die Choreographie ihrer Bewegungen, und sie macht die Bedeutung des Räumlichen erfahrbar, wiederum im Selbstversuch. Es gibt den Fall, daß die szenische Lesung eine offene Interpretationsfrage wie selbstverständlich beantwortet. In Dürrenmatts Drama ‚Der Besuch der alten Dame' macht Alfred Ill am Ende des 2. Aktes den Versuch, aus Güllen abzureisen. Als er mit seinem Köfferchen den Bahnhof erreicht, kommen langsam, „wie zufällig", „von allen Seiten Güllener hinzu"[28]. Ill beginnt zu rennen, die Güllener „rücken gemächlich nach, umgeben ihn"[29], „scharen sich um Ill"[30]. Sie befragen ihn eindringlich nach seinen Reiseplänen, fordern ihn auf, in den Zug einzusteigen. Ill tut es nicht. Seine Behauptung, die Güllener hätten ihn, wenn er es versucht hätte, am Einsteigen gehindert, bleibt unbewiesen. Die Schüler eines Grundkurses, Jahrgangsstufe 13, standen ratlos vor der Frage, warum Ill es nicht einmal auf den Versuch ankommen läßt. Ich bat sie daraufhin, eine szenische Lesung vorzubereiten, an der sich der gesamte Kurs beteiligte. Sie zeigte, wie sich der Ring der Güllener immer dichter um den Verzweifelten schließt. Indem sie ihn vollzogen, erfuhren die Lesenden das Beklemmende dieses Vorgangs am eigenen Leibe. Plötzlich wurde klar, daß es außer der brachialen Gewalt auch eine Gewalt der Suggestion gibt. Die Güllener nehmen Alfred Ill gefangen, ohne ihn festzuhalten.

Für szenische Lesungen eignen sich Szenen, deren Bedeutung sich aus der Anordnung und Bewegung der Figuren im Raum erschließen läßt. Ein eindrückliches Beispiel dafür ist die Hochzeitsszene (Bild 6) aus Brechts ‚Der gute Mensch von Sezuan'. In dieser Szene liegen zwei Grundmuster der Personen-Anordnung miteinander im Widerstreit, das *polare* und das *konzentrische*. Ihr Schauplatz ist das „Nebenzimmer eines billigen Restaurants in der Vorstadt". Die einleitende Regieanweisung:

Ein Kellner schenkt der Hochzeitsgesellschaft Wein ein. Bei Shen Te stehen der Großvater, die Schwägerin, die Nichte, die Shin und der Arbeitslose. In der Ecke steht allein ein Bonze. Vorn spricht Sun mit seiner Mutter, Frau Yang. Er trägt einen Smoking.[31]

Läßt man den Kellner und den Bonzen beiseite (die beiden spielen durch ihre besonderen Funktionen eine Sonderrolle), so stehen sich die Personen in zwei Gruppen gegenüber. Jede Gruppe hat ihren eigenen Mittelpunkt. Während sich die Gäste um Shen Te scharen, die Braut, bleibt der Mittelpunkt der kleinen Zweiergruppe im Vordergrund unsichtbar, ist nur im Gespräch anwesend: Sun und seine Mutter reden halblaut über Shui Ta, den vermeintlichen Vetter der Braut. Einer der Gäste, die Shin, wird den Gegensatz der beiden Gruppierungen auf die Formel bringen: „Die Braut wartet auf die Hochzeit, aber der Bräutigam wartet auf den Herrn Vetter".[32] Von Shui Ta verspricht sich Sun die materielle Sicherung seiner Zukunft als Flieger, und die ist ihm allemal wichtiger als die Hochzeit. Von Anfang an geht also ein Riß durch den Raum. Er trennt den Dunstkreis von Shen Tes Menschlichkeit, in den sich die Gäste drängen, von der im Vordergrund angesiedelten Welt der halblauten Gespräche, der Geschäfte, der brutalen Zwänge.

Den Schülern, die das Eingangstableau für eine szenische Lesung arrangieren, wird ganz nebenbei noch eine Einsicht zuteil, sie erkennen die Bedeutung der *Diagonale* für die Staffelung des Bühnengeschehens. Denn das Publikum hat nur dann unverstellten Einblick in das Spannungsfeld der Szene, wenn beide Gruppierungen schräg gegeneinander versetzt sind, so daß keine die andere verdeckt.

Die polare Anordnung des Personals wird erstmals von Shen Te aufgebrochen. „Sie winkt Sun zu sich", heißt es in der Regieanweisung[33], um mit ihm anzustoßen. Wenig später setzen sich Gastgeber und Gäste an die Hochzeitstafel. Für die szenische Lesung stellt sich die Aufgabe, eine Sitzordnung auszuknobeln, eine, in die alle Informationen eingearbeitet sind, die der Text hergibt, auch die versteckten. Ganz gleich, wie die verschiedenen Lösungen ausfallen: daß das Brautpaar den Mittelpunkt der Hochzeitsgesellschaft bildet, dürfte unumstritten sein; es gehört sich so. An die Stelle der polaren tritt die konzentrische Anordnung der Personen. Vollends als der Bräutigam die Braut einem Ehe-Examen unterzieht, „laut und spaßhaft vor den Gästen", da scheint es so, als habe sich die dem Fest eigentümliche Ordnung gegen die Zwänge der Geschäftswelt durchgesetzt. „Alle lachen"[34], heißt es da. Für einen Augenblick schließt sich die gespaltene Hochzeitsgesellschaft zum Kreis um das Brautpaar, sie scheint eins geworden zu sein. Die Fortführung der Szenenanweisung jedoch entlarvt diesen Eindruck als trügerisch: „Hinter Shen Te tritt Frau Yang in die Tür. Sie bedeutet Sun durch ein Achselzucken, daß der erwartete Gast nicht zu sehen ist."

Der erwartete Gast – das ist mehr als nur die Person Shui Tas, es ist der Geist der Geschäfte. Noch lauert er im Rücken Shen Tes, aber man darf annehmen, daß auch am Tisch ein Stuhl für ihn freigehalten ist. Am Ende der Szene wird er Shen Tes Gäste vertrieben haben. Das Brautpaar und die Mutter des Bräutigams bleiben allein zurück, sie halten ihre Stellung, scheinen einen Rest der festlichen Sitzordnung zu bewahren. Die abschließende Regieanweisung lautet: „Die drei sitzen, und zwei von ihnen schauen nach der Tür"[35]. Von der konzentrischen Anordnung der Hochzeitsgesellschaft,

das verrät diese Anweisung, ist nur noch eine kümmerliche Rest-Fassade geblieben. Man sitzt zwar noch beieinander, aber man blickt in verschiedene Richtungen, so gespalten wie zu Beginn der Szene. Die polare Ordnung der Klassengesellschaft hat sich gegen die konzentrische Ordnung der Hochzeitsgesellschaft behauptet.
Die besondere Leistung der szenischen Lesung liegt darin, daß sie diese Vorgänge nicht nur vorstellbar, sondern erfahrbar macht. Auch wenn sie noch so kunstlos ausfällt, sie fordert den körperlichen Einsatz der Beteiligten und stellt sie damit vor die Frage, wie ihnen selbst zumute ist.

3.3 Schultheater

Ist das Schultheater, verstanden im Sinne eines Aufführungs-Theaters, heutzutage antiquiert? Karl Schuster wenigstens ist dieser Meinung:

„Es darf heute nicht mehr darum gehen, die professionelle Bühne nachzuahmen, die Ideen des Lehrer-Regisseurs genau umzusetzen, sondern in einem ganzheitlichen Prozeß sollte das Theater-Spiel *Körpererfahrung* möglich machen.“[36]

Wie kommt Schuster zu der Annahme, das Schultheater vermittle keine „Körpererfahrung“? Einen Fingerzeig geben die Zitate von Ulf Abraham, mit denen er seine Auffassung stützt:

„Nicht zufällig sieht ja eine Theaterdidaktik, die handlungsorientiert und subjektbezogen vom bloßen Abspielen ‚klassischer‘ Dramenpartituren wegkommen will (das immer auch ein Nachspielen professioneller Schauspielkunst ohne deren Mittel wäre), ihr eigentliches Dilemma im ständigen Durcheinandergeraten von ‚authentischem‘ Selbstausdruck und ahnungslos reproduziertem Klischee bei jungen Schülern.“ (S. 31)

Abraham betone, so Schuster, daß es beim dramatischen Gestalten

„immer darum gehen muß, zwischen produktorientiertem Hinarbeiten auf eine ‚fertige‘ Inszenierung und prozeßorientiertem Hinarbeiten auf den Lernerfolg aller Beteiligten zu vermitteln. Die Vorbilder für Produkte drängen sich geradezu auf; für Prozesse aber gibt es keine, die dem Schüler zugänglich wären.“ (S. 33)

Der entscheidende Vorzug des prozeßorientierten Inszenierens vor dem produktorientierten wäre demnach, daß die Schüler nicht der erdrückenden Last von Vorbildern ausgesetzt sind. Ein wahrlich seltsames Argument. Einmal abgesehen davon, daß die Theaterkenner, die im Sinne Abrahams vorbelastet wären, unter den Schülern dünn gesät sind – die pädagogische Logik, die hinter derlei Auslassungen steckt, hätte fatale Konsequenzen. Man müßte beispielsweise jedem, der Lust zum Tennisspielen bekundet, dazu raten, die Finger davon zu lassen; er hätte ja doch keine Chance, den Vergleich mit Steffi Graf und Boris Becker zu bestehen.
Ein wenig anders steht es um den Vorwurf gegen das Schultheater, der sich in Abrahams Formulierung verbirgt, es erschöpfe sich im „bloßen Abspie-

len“ von Dramenpartituren. Damit ist in der Tat eine Schwäche vieler Schüler-Aufführungen bezeichnet. Sie sind in dem auf S. 24ff. beschriebenen Sinne „textverhaftet“, übersetzen den Text Punkt für Punkt in Spiel, suchen nach der zur einzelnen Äußerung passenden Geste, Mimik, Bewegung und greifen dabei notgedrungen zum „ahnungslos reproduzierten Klischee“ (Abraham). Was solchen Aufführungen abgeht, ist die gestische Kontinuität, der Spielzusammenhang, die komplexe Zeichenbildung, kurz: das Eigenleben des Spiels gegenüber dem Text (s. S. 28).
Die textverhaftete Spielweise ist gewiß nicht professionell. Nur stimmt der Umkehrschluß nicht, das nicht professionelle Spiel ist nicht notwendig textverhaftet. Ob der Durchbruch zu einer vom Text abgelösten Spielweise gelingt, hängt nicht von der Professionalität der Inszenierung ab, es ist eine Frage ihrer Konzeption und der Einstellung der Inszenierenden. Vielleicht hängt das stümperhafte „Abspielen“ von Dramenpartituren ja sogar mit einer anderen Professionalität zusammen, der literaturwissenschaftlichen Professionalität von Deutschlehrern nämlich, die sich an ihrer Schule der Theaterarbeit verschrieben haben und mit ihren Inszenierungen einer mißverstandenen „Werktreue“ huldigen (s. S. 28).
Dennoch bleibe ich dabei: Die Erfahrung, daß sich eine Spielhandlung vom Text ablöst und Eigenleben gewinnt, ist auch dem Schultheater zugänglich. Für die Mitwirkenden ist sie – auch – eine Körpererfahrung, die Erfahrung des Einklangs von Selbst- und Fremddarstellung, von Rollenspiel und „authentischem Selbstausdruck“ (Abraham). Es ist eine befreiende Erfahrung und eine beglückende dazu.
Niemand kann mir weismachen, die Zeit des traditionellen Schultheaters sei abgelaufen. Warum dies so ist, wird hoffentlich einsichtig, wenn ich den Gesichtspunkt benenne, der für dieses Kapitel die Leitlinie abgibt: Das Schultheater ist die *Projektform* der Dramenlektüre. Ich muß dazu ein wenig ausholen.

3.3.1 Kleiner Exkurs über die Projektmethode und den Literaturunterricht

Seit geraumer Zeit hat die Projektmethode an unseren Schulen Konjunktur. Sie wird von ihren Verfechtern als Chance begriffen, ein Gegengewicht gegen das traditionelle „Lehrgangslernen“ zu setzen, das Bastian/Gudjons in ihrem „Projektbuch“ so beschreiben:

> „Gegenüber dem Projektunterricht wird der Lehrgang dadurch gekennzeichnet, daß er sich nicht an die dingliche Ordnung des Lebens hält, sondern den Kategorien folgt, mit denen der Mensch die Mannigfaltigkeit der Erscheinungen zu erfassen gelernt hat. Er gliedert die Welt auf in ein System, das sich an der Systematik der Wissenschaften orientiert. Dabei werden Sachverhalte auch mehr oder weniger künstlich isoliert, um lehrbar zu werden – auch um den Preis der Reduzierung.“[37]

Auch der traditionelle Literaturunterricht hat sich mit dem Lehrgangslernen assoziiert, er verbindet die Lektüre mit dem Aufbau eines Systems von Kenntnissen. Der eigentliche Lesevorgang wird dabei aus der Schule hin-

ausgedrängt. Der Lehrer, der leichthin von sich behauptete, er „lese" mit seiner Klasse diesen oder jenen literarischen Stoff, übertrieb in aller Regel. Denn einerlei, ob er den Text zu Hause oder partienweise auch im Unterricht lesen ließ – sein Interesse richtete sich auf gewisse Ergebnisse des Lesens, nicht aber den Leseprozeß selbst. Die Schüler sollen den Text gelesen haben, sollen ihn „kennen", wenn man sich anschickt, darüber zu sprechen. Der Akt des Lesens gilt in diesem Fall als Vorstufe, nicht aber als Inhalt und Gegenstand des Deutschunterrichts. Wie der einzelne Schüler den Text liest und was für ihn persönlich dabei herauskommt, ist seine Privatangelegenheit. Der eigentliche Unterricht beginnt mit der gemeinsamen Festlegung des Textinhalts, mithin dem Versuch, die individuellen Unterschiede in der Textwahrnehmung auszugleichen.[38]
Das moderne Konzept des produktions- und leserorientierten Literaturunterrichts zielt in mancher Hinsicht auf eine Annäherung des Lesens an das Projektlernen. Denn im Unterschied zum traditionellen Literaturunterricht ist hier die Konkretisation des literarischen Textes nicht mehr eine Privatsache des einzelnen Lesers; sie wird aus dem Privatbereich in die Schule verlegt. Die Mitwirkung des Lesers am Gemeinschaftswerk mit dem Autor, die Übersetzung des Gelesenen in eigene Vorstellungen, findet im Klassenzimmer statt. Die Schule stellt den lesenden Schülern die Aufgabe, ihre Vorstellungen auszudrücken: durch den Entwurf eigener Zusatztexte, durch darstellendes Spiel, durch Illustration.
Die Aufgabe des Ausdrückens führt zur *Ganzheitlichkeit* der Leseerfahrung. Wenn „im stillen Kämmerlein" gelesen wird, findet die Konkretisation des Gelesenen ausschließlich im Kopf des Lesers statt. Wenn dagegen im Klassenzimmer geschrieben, gemalt oder gespielt wird, sind „Kopf. Herz und Hand" beteiligt, beim darstellenden Spiel sogar der ganze Körper.
Aber auch der produktionsorientierte Literaturunterricht wahrt einen Rest-Abstand zur Projektdidaktik, der sich mit der Unterscheidung von „Produktionsorientierung" und „Produktorientierung" deckt. Ich fasse zunächst den Begriff der *Produktorientierung* ins Auge, um den Unterschied daran festzumachen; er gehört zum Grundbestand der Projektdidaktik. Die Bedeutung des Produkts für das Projekt wird von Kopfermann/Siegle so beschrieben:

> „Das Produkt ist von Projektbeginn an vereinbart oder kristallisiert sich mindestens in der Eröffnungsphase des Projekts sehr schnell und konkret heraus und bildet dann den inneren Konsens- und äußeren Zielpunkt der gesamten Projektarbeit."

Die Frage ist, um weiterhin Kopfermann/Siegle zu zitieren:

> „Was heißt Produktorientierung? Was orientiert hier wen oder was wer? Wer ist dabei Subjekt, wer Objekt? Und welche Verbindlichkeit besitzt dabei das Verb orientieren? Je nach Gewichtung kann das avisierte Produkt, seine Form, Organisation, Präsentation die gesamte Projektarbeit festlegen. Haben wir die Publikation auf einer Seite des Lokalblatts vereinbart, wird das gesamte Projekt eingebunden in die Produktions- und Terminzwänge der Zeitung; das gilt für alle Unternehmungen, die sich an außerschulische Institutionen binden. Dieser hohe Verbindlichkeitsgrad kehrt auch die Orientierung um: Die Subjekte des Projekts orientieren sich (ausschließ-

lich) auf dieses Ereignis hin, sie stellen sich unter Erfolgszwang, Produktionszwang, Zeitzwang."[39]

Die beiden Zitate füllen den Begriff der Produktorientierung mit Anschauung auf. Ich hebe ihn nunmehr vom Begriff der Produktionsorientierung ab und stelle dabei vier Bedeutungsunterschiede heraus. Der erste ist aus den beiden Begriffen selbst nicht ablesbar, ergibt sich aber aus den Zusammenhängen, in denen sie verwendet werden. Projektdidaktiker meinen, wenn sie „Produkt" sagen, ein *Gemeinschaftsprodukt*. Soweit das Individuelle eine Rolle spielt, ist es darin „aufgehoben", ins Ganze und Gemeinschaftliche integriert. Der Begriff Produktion kann dagegen in der Sprache der Literaturdidaktik sowohl eine individuelle wie eine Gruppen-Produktion bezeichnen, hat aber eine Schlagseite zur individuellen Bedeutung – immer wieder wird auf die Vielfalt der Produktionen abgehoben.

Damit bin ich bereits beim zweiten Bedeutungsunterschied angelangt. Das Produkt, das der Projektdidaktik vorschwebt, ist ein *Ganzes*, Ungeteiltes, seine Teile sind miteinander vernetzt. Die Produktion der lesenden Schüler hingegen ist etwas *Vielfältiges*, Aufgefächertes, Parzelliertes, u. U. sogar etwas Heterogenes.

Der dritte Bedeutungsunterschied, an den ich erinnern will, ist im Begriff enthalten. Das Wort „Produktion" bezeichnet einen *Prozeß*, der Begriff „Produkt" ein *Ergebnis*. Produktion ist ein Weg, etwas Offenes, von Freiraum umgeben. Das Produkt ist ein Ziel, etwas Festgelegtes, von dem festlegende Wirkungen ausgehen, die „Produktzwänge", von denen bei Kopfermann/Siegle die Rede ist[40]. Das Produkt bestimmt den Ablauf und die Aufteilung der Arbeit.

Der vierte Bedeutungsunterschied hängt eng damit zusammen. Die beiden Unterrichtskonzepte haben eine unterschiedliche Zeitstruktur. Kennzeichnend für den Projektunterricht ist das Merkmal der *Befristung*. Ein Produkt ist etwas, was irgendwann einmal fertig wird, seine Vollendung ist der Höhepunkt, auf den das Projekt ausgerichtet ist. Ein Merkmal des Projektunterrichts ist nach Hubert Ivo die „Ereignishaftigkeit"[41]. Projekte sind aus dem Schulalltag herausgehoben, die Produkte, die dabei herauskommen, haben den Charakter des Einmaligen.

Das ist bei der Produktionsorientierung anders. Die Produktion ist etwas, mit dem man nie zu Rande kommt, ein Unterrichtsprinzip, das immer wieder neue Anwendung findet, neuer Anwendung bedarf. Produktionsorientierung ist Unterrichtsalltag oder könnte es wenigstens sein, wenn damit Ernst gemacht würde. Produktion ist wiederholbar.

3.3.2 Die Inszenierung als Projektform der Dramenlektüre

Wenn es um die Frage geht, wie sich der Literaturunterricht für den Projektgedanken öffnen läßt, wird die Inszenierung dramatischer Texte unversehens zum Modellfall. Mit dem Theater bietet uns die Lebenswelt das Beispiel einer altüberlieferten, gewachsenen und damit gleichsam „natürlichen" Projektform des Lesens.

Es fällt nicht schwer, den Projektcharakter von Inszenierungen nachzuweisen. Mit der Aufführung ist das Merkmal der *Produktorientierung* gegeben, das Merkmal der *Ereignishaftigkeit* leitet sich unmittelbar daraus ab. Die Tätigkeit des Inszenierens läuft auf einen Höhepunkt zu, alles ist auf die Aufführung hin ausgerichtet. Die Aufführung ist, auch wenn sie wiederholt wird, ein einmaliges Produkt. Sie läßt sich nicht beliebig wiederholen; irgendwann einmal, das ist die schmerzliche Erfahrung aller Theaterspieler, ist das Erarbeitete unwiederbringlich verloren: „Dem Mimen flicht die Nachwelt keine Kränze." Die Inszenierung zielt auf das Spiel vor Publikum und erfüllt damit das Projektmerkmal der *Repräsentativität*, wie es von Ivo beschrieben wird.[42] Das Produkt soll vorzeigbar sein, es ist für die Öffentlichkeit bestimmt. Zwei Öffentlichkeiten sind daran beteiligt: die interne Halböffentlichkeit der inszenierenden Gruppe, die externe Öffentlichkeit des Publikums und der Presse. Die interne Halböffentlichkeit ergibt sich als Folge der *kollektiven Realisierung* von Inszenierungen. Projekt-Subjekt ist eine Gruppe, die in der Regel kein Interesse daran hat, sich nach außen hin abzuschotten. Wer Zugang sucht, wird ihn auch finden; Probenpublikum ist erwünscht.
Die kollektive Realisierung der Inszenierung funktioniert nach den Prinzipien der Arbeitsteilung und Arbeitsvereinigung. Die auffälligste und für die Inszenierung charakteristische Form der Arbeitsteilung ist die Zuweisung von Rollen an die einzelnen Mitglieder der Gruppe, sie stellt die Spieler vor Aufgaben, die ihnen niemand abnehmen kann, z. B. das Auswendiglernen des übernommenen Parts. Aber mit jeder Probe kommt die Arbeitsvereinigung in Gang; es geht darum, das Rollenspiel der verschiedenen Darsteller aufeinander abzustimmen und so aus einzelnen Elementen ein Ganzes zu machen. Zu registrieren ist das Projektmerkmal der *Integrativität*, und zwar in dem doppelten Sinne, wie es von Ivo verstanden wird[43], als Weg „aus der Aufteilung des Lernens in Lernparzellen" und als „Blick auf die Welt und das Leben als ganzheitliche Gegebenheiten". Im Projekt fügen sich die Beiträge der einzelnen Teilnehmer zu einem Ganzen zusammen, einem Ganzen, das wiederum Teil eines größeren Ganzen ist. Kennzeichen des Projektlernens ist nach Kopfermann/Siegle, daß es sich mit der „ungeteilten Wirklichkeit"[44] abgibt. Auch die Inszenierung tut das, sie kann gar nicht anders; das ist der Sinn der Rede von den „Brettern, die die Welt bedeuten". Der Begriff der Welt ist die Chiffre für die ungeteilte Wirklichkeit.
Ein Stück inszenieren heißt eine kleine Welt erschaffen, das ist meine Erfahrung aus der Regie von Schultheater. Da geht es um Kleinigkeiten, um die atmosphärische Ausstrahlung der Dinge. Jemand treibt eine ganz bestimmte Lampe auf, und die macht Gottlieb Biedermanns Dachboden plötzlich zum Dachboden. Die Welthaltigkeit der Inszenierung schlägt sich nicht zuletzt in ihrem Bedarf an Spezialisten nieder: für die Beleuchtung, die Kostüme, die Masken, das Bühnenbild usw. Und nie war es ein Problem, solche Spezialisten im Umfeld der Schule beizubringen und einzubinden – die Mitwirkung am besonderen Ereignis war Anreiz genug.
Zum ungeteilten Objekt kommt das „ungeteilte Subjekt" (Kopfermann/

Siegle), der Grundzug einer radikalen *Ganzheitlichkeit* des Tuns. Der Schauspieler setzt sich selbst als Zeichen ein, mit Kopf, Herz und Körper. Ich lasse es damit genug sein mit der Aufzählung von Projektmerkmalen; am Projektcharakter von Inszenierungen ist nicht zu zweifeln.
Auf eine Besonderheit dieser Projektform wäre indes noch hinzuweisen. Projekte beginnen (nach Karl Frey) für gewöhnlich mit einer „Projektinitiative"[45]. Wenn aber jemand die Initiative zu einer Inszenierung ergreift, so liegt der zu inszenierende Text in der Regel bereits vor. Genauer noch: Der Text liegt nicht nur vor, er ist, wenn es sich um ein Drama handelt, bereits auf Inszenierung angelegt, fordert zur Inszenierung heraus. Das Drama ist seinem Wesen nach ein Projektangebot des Autors, aber noch kein Projekt. Zum Projekt wird es durch das Überspringen eines Funkens vom Text zu den Inszenierenden. Ein Inszenierungsprojekt entsteht durch einen Akt der Paarung, ausgelöst dadurch, daß der Initiator am Projektangebot des Autors Gefallen findet und sich durch den Text locken läßt. Die Analogie zur geschlechtlichen Fortpflanzung ist unverkennbar. Ein Drama ist ein Text auf Partnersuche, ein Pol, dem der Gegenpol vorläufig noch abgeht. Erst in der Inszenierung verbinden sich Pol und Gegenpol, und aus ihrer Paarung entsteht etwas Drittes, Neues, vom Autor des Dramas nicht Vorhersehbares.
Man kann die Paarung der Zeichensysteme in der Inszenierung mit dem Begriff der *Vernetzung* beschreiben, der für das Projektlernen einen zentralen Stellenwert hat. Der Begriff bezeichnet einen Zusammenhang, der sich nicht als „lineare" Kette von Ursache und Wirkung erfassen läßt, sondern ein „Netz" von Wirkungen, ein Wirkungsgefüge darstellt. Nur wenn man der Logik der „Werktreuen" folgt, ergibt sich die Inszenierung linear aus dem Lesen, wird der Text als Ursache und das Spiel als Wirkung begriffen. In Wahrheit aber laufen die Fäden zwischen Lesen und Spielen hin und her, ein Netz von Wechselwirkungen bildet sich aus. Das neue System, das durch die Vernetzung entsteht, ist im Sinne Vesters ein „dynamisches" System, es hat „den Charakter einer lebendigen Individualität"[46].

3.3.3 Das Projektmerkmal Integration

Eine Gruppe wächst zu einer Einheit zusammen und bringt etwas Ganzes hervor. In diesem Satz sind zwei Aspekte der Integration enthalten, der soziale und der strukturelle. Die Gruppe der Inszenierenden verwandelt sich, wenn alles gut geht, in ein „Ensemble" – das ist die Leistung der Inszenierung unter dem sozialen Aspekt. Das zuvor beschriebene Wechselspiel von Arbeitsteilung und Arbeitsvereinigung hat seinen Anteil daran, aber auch die Verständigung auf eine gemeinsame Lesart des Textes und ein für alle geltendes Regiekonzept. Ohne verbindliche Lesart wäre keine Aufführung möglich, und es wäre unmöglich, die Beiträge der einzelnen Darsteller zu einem Ganzen zu integrieren. Charakteristisch für die Projektarbeit ist die Entstehung von Verbindlichkeiten, die Übernahme von Verpflichtungen. Dazu zählt auch die Festlegung des Spiels in allen Einzelheiten. Ich erinnere mich an eine Schüler-Aufführung, bei der ein Darsteller seine Rolle zwischen Tür und Angel neu konzipierte und dadurch bei seinen Mitspielern er-

hebliche Verwirrung stiftete. Derlei geht nicht an, der Spielraum für Improvisationen ist eng umrissen. Die Fixierung der Abläufe ist, nebenbei gesagt, auch die Bedingung für die Reproduzierbarkeit des Spiels. Gewiß, keine Aufführung ähnelt ihrer Wiederholung wie das berühmte Ei dem andern. Aber wenn jede Aufführung neue Überraschungen birgt, stellt das dem Ensemble und der Regie ein peinliches Zeugnis aus.
A propos Regie. Daß dem Leiter der Theatergruppe, zumeist also einem Lehrer, bei der Inszenierung eine Sonderrolle zufällt, ist nicht zu bestreiten. Aber wenn dieser Leiter seine pädagogischen Sinne beieinanderhat, wird er die Theatergruppe nicht autoritär dominieren, wie von Schuster unterstellt. Er wird schon deshalb einen kooperativen Regiestil vorziehen, weil er es im Schultheater in der Regel mit freiwilligen Mitarbeitern zu tun hat und folglich deren Motivation nicht beschädigen darf.
Auf der gemeinsamen Lesart des Textes baut sich das gemeinsame Regiekonzept auf, der Prozeß der Integration übergreift das Soziale und erfaßt die Struktur des Spiels. Damit ein Spielzusammenhang entsteht, müssen sich die einzelnen Episoden zu einem Ganzen zusammenfügen, das in all seinen Teilen gegenwärtig ist. Dazu bedarf es der Wiederholungen, Anspielungen, Kontraste, vonnöten ist ein Gewebe von Beziehungen zwischen den Teilen, die dem Ganzen den Charakter einer Komposition verleihen.
Der Entwurf des Ganzen ist das Regiekonzept. Die entsprechenden Teil-Entwürfe nenne ich – in Anlehnung an Brechts Gestus-Begriff – „gestische Konzepte" (s. S. 27, S. 138). Von ihnen soll nunmehr gesondert die Rede sein.

3.3.4 Gestische Konzepte

Ein gestisches Konzept ist keine Reißbrettkonstruktion, es erwächst aus der Probenarbeit, verknüpft die Körpersprache des Darstellers mit der Sprache des Textes. Um der Sogwirkung des Textes zu entgehen, tut man gut daran, bei den „physischen Handlungen" anzusetzen, von denen bei Stanislawski die Rede ist[47], Handlungen, die dazu dienen, die Körpererfahrung der Spieler anzusprechen und ihr affektives Gedächtnis aufzufrischen. Ich nenne einige Beispiele aus meiner eigenen Theaterarbeit: Jemand nimmt einen Brief entgegen, jemand weist einen lästigen Bittsteller ab. Beide Vorgänge sind dankbare Sujets für Improvisationen. Wie sieht es aus, wenn ich in einem Augenblick des Alleinseins hastig einen Brief erbreche und lese, von dem andere nichts wissen dürfen? Und wie, wenn ich einen Brief, der mir zum Ruhm gereicht, im Kreise meiner Lieben öffentlich verlese? Die Darsteller sollten bei solchen Vorproben nicht überziehen, sondern darauf achten, daß ihre Darbietung echt ist, d. h. mit ihrer gewohnten Körpersprache übereinstimmt: Drastik ist unerwünscht. Es geht darum, den Gestus einer Szene, losgelöst vom Text, vorweg „anzuspielen". Der Begriff des *Anspielens* scheint mir besonders treffend, er bezeichnet den Anfang des Spiels ebenso wie das Sich-Heranspielen des Darstellers an den Text. In einem Handbuch der Schauspieler-Ausbildung wird das Verfahren der „modellierenden Improvisation" empfohlen[48]. Der Modellierende ist dabei zugleich

Schöpfer und Material; er erkundet den Zeichenvorrat seiner Körpersprache, um das dem Text entnommene Handlungsmuster auszudrücken.
Ein Sonderfall liegt vor, wenn die physische Handlung als *textbegleitende* Handlung des Spielers eingesetzt wird (s. S. 27), wenn also jemand z. B., während er einen Brief liest, Kartoffeln schält. Notgedrungen wird er den Brief neben sich legen müssen und nur von Zeit zur Zeit einen Blick darauf werfen können. Die Einarbeitung von textbegleitenden Handlungen ist für Laien-Schauspieler oft ungemein hilfreich, sie befreit den Darsteller vom Text und führt zur Bildung komplexer Zeichenkombinationen, verleiht der im Text vorgezeichneten Handlung die Bedeutung des Beiläufigen, ob es nun aufgesetzt wirken soll oder echt.
Wie man ein Regiekonzept aus gestischen Konzepten zusammensetzen kann, zeige ich an einem Beispiel auf, das meiner eigenen Erfahrung mit der Regie von Schultheater entstammt. Gegenstand der Inszenierung ist das um 1800 entstandene Lustspiel ‚Die deutschen Kleinstädter' von August von Kotzebue, eine mit leichter Hand und sicherem Können geschriebene Typenkomödie, in der Kotzebue die Bürger von Krähwinkel verspottet. Krähwinkel ist eine Stadt, die man auf der Landkarte vergeblich sucht und trotzdem überall findet, wo Menschen in engen Verhältnissen beieinander wohnen. Ihr Name ist zum Inbegriff für kleinstädtische Beschränktheit geworden.[49]
Ich zitiere, um das Stück vorzustellen, eine Passage aus einem Aufsatz von Peter Pütz:

„Bei Kotzebue sind die dramatis personae auf eine einzige Familie mit Namen ‚Staar' zusammengeschrumpft; es handelt sich um Haus und Angehörige des Bürgermeisters mit Mutter, Tochter, Bruder, zwei Muhmen und dem längst integrierten zukünftigen Schwiegersohn. Daß dieser ‚Sperling' heißt und somit von seiner Art her zur Starenfamilie paßt, ist der deutlichste Hinweis auf die herdenhafte Entindividualisierung. Der Winkel, in dem die Krähen nisten, kann allenfalls noch Artgenossen beherbergen. [...]
Über die einzige externe Beziehung verfügt die Tochter Sabine, von ihren Angehörigen ‚Binchen' gerufen und für Sperling vorbestimmt, die seit ihrem Aufenthalt in der Residenz die Herzensbekanntschaft mit einem Manne wachhält, den sie im ersten Akt des Stückes erwartet, der im zweiten Akt ankommt und irrtümlicherweise für den König gehalten wird, der im dritten Akt nach Auflösung des Mißverständnisses um Sabine wirbt, doch wegen fehlender Titel und nicht gehöriger Sitten von seiten der Familie keine Anerkennung findet, im vierten Aufzug dann aber mit unfreiwilliger Hilfe seines Nebenbuhlers Sperling Sabine gewinnt, da er doch einen Titel aufzuweisen hat und sich in der Residenz für den [...] in Bedrängnis geratenen Bürgermeister verwenden will."[50]

Aus der knappen Skizze der Handlung lassen sich fürs erste zwei Regie-Aufgaben destillieren, die Darstellung eines Gleichbleibenden und einer Veränderung. Gleichbleibend ist der Charakter der Bürger von Krähwinkel, unterschiedlich, ja widersprüchlich dagegen ihr Verhalten gegenüber dem Ankömmling. Das Eintreffen des Fremden wird von Krähwinkel als Anregung und Störung zugleich erlebt. Man sehnt sich aus der eigenen Enge heraus, hofft auf Anerkennung und Auszeichnung von oben und empfindet den-

noch die Andersartigkeit des Besuchers als Bedrohung der eigenen Lebensform. Beflissene Gastlichkeit schlägt um in Feindseligkeit und Abwehr.
Das Charakteristische an den Bürgern Krähwinkels ist, daß sie keine Charaktere sind. Charakteristisch ist für sie – nach Hans Schumacher – „das prozessionshafte Nacheinander der auftretenden Figuren“, deutbar als Ausdruck „entpersönlichender Wiederholung“[51]. Wie das aussieht, demonstriere ich an zwei kleinen Episoden aus dem zweiten und vierten Akt.
In der fünften Szene des zweiten Aktes hat die alte Frau Staar ihre Familie davon überzeugt, daß es sich bei dem Besucher, der sich ohne jeglichen Titel einfach „Olmers“ nennt, um den König handeln müsse. Als der den Raum betritt, kommt es zum folgenden Dialog (Szene II,6):

Olmers: Ein recht bequemes Haus, lieber Herr Bürgermeister, und eine vortreffliche Aussicht. Ich hoffe, sehr frohe Stunden hier zu verleben.
Bürgemeister: Allergnädigster König –
Olmers: Wie?
Herr Staar: Ew. Königl. Majestät –
Olmers: Was?
Sperling: Glorreichster Monarch –
Olmers: Scherzen Sie mit mir?
Frau Staar: Gesalbter des Herrn –
Olmers: Wir haben doch heute nicht den sechsten Januar?
Bürgermeister: Verbergen Sie sich nicht länger Ihren getreuen Untertanen!
Herr Staar: Unsere Herzen brennen –
Sperling: Und lodern –
Frau Staar: Und zerfließen –
Olmers: Was haben Sie mit mir vor?
Bürgermeister: Dero Premierminister hat bereits halb und halb verraten
Olmers: Mein Premierminister? *(für sich.)* Ich werde doch nicht ins Tollhaus geraten sein?

Dazu ein Inszenierungsfoto, das einen Augenblick gegen Ende der Szene festhält:

Aus dem Bild geht das gestische Konzept der Aufführung hervor: Das herdenhafte Einander-Nachsprechen der Figuren ist ergänzt um ein prozessionshaftes Einander-Nachknien. Erst kniet der Bürgermeister (Z. 3), dann Herr Staar, der zweite in der Reihe (Z. 5), schließlich Sperling (Z. 7). Einzig Frau Staar, durch Alter und Würde am Knien gehindert, hat sich stattdessen erhoben (Z. 9) und bringt damit ein Moment der Variation in den prozessionshaften Ablauf der Bewegungen. Zusammen ergibt das für die kleine Szene den Gestus der Huldigung und enthüllt den Untertanengeist der Gastgeber.

Die andere Episode, die ich herausgreife, ist der elften Szene des vierten Aktes entnommen, dessen Schauplatz die Straße vor dem Haus des Bürgermeisters ist. Es ist Nacht, der Ratsdiener Klaus hat den Bürgermeister mit einer Schreckensmeldung aus dem Schlaf gerissen: Die Delinquentin, die vor neun Jahren eine Kuh stahl und um deren Aburteilung sich seither die Städte Krähwinkel und Rummelsburg streiten, ist aus der Untersuchungshaft entflohen, sie wird beim morgigen Fest nicht am Pranger stehen. Nacheinander versammeln sich der Ratsdiener, der Bürgermeister, Herr Staar, zuletzt Sperling, bis auf Klaus sind alle im Nachtgewand. Ratlosigkeit macht sich breit.

Herr Staar: Was ist anzufangen?
Bürgermeister: Ja, da stehn wir nun wie eine Herde Ochsen am Berge.
Sperling: So ein unterbrochenes Opferfest!
Herr Staar: Die Rummelsburger lachen sich tot.
Bürgermeister: Das ist das wenigste. Aber was wird man in der Residenz dazu sagen?
Herr Staar: Keine Ordnung, wird es heißen.
Bürgermeister: Keine Vorsicht, keine Wachsamkeit.
Herr Staar: Der Minister wird außer sich sein.
Bürgermeister: Der König in Zorn geraten.
Herr Staar: Der Herr Bruder wird abgesetzt.
Bürgermeister: Und der Herr Bruder kömmt ins Zuchthaus.
Herr Staar: O weh! o weh!
Bürgermeister: Dreimal weh!

Der Textauszug zeigt den Übergang von der Ratlosigkeit zur Niedergeschlagenheit. Für seine Darstellung kann man auf das körpersprachliche Erfahrungswissen zurückgreifen, das in unserer Sprache gespeichert ist. Der Bürgermeister selbst benützt, um den Zustand der Ratlosigkeit zu charakterisieren, die volkstümliche Redewendung vom Ochsen, der vor dem Berg steht (Z. 2). Die Frage, „Wie steht eine Herde Ochsen am Berge?“ ist eine reizvolle pantomimische Aufgabe. Für den Zustand der Niedergeschlagenheit hat unsere Sprache die Redewendung „den Kopf hängenlassen“ parat, in dem Wort „niedergeschlagen“ selbst steckt eine körpersprachliche Information, aus der sich ein gestisches Konzept entwickeln läßt. Zu Beginn des Textauszugs stehen die Figuren, von Z. 3 an lassen sie sich mit hängenden Köpfen an der Rampe nieder, natürlich der Reihe nach – der Prozessions-

Effekt ist zu beachten. Die dazugehörigen Repliken müssen mit düsterer Intonation gesprochen werden, ein dumpfes Psalmodieren, das in der abschließenden Klage verhallt.

„Prozessionsähnliche Bewegungen und litaneihaftes Hersagen", das sind nach Schumacher[52] die kennzeichnenden Grundzüge der Bürger von Krähwinkel. Aufgabe der Inszenierung ist es, diese beiden Grundzüge immer wieder sichtbar und hörbar zu machen. Daraus ergibt sich für die Gestaltung der gestischen Konzepte ganz von selbst eine Art von Leitmotiv-Technik und eine rhythmische Struktur der Inszenierung, erwachsend aus der Wiederkehr des Gleichen.

Die Wiederkehr des Gleichen, das ist so etwas wie ein Markenzeichen des Inszenierens. Denn die Erscheinungsformen des Charakteristischen ist die Wiederholung; die typische Geste, Bewegung, Redeweise wird erst durch Wiederholung „typisch". Im Leben wiederholt sich das Typische zumeist in größeren Abständen, das Theater dagegen hat nur ein knappes Zeitbudget und muß die Abstände drastisch verkürzen, es charakterisiert zeitraffend. Theater ist Verdichtung des Lebens. Die Leitmotivtechnik des Inszenierens ist der Leitmotiv-Struktur des Lebens abgelauscht, bildet sie aber nicht maßstabsgetreu ab, sondern entstellt sie, um mit Ernst Bloch zu sprechen, „zur Kenntlichkeit". Im Sinne von Roland Barthes ist Inszenieren eine „strukturalistische Tätigkeit". Der Strukturierende „nimmt das Gegebene, zerlegt es, setzt es wieder zusammen". Was dabei herauskommt – Barthes nennt es ein „Simulacrum" – ist „nicht originalgetreuer Abdruck der Welt, sondern wirkliche Erzeugung einer Welt, die der ersten ähnelt, sie aber nicht kopieren, sondern verständlich machen will"[53].

Außer der Wiederholung bestimmen Variation und Kontrast die Struktur der Inszenierung. Sie sind gefordert, wenn es z. B. darum geht, den Widerspruch im Verhalten der Krähwinkler darzustellen:

„Sie ersehnen zur Steigerung ihres Selbstwertes und zur Erlösung aus ihrer erstarrenden Beengtheit die Ankunft eines Höheren, den sie dann aber, als er da ist, an den Maßstäben ihrer eigenen Beschränktheit messen und darum verwerfen."[54]

In der Inszenierung gewinnt dieser Widerspruch Gestalt im Gegensatz von Kommen und Gehen.

Ich befasse mich zunächst mit dem Kommen. Von Szene I,9 an bestimmt die Erwartung des Kommenden das Spiel. Der Kommende ist Olmers, seiner Ankunft in Szene II,2 gehen verschiedene andere Ankünfte voraus, die allesamt mit der einen Ankunft zu tun haben: Krähwinkel kommt in Bewegung.

Die Aneinanderreihung von Ankünften nimmt das Prozessions-Motiv auf, ist aber, mehr als sonst, dem Prinzip der Variation unterworfen. Die Regie tut deshalb gut daran, die physische Handlung des „Hereinkommens" vorweg zum Gegenstand des Anspielens zu machen, zwanglos verbunden mit der Differenzierung eines Wortfeldes. Es gibt viele Spielarten des Hereinkommens. Man kann sich einschleichen, hereinstürmen, hereinstürzen, hereinstolzieren, hereintänzeln, hereinstapfen, hereinstolpern ... Die Spieler führen der Gruppe verschiedene Arten des Hereinkommens vor, ihre Mitspieler sollen herausbekommen, was sie gezeigt haben – eine Übung, die der Erkundung der eigenen Körpersprache ebenso dient wie der Schulung der Wahrnehmung.

Anschließend geht es darum, für die einzelnen Ankünfte im Text das jeweils passende gestische Konzept zu finden. Der erste, der im Zusammenhang mit der Ankunft des Fremden das „Zimmer in des Bürgermeisters Hause" betritt, ist ein Bauer. Von der Magd angemeldet, bringt er, zusammen mit einem Brief des Ministers, die erregende Nachricht. Seine ersten Worte lauten:

BAUER: Ew. Gestrengen halten zu Gnaden. Draußen im Steinbruch liegt ein Herr, muß wohl ein vornehmer Herr sein, denn er hat auch Laternen am Wagen, die sind alle zerbrochen. [...] Er hat mir einen halben Gulden gegeben, daß ich den Brief hertragen und ihn anmelden soll.

Wie kommt der Bauer herein? Die Magd hält ihm die Tür auf, er betritt das Zimmer zögernd, die Briefrolle hochhaltend, um sich zu legitimieren. Seine Augen suchen den Bürgermeister, er blickt auf sein derbes und nicht ganz sauberes Schuhwerk hinab, bevor er den Fuß auf den Boden des Zimmers setzt.

Am Ende dieser Szene eilen der Bürgermeister und sein Bruder hinaus, um die notwendigen Vorkehrungen für den Empfang des Besuchers zu treffen, die alte Frau Staar bleibt schließlich allein zurück. Zu Beginn der nachfolgenden Szenen kommen der Reihe nach herein:

- Frau Brendel (I, 12) mit den Worten: „Da bin ich, liebwerteste Frau Muhme. Ich bin gelaufen, ich habe keinen Atem mehr –"
- Frau Morgenrot (I, 13). Ihre ersten Worte: „Gehorsame Dienerin, meine teureste Frau Muhme! sehen Sie nur, wie ich schoffiert bin. Ich komme doch nicht zu spät?"
- Herr Sperling (I, 14), der sich so einführt:

Frau Untersteuereinnehmerin – Frau Oberfloß- und Fischmeisterin – Frau Stadtakzisekasseschreiberin – allerseits gehorsamster Diener! Ich war in meinem Garten – der Herr Vizekirchenvorsteher hat den Ratsboten nach mir geschickt – ich bin gelaufen wie ein Sonnenstrahl! Kaum hab ich mir soviel Zeit genommen, diese Kinder des Frühlings zu pflücken.

Schon in der Reihenfolge der Ankünfte steckt ein Hinweis auf ihre Unterschiedlichkeit. Alle drei Ankömmlinge haben es eilig, aber Frau Brendel ist die fixeste von ihnen. Ihre ersten Worte „Da bin ich", vielleicht noch unter oder gar vor der Tür gesprochen, sind gewissermaßen ein Versuch, sich selbst zuvorzukommen – sie stürzt herein. Ein bißchen weniger überstürzt hat man sich die Ankunft von Frau Morgenrot zu denken, sie nimmt sich wenigstens noch Zeit für eine Begrüßungsformel. Sperling schließlich macht aus der Begrüßung eine Zeremonie und läßt sich Zeit für eine Vorrede, bevor er zur Sache kommt: einer, der auf gewundenen Wegen hereintänzelt.

In der sechzehnten Szene kommen Herr Staar und der Bürgermeister wieder, „Einer nach dem andern".

HERR STAAR *(eilig):* Eben fährt er zum Tore herein. Die ganze Straße ist voll Jungen. Sie laufen neben dem Wagen her und gaffen ihm ins Gesicht.

BÜRGERMEISTER *(eilig):* Er kömmt! er kömmt! Der Türmer steht auch schon unten mit seiner Trompete.

Die beiden betreten den Raum mit weit ausgreifenden Schritten, beflügelt von der brandneuen Nachricht. Herr Staar als der vorauseilende Herold, der Bürgermeister, von Amts wegen zur Würde angehalten, folgt ihm ein wenig gemessener.

Das Gegenstück zur Reihe der Ankünfte findet sich am Ende der sechsten Szene des dritten Aktes. Olmers hat inzwischen durch sein unkonventionelles Betragen die Gunst seiner Gastgeber gänzlich verspielt, hat zuletzt sogar die alte Frau Staar schlichtweg mit „Madam" angeredet. Das hat Folgen:

FRAU STAAR: Es scheint überhaupt, mein Herr, daß vernünftige Gespräche nicht jedermann interessieren. Zu meiner Zeit wurde das Alter in hohen Ehren gehalten. Betitelte Personen von gesetzten Jahren führten das Wort, die unbetitelte Jugend hörte und lernte. Sintemalen nun aber diese ehrbare Sitte nicht mehr gebräuchlich, so tun ältere Personen wohl, sich der Gesellschaft zu entziehen und über den Sittenverfall in christlicher Einsamkeit zu seufzen. *(Sie verneigt sich und geht ab.)*

OLMERS: Ich will nicht hoffen, daß Madam auf mich zürnt?

HERR STAAR: Meine Frau Mutter, die Frau Untersteuereinnehmerin, wird in ganz Krähwinkel so hoch respektiert, daß sie auch dann nicht einmal zornig wird, wenn dieser oder jener ihr die gebührende Titulatur versagt. *(Ab.)*

OLMERS: Mein Gott! die Titel sind hier in der Provinz so lang und das Studium derselben so beschwerlich –

SPERLING: Besonders wenn man selbst keinen Titel hat. *(Ab.)*

OLMERS: Aus einer frohen Gesellschaft sollte jeder Zwang verbannt sein.

FRAU BRENDEL: Da man aber bei einer Gasterei nicht zusammenkömmt, um froh zu sein, sondern um die Gaben Gottes reichlich und mit Anstand zu genießen, so sollte man doch billig auf die respektive Würde der Gesellschaft einige Rücksicht nehmen. *(Verbeugt sich und geht.)*

FRAU MORGENROT: Zumal, da die guten Sitten nur durch ein ehrbares Zeremoniell in ihrer Reinigkeit erhalten werden. *(Verbeugt sich und geht.)*

OLMERS: Bewahre der Himmel!

Die Abgänge sind durch die Regieanweisungen fein differenziert. Es gibt eine kurz angebundene, stramm-männliche Version („Ab") und die umständlichere, ein Mindestmaß an Höflichkeit wahrende weibliche Variante. Frau Staar „verneigt sich und geht ab", die Muhmen „verbeugen" sich jeweils und „gehen". Es lohnt sich, dem Unterschied nachzugehen und ihn körpersprachlich zu erproben. Eine Verneigung hat Würde und braucht ihre Zeit, ein Moment von Zuwendung steckt darin – man zeigt, daß man dem anderen „geneigt" ist, oder tut so, als wäre man es. Die Verbeugung dagegen ist die Geste eines „Gebeugten", sie kommt dem Untertanen zu und fällt darum nicht selten „knapp" aus, man will die Untertänigkeit ja schließlich nicht übertreiben.

Die Reihenfolge der Abgänge spiegelt die hierarchische Ordnung Krähwinkels. Frau Staar fühlt sich durch die Anrede ohne Titel beleidigt, die andern folgen ihrem Beispiel. Wiederum erweist sich Frau Brendel als die geistesgegenwärtigere der beiden Muhmen, Frau Morgenrot bildet, begriffsstutzig wie sie ist, das Schlußlicht der Prozession. Ein besonderer Effekt ergibt sich, wenn die Personen den letzten Teil ihrer Repliken im Abgehen sprechen, sie bekunden damit, daß sie mit Olmers nur noch auf Distanz zu verkehren gewillt sind.

Ich begnüge mich mit diesen wenigen, aber, wie ich denke, spektakulären Beispielen. Sie machen darauf aufmerksam, daß in einer Inszenierung kein gestisches Konzept für sich allein steht. Alles einzelne ist eingebettet in ein Ganzes und spiegelt das Ganze. Doch das zu erfahren, ist denen vorbehalten, die sich zum Ensemble vereinigen, um inszenierend ein Ganzes zu formen.

Anmerkungen

Auf Anmerkungen in den vorangehenden Kapiteln wird folgendermaßen verwiesen: Anm. 1 [= Kapitel 1, S. 36f.], Anm. 2 [= Kapitel 2, S. 114ff.], 27 [= Anm. 27].

1 Stellvertretend für eine ganze Reihe von Veröffentlichungen Schellers nenne ich: Scheller, Ingo: Wir machen unsere Inszenierungen selber (I). Szenische Interpretation von Dramentexten. Carl-von-Ossietzky-Universität Oldenburg, Zentrum für pädagogische Berufspraxis, 1993.
2 (S. Anm. 1,27).
3 Wermcke, Jutta: Drama + Theater. Variationen zum Thema ‚Dramentext und Theateraufführung als Unterrichtsgegenstände' unter besonderer Berücksichtigung des Regiebuchs als Beitrag zur Lösung des „Klassikerproblems". In: Göbel: Drama, (s. Anm. 1,18), S. 238–268, s. S. 246.
4 Ulshöfer, Robert: Methodik des Deutschunterrichts. Mittelstufe II. Ernst Klett, Stuttgart ^{7}1971, S. 34ff.
5 Wermcke, (Anm. 3), S. 250.
6 Ulshöfer: Methodik, (Anm. 4), S. 41.
7 Wermcke, (Anm. 3), S. 260.
8 Scheller, Ingo: Szenische Interpretation: Georg Büchner: Woyzeck. Vorschläge, Materialien und Dokumente zum erfahrungsbezogenen Umgang mit Literatur und Alltagsgeschichte(n). Universität Oldenburg, Zentrum für pädagogische Berufspraxis. Oldenburg ^{2}1989, S. 11f.
9 Frisch, Max: Biedermann und die Brandstifter, (s. Anm. 1,39), S. 30.
10 Mit meinen Beispielen aus ‚Maria Stuart' greife ich auf eine frühere Veröffentlichung zurück: Frommer, Harald: Lernziel Leserrolle, (s. Anm. 2,82).
11 Dargestellt und dokumentiert bei: Beimdick, Walter: Theater und Schule. Grundzüge einer Theaterpädagogik. Ehrenwirth, München 1975, Zitat s. S. 135f.
12 Beimdick, (Anm. 11), S. 166.
13 „DIE ZEIT", Ausgabe Nr. 43 vom 20. 10. 1978.
14 Paul, Arno: Dramenanalyse und literarische Sinnlichkeit. Ein theaterwissenschaftlicher Ansatz zur ästhetischen Erziehung im Deutschunterricht. In: Göbel: Drama, (s. Anm. 1,18), S. 79–100, s. S. 92.
15 Paul, (Anm. 14), S. 94.
16 Paul, (Anm. 14), S. 96.
17 Brecht: Werke, (s. Anm. 2,31), Band 3, S. 1131f.
18 Scheller: Inszenierungen, (Anm. 1), S. 25.
19 Lindenhahn, Reinhard: Der Fall Woyzeck. Eine Gerichtsverhandlung als inszenierter Leseprozeß in Klasse 11. In: DU 33 (1981), H. 2, S. 81–90.
20 Iser, Wolfgang: Der implizite Leser. Wilhelm Fink, München 1972 (UTB 163).
21 Scheller: Inszenierungen, (Anm. 1), S. 57.
22 Brecht: Werke, (s. Anm. 2,31), Band 16, S. 753.
23 Tagung an der Staatlichen Akademie für Lehrerfortbildung Donaueschingen, 10.–12. 10. 1994.
24 Scheller: Inszenierungen, (Anm. 1), S. 62.
25 Scheller: Inszenierungen, (Anm. 1), S. 64.
26 Frisch: Andorra, (s. Anm. 2,10), S. 87.

27 Scheller: Inszenierungen, (Anm. 1), S. 75.
28 Dürrenmatt, Friedrich: Werkausgabe in dreißig Bänden, Band 5: Der Besuch der alten Dame. Eine tragische Komödie. Neufassung 1980. Diogenes, Zürich 1985, S. 80.
29 Dürrenmatt: Besuch, (Anm. 28), S. 81.
30 (Anm. 28), S. 83.
31 Brecht: Werke, (s. Anm. 2,31), Band 4, S. 1554.
32 (Anm. 31), S. 1560.
33 (Anm. 31), S. 1555.
34 (Anm. 31), S. 1556.
35 (Anm. 31), S. 1563.
36 Schuster, Karl: Das Spiel und die dramatischen Formen im Deutschunterricht. Schneider-Verlag Hohengehren, Baltmannsweiler 1994, S. 61. Zitate aus: Abraham, Ulf: Mehr als Nachspielen und Vorspielen: Dramatisches Gestalten zwischen Prozeß- und Produktorientierung. In: LUSD, H. 4, 1992, S. 30–50.
37 Bastian, Johannes / Gudjons, Herbert (Hrsg.): Das Projektbuch. Bergmann & Helbig, Hamburg ^{2}1988, S. 25.
38 Vgl. Frommer, Harald: Vorbemerkung. In: DU 33 (1981), H. 2, S. 3f.
39 Kopfermann, Thomas / Siegle, Rainer: Durchführung von Projekten. In: Fritzsche, Joachim / Ivo, Hubert / Kopfermann, Thomas / Siegle, Rainer: Projekte im Deutschunterricht. Ernst Klett, Stuttgart 1992, S. 68–117, s. S. 80f.
40 Kopfermann / Siegle, (Anm. 39), S. 79f.
41 Ivo, Hubert: Projekt – das Wort für einen „besseren“ Unterricht. Anmerkungen zu einem Fachdiskurs. In: Fritzsche u. a.: Projekte, (Anm. 39), S. 118–128, s. S. 120.
42 Ivo, (Anm. 41), S. 124.
43 Ivo, (Anm. 41), S. 121f.
44 Kopfermann / Siegle, (Anm. 39), S. 71.
45 Frey, Karl: Die Projektmethode. Beltz, Weinheim und Basel 1982, S. 63ff.
46 Vester, Frederic: Unsere Welt – ein vernetztes System. dtv sachbuch, München 1983, S. 20.
47 Stanislawski-Lesebuch, (s. Anm. 2,37), z. B. S. 131–134.
48 Ebert, Gerhard: Zu Theorie und Methode. In: Ebert, Gerhard / Penka, Rudolf (Hrsg.): Schauspielen. Handbuch der Schauspieler-Ausbildung. Henschel, Berlin 1991, S. 41–48, s. S. 45.
49 Kotzebue, August von: Die deutschen Kleinstädter. Ein Lustspiel in vier Akten. Philipp Reclam jun., Stuttgart 1954, 1978 (RUB Nr. 90). Ich selbst habe zu diesem Drama ein Schulbuch-Kapitel gestaltet, auf das ich z. T. zurückgreife. In: DEUTSCHSTUNDEN, hrsg. von Frommer, Harald u. a.: Lesebuch Band 9. Cornelsen, Berlin 1988, Kap. 8: Szenen aus Krähwinkel. Auch das Inszenierungsfoto (S. 157) ist diesem Kapitel entnommen.
50 Pütz, Peter: Zwei Krähwinkeliaden 1802/1848. In: Hinck, Walter (Hrsg.): Die deutsche Komödie. Bagel, Düsseldorf 1977, S. 175–194, s. S. 179f.
51 Zitiert nach Pütz, (Anm. 50), S. 181.
52 (Anm. 51).
53 Barthes, Roland: Die strukturalistische Tätigkeit. In: Enzensberger, Hans Magnus (Hrsg.): Kursbuch 5. Suhrkamp, Frankfurt a. M. 1966, S. 190–196, s. S. 191f.
54 Pütz, (Anm. 50), S. 182.